“十四五”职业教育国家规划教材

全国测绘地理信息类职业教育“十四五”规划教材

不动产测绘

（第2版）

主　编　李宏超　陈小歌

主　审　刘站科　郭宝宇　侯方国

本书立体化资源

黄河水利出版社

·郑州·

内 容 提 要

本书为“十四五”职业教育国家规划教材。本书系统地介绍了不动产测绘人员应掌握的基础知识、相关理论和技能。全书共分九个项目,包括不动产测绘概述、不动产调查、不动产控制测量、不动产要素测量、不动产图测绘、不动产面积测算、不动产数据库建设、不动产变更测绘、不动产测绘成果管理。

本书可供测绘地理信息行业技术人员、技能人员作为工具书参考,亦可供中高职院校测绘地理信息类及相关专业师生作为教材使用。

图书在版编目(CIP)数据

不动产测绘/李宏超,陈小歌主编.—2版.—郑州:黄河水利出版社,2022.1 (2025.2 修订重印)

高职高专测绘类新型立体化规划教材 全国测绘地理信息类职业教育规划教材

ISBN 978-7-5509-3167-1

Ⅰ.①不… Ⅱ.①李… ②陈… Ⅲ.①不动产-测绘-技术培训-教材 Ⅳ.①F293.3

中国版本图书馆 CIP 数据核字(2021)第 244342 号

策划编辑:陶金志 电话:0371-66025273 E-mail:838739632@qq.com

出 版 社:黄河水利出版社 网址:www.yrcp.com

地址:河南省郑州市顺河路黄委会综合楼 14 层 邮政编码:450003

发行单位:黄河水利出版社

发行部电话:0371-66026940、66020550、66028024、66022620(传真)

E-mail:hhslcbs@126.com

承印单位:河南承创印务有限公司

开本:787 mm×1 092 mm 1/16

印张:16.75

字数:400 千字

版次:2022 年 1 月第 2 版 印次:2025 年 2 月第 3 次印刷

2025 年 2 月修订

定价:52.00 元

前 言

党的二十大报告上对深入实施科教兴国和人才强国作出了战略部署,全面贯彻党的教育方针,落实立德树人根本任务,培养德智体美劳全面发展的社会主义建设者和接班人,关键在育人。教材具有鲜明的意识形态属性、价值传承功能,是立德树人的核心载体,是育人的重要支撑。建设高质量教材体系,是办好高质量的教育,办好人民满意的教育的重要基础和保障。本书的编写是在各级党委的领导下,全面贯彻党的二十大精神,旗帜鲜明地体现党和国家意志,体现马克思主义中国化的最新成果,帮助学生牢固树立对马克思主义的信仰,对中国共产党和中国特色社会主义的信念。

不动产测绘教材简介

本书是依据中华人民共和国人力资源和社会保障部、中华人民共和国自然资源部 2019 年共同颁布的《不动产测绘员国家职业技能标准》(职业编码 4-08-03-05)编写的《不动产测绘》职业技能培训教材的基础上修编而来。增加了第三次全国国土调查、不动产测绘成果检查验收、无人机倾斜摄影三维激光扫描等新技术在不动产测绘中的应用等内容。

本书是高职高专测绘类新型立体化规划教材,全国测绘地理信息类职业教育规划教材,以传统纸质教材为承载,充分利用移动互联网及二维码识别技术,使用者可通过手机、PAD(平板电脑)等移动终端,对教材上的二维码进行扫描识别。每个二维码分别对应相关知识点的学习内容,该内容以多媒体形式立体呈现,主要包括教学视频、生产案例视频、实训视频、二维动画、三维动画、图片、PPT 课件、试卷等立体资源。全书共录制微课 49 个,二、三维动画 9 个,虚拟仿真视频 10 个,生产案例 12 个,思政小课堂 9 个。

本书以工作过程系统化为指导,在教材建设上以构建结构体系为依托,结合专业特点,在强调理论知识的同时,注重学生动手能力的培养,坚持从实际工作中来、到课堂中去,从实践中来到理论中去,设计适合多元化教学的新型教学方案。本书依据最新的行业技术标准和规范,引入生产实例,并融入许多新技术和新方法,具有较强的实用性和指导性;同时本书设置思政小课堂环节,依据思政案例在思想政治方面对学生进行教育,满足了学生在适应社会、建立情感、克服困境方面的生存需要,在智力、思想政治品德素质等方面的精神发展需要,同时向学生传承了热爱祖国、忠诚事业、艰苦奋斗、无私奉献的测绘精神。

本书结合最新的国家标准规范,主要包括中华人民共和国自然资源部(原国土资源部)颁布的《地籍调查规程》《不动产登记暂行条例》《不动产登记暂行条例实施细则》《不动产权籍调查技术方案》,国家质量技术监督局颁布的《房产测量规范》,中华人民共和国住房和城乡建设部颁布的《城市测量规范》等标准规范。同时结合《不动产测绘员国家职业技能标准》,岗课赛证融通,教材内容全面对接测量技能大赛和"1+X"证书考核,注重提高不动产从业人员的职业技术水平;同时教材内容注重科学性和先进性,采用目前最典型的先进仪器设备、工作方式方法,同时兼顾培训人员的文化水平和理解能力,突出实践操作能力。

本书重点突出、简明扼要、概括清楚、突出实用性,系统地介绍了不动产测绘人员应掌握的基础知识、相关理论和技能。全书共分九个项目。项目一不动产测绘概述,主要内容包括不动产的概念、不动产的特性、不动产测绘、不动产测绘工作内容、不动产登记制度、不动产登记分类、不动产登记程序等相关知识;项目二不动产调查,主要内容包括不动产调查概述、不动产单元划分与编号、不动产权属调查、不动产权籍调查表填写、土地利用现状调查的内容、土地利用现状调查分类、土地利用现状调查的工作方法和流程、房屋调查、房屋调查表填写等相关知识;项目三不动产控制测量,主要内容包括不动产控制测量概述、不动产控制测量方法及技术要求、导线测量、GNSS 静态相对定位测量、GNSS-RTK 控制测量等相关知识;项目四不动产要素测量,主要内容包括不动产要素测量概述、界址点测量、不动产要素的测量方法、界址点精度检查、界线测绘等相关知识;项目五不动产图测绘,其内容包括不动产图的基础知识、不动产图的测绘内容、不动产图的成图方法;项目六不动产面积测算,主要内容包括不动产面积测算方法、土地面积测算、房产面积测算、房屋共有面积分摊计算、房产面积计算实例、房产面积测绘技术要求及技术报告等相关知识;项目七不动产数据库建设,主要内容包括数据库基础知识、不动产数据库概述、不动产数据建库与检查、不动产数据库更新与管理等相关知识;项目八不动产变更测绘,其主要内容包括不动产变更调查、不动产变更测量知识;项目九不动产测绘成果管理,其主要内容包括不动产测绘成果检查验收、不动产测绘成果审核及归档知识。

本书配套有《不动产测绘实训》(ISBN 978-7-5509-3066-7)教材,该实训教材是高职高专测绘类新型立体化活页式教材,包含 6 个项目、11 个任务,全书共录制了 37 个教学视频,通过学生参与、教师指导、实训成果、反思评价等教育技术手段,辅助课堂教学,促进了学生对理论知识掌握,提高了职业技能水平,培养了优良的职业素养。

本书由河南测绘职业学院教务处组织编审,自然资源部测绘标准化研究所、河南省测绘工程院、广州南方测绘科技股份有限公司等多家企业专家参与编写、审稿,由李宏超、陈小歌担任主编,穆宝胜、刘洪飞、刘欣、张萍丽、王建设担任副主编,吕国卿(河南省测绘工程院)、安春华、王莉、黄静静、郭梦、马倩倩参与编写,自然资源部测绘标准化研究所副所长刘站科、广州南方测绘科技股份有限公司副总经理郭宝宇、河南测绘职业学院教务处侯方国三位专家进行了认真细致的审稿,提出了许多宝贵意见。在本书编写过程中,得到了郭增长教授、王春祥副教授、朱文军副教授、周荣副教授等多位专家教授的大力指导,并得到了河南测绘职业学院教务处、国土信息与管理系、测绘工程系、空间信息工程系和遥感工程系的大力支持和帮助,得到了广州南方测绘科技股份有限公司虚拟仿真软件及南方测绘郑州分公司的技术支持。在此,对给予指导的专家表示感谢!对黄河水利出版社为本教材顺利出版给予的大力支持表示感谢。

为了不断提高教材质量,编者于 2025 年 1 月,根据近年来国家及行业最新颁布的规范、标准、规定等,以及在教学实践中发现的问题和错误,对全书进行了修订完善。本次修订以习近平新时代中国特色社会主义思想为指导,全面贯彻落实党的二十大精神、立德树人根本任务,补充了课程思政内容,将党的二十大精神融入教学实践中。

由于编者水平有限,书中难免会有错漏和不足之处,恳请广大读者提出宝贵的意见和建议,以便今后加以修订和完善。

编　者

2025 年 1 月于郑州

目 录

项目一　不动产测绘概述

知识目标

1. 理解不动产的概念。
2. 理解不动产的特性。
3. 理解不动产测绘的概念。
4. 掌握不动产测绘的内容。
5. 掌握不动产登记制度。
6. 掌握不动产登记分类。
7. 掌握不动产登记程序。

能力目标

1. 能熟练对不动产的相关知识进行叙述说明。
2. 能熟练对不动产测绘的内容进行叙述说明。
3. 能熟练对不动产登记的程序进行叙述说明。

素质目标

1. 培养具有自主学习精神,能自主完成工作,能遵守良好的职业道德,有责任心的工匠精神。

2. 强化实践动手能力,有分析问题、创新解决问题、善于总结问题的良好习惯。

3. 提升团队合作精神和管理协调能力,培养善于沟通、团结、乐于助人、具有良好心理素质的高技能复合型人才。

项目重点

1. 不动产的概念。
2. 不动产测绘的内容。
3. 不动产登记制度。
4. 不动产登记程序。

项目难点

1. 不动产特性。
2. 不动产测绘的内容。

任务一　不动产

【任务目标】

1. 理解不动产的概念。
2. 理解不动产的特性。

【学习过程】

1. 教师讲授。
2. 课件展示。
3. 分组讨论。

【知识导航】

一、不动产的概念

不动产概念

土地是指地球表面的陆地部分,包括内陆水域、滩涂和岛屿。地产是指法律上认可的土地资产和产权的总称。包括土地实物本身,又包括与之相关的各种权利。作为地产的土地并不仅指地面,还包括从地面向上扩展到一定高度的地上空间及由此向下延伸的地下空间。房产是指法律上认可的房屋及相关的各种权利。建筑物可分为两大类,即房屋和构筑物。房屋是指能供人们生活或生产的建筑物,一般由门窗、顶盖、墙体和承重物构成。构筑物则是除房屋外的建筑,人们一般不能直接在内进行生产或生活,但又时刻离不开它们,如桥梁、道路、大坝、水塔等。房地产是房产和地产的总称。广义的房地产就是不动产,不动产不一定是实物形态的,如探矿权和采矿权、建筑物及土地上生长的植物。综合来讲,依自然性质或法律规定不可移动的土地、土地定着物、与土地尚未脱离的土地生成物、因自然或者人力添附于土地并且不能分离的其他物,包括物质实体和依托于物质实体上的权益,都属于不动产。

二、不动产的特性

(一)自然特性

(1)不可移动性。又称位置固定性,即地理位置固定。在交易市场中,流动的不是土地和房屋实体,而是相关的权益(或权利)。

(2)个别性。也称独特性、异质性、独一无二,包括位置差异、利用程度差异、权利差异。

(3)耐久性。又称寿命长久,土地不因使用或放置而损耗、毁灭,反而增值。我国土地有使用年限。

(4)数量有限性。又称供给有限,土地总量固定有限,经济供给有弹性。

(二)社会经济特性

(1)价值量大。与一般物品相比,不动产不仅单价高,而且总价大。

(2)用途多样性。也称用途的竞争、转化及并存的可能性,主要指空地所具有的特性。从经济角度来看,土地利用的优先顺序为商业、办公、居住、工业、耕地、牧场、放牧地、森林、不毛荒地。

(3)涉及广泛性。又称相互影响,不动产涉及社会多方面,容易对外界产生影响。在经济学中称为外部性,分为正的外部性、负的外部性。

(4)权益受限性。由涉及广泛性引起。政府主要通过设置管制权、征收权、征税权和充公权四种特权进行管理。

(5)难以变现性。也称为变现力弱、流动性差,主要由价值高、不可移动、易受限制性等造成。影响变现的因素主要有不动产的通用性、独立使用性、价值量、可分割性、开发程度、区位市场状况等。

(6)保值增值性。增值指不动产由于面积不能增加、交通等基础设施不断完善、人口增加等,其价值随着时间推移而增加。保值是指不动产能抵御通货膨胀。

任务二　不动产测绘

【任务目标】

1. 理解不动产测绘的概念。
2. 掌握不动产测绘的内容。

【学习过程】

1. 教师讲授。
2. 课件展示。
3. 视频观看。
4. 分组讨论。

【知识导航】

一、不动产测绘的概念

不动产测绘

不动产测绘是测绘学科的重要组成部分,其测绘成果具有法律效力,按行业来看,从事不动产测绘与管理的部门和人员最多。不动产测绘所采用的理论、技术与方法和工程测量学的基本相同。

不动产测绘是测定和调查土地及其定着物的权属、位置、质量(等级)、数量(面积)和利用现状等基本状况的测绘工作。不动产测绘成果为不动产登记提供精确的界址点坐标,为不动产单元提供准确的地理位置、合法的产权面积,为不动产权证书提供相关图件等;不动产测绘的空间数据及测算面积是不动产落宗的客观依据,是不动产权籍数据库及不动产登记信息管理基础平台的重要内容。

目前,我国不动产测绘主要分为地籍测绘和房产测绘。地籍测绘是测定和调查土地及其附着物的权属、位置、质量(等级)、数量(面积)和利用现状等基本状况的测绘工作,其测绘的主要对象是地块。房产测绘是采集和表述房屋及房屋用地有关信息的一门技术,主要是测定和调查房屋及其用地状况,为房产产权、地籍管理、房地产开发利用、交易、征收税费以及城镇规划建设等提供数据和资料。

二、不动产测绘的内容

不动产测绘主要包含不动产调查、控制测量、要素测量、不动产图测绘、面积量算、数据库建设和变更测绘等工作内容。

(一)不动产调查

不动产调查是对土地及其定着物的位置、权属、数量、质量和利用现状等基本情况进行的技术性工作。不动产调查的内容主要有土地权属调查、土地利用现状调查、土地等级调查和房产调查。不动产测量是权属调查最重要的技术手段。

不动产调查应遵循以下原则:实事求是的原则;符合权籍管理的原则;符合多用途的原则;符合国家土地、房地产和城市规划等有关法律法规的原则。

不动产权属调查的程序包括准备工作、权属调查、不动产测量、成果检查入库、成果整理和归档。

(二)不动产测量

不动产测量主要包括不动产控制测量、不动产要素测量和不动产图测绘。

1. 不动产控制测量

不动产控制测量遵循从整体到局部、由高级到低级布设的原则,可分为基本控制测量和加密控制测量。基本控制测量分一、二、三、四等,可布设相应等级导线网和 GNSS 网。不动产控制网的建立方法与工程控制网的相同,可采用常规地面测量方法、卫星定位方法以及卫星和地面测量技术综合的方法。

2. 不动产要素测量

不动产要素主要是指地籍要素和房产要素等。其中,地籍要素包括地籍区界线、地籍子区界线、土地权属界址线、界址点、图斑界线、地籍区号、地籍子区号、宗地号(含土地权属类型代码和宗地顺序号)、地类代码、土地权利人名称、坐落地址等。房产要素包括界址点、行政境界、房屋及其附属设施、陆地交通、水域及其他相关地理要素等。根据不动产调查结果确定地块边界后,应在实地设置界址点标志。然后根据相应的方法进行不动产要素测量。不动产要素测量的对象主要包括以下内容:

(1)界址点、界址线以及其他重要的界标设施。

(2)房屋和永久性的构筑物。

(3)行政区域和地籍区、地籍子区的界线。

(4)地类界和保护区的界线。

(5)房屋及其附属设施测量。

(6)陆地交通、水域测量。

(7)其他相关地理要素测量。

3. 不动产图测绘

不动产图是按一定的投影方法、比例关系和专用符号描述不动产及有关地物、地貌要素的图,是不动产的基础资料之一。在地籍图集合中,我国现在主要测绘制作的有:城镇分幅地籍图、宗地图、土地利用现状图、土地权属界线图等。按房产管理的需要,房产图分为房产分幅平面图(简称分幅图)、房产分丘平面图(简称分丘图)和房产分层分户平面图。不动产图覆盖整个国土,具有国家基本图的特征。

1)分幅图

分幅图是全面反映房屋及其用地的位置和权属等状况的基本图,是测制分丘图和分户图的基础资料。分幅图可以在已有不动产图的基础上加房产调查成果制作,也可以以地形图为基础测制,还可以单独测绘。

2)宗地图

宗地图是土地使用合同书附图及房地产登记卡附图。它反映一宗地的基本情况。包括宗地权属界线、界址点位置、宗地内建筑物位置与性质,与相邻宗地的关系等。宗地图是分幅图的局部图件,其坐标系与分幅图的坐标系一致。比例尺可根据宗地图面积的大小和需要在 1∶100~1∶1 000 之间选用。分宗图的测绘精度一般要求是宗地图地物点相对于邻近控制点的点位误差不超过图上 0.5 mm。

3)分丘图

分丘图上除表示分幅图的内容外,还应表示房屋权界线、界址点点号、挑廊、阳台、建成年份、用地面积、建筑面积、墙体归属和四至关系等各项房产要素。

4)分户图

分户图是在分丘图的基础上绘制局部图,以一户产权人为单位,表示房屋权属范围内的细部图,以明确异产毗邻房屋的权属界线,供核发不动产权证的附图使用。

(三)面积量算

不动产测绘中的土地面积量算是一种多层次的水平面积测算。例如,一个行政管辖区的总面积、图幅面积、地籍区面积、地籍子区面积、宗地面积、各种利用分类面积以及土地面积的汇总等。土地面积量算方法有两种,即解析法与图解法。

(四)数据库建设

不动产数据库是用来存储和管理不动产数据的空间数据库。不动产数据主要是不动产调查得到的基础不动产数据、日常不动产管理所产生的变更不动产数据、不动产测绘的成果数据及与不动产管理密切相关的数据、规划与道路数据等。这些数据可分为空间数据与非空间数据两类,其中用地数据与各种背景地理信息在空间上都以统一的地理坐标为基础,用地数据伴有大量的相关属性信息。

(五)变更测绘

变更测绘是指在不动产总调查之后发生的因土地现状、权属发生变化而进行的测绘工作,包括变更权属调查、变更测量。

(1)变更权属调查包括界址未变化的土地权属调查、新设界址与界址变化的土地权属调查。

(2)变更测量包括界址检查、界址放样与测量、地形要素测量、宗地面积计算和变更测量报告编制等工作。

任务三　不动产登记

【任务目标】

1. 掌握不动产登记制度。
2. 掌握不动产登记分类。
3. 掌握不动产登记程序。

【学习过程】

1. 教师讲授。
2. 课件展示。

3. 视频观看。

4. 分组讨论。

【知识导航】

一、不动产登记制度

不动产登记

不动产登记,是指不动产登记机构依法将不动产权利归属和其他法定事项记载于不动产登记簿的行为。通常称为不动产的,主要是指土地、海域及房屋、林木等定着物。不动产登记是《中华人民共和国物权法》确立的一项物权制度,是指经权利人或利害关系人申请,由国家专职部门将有关不动产物权及其变动事项记载于不动产登记簿的事实,明确"国家对不动产实行统一登记制度"。

2014 年 11 月 24 日,时任国务院总理李克强签署第 656 号国务院令,公布《不动产登记暂行条例》(简称《条例》)。《条例》于 2015 年 3 月 1 日起施行。《条例》的出台,标志着不动产登记工作进入全面明晰、产权有效保护权益、维护交易安全、提高交易效率的新阶段。2015 年 2 月 15 日,中央编办、财政部、住建部等八家不动产登记工作部际联席会议成员单位在国土资源部就不动产统一登记工作推进事项展开集中办公,包括研讨不动产登记暂行条例实施细则。同时,为贯彻落实《国务院机构改革和职能转变方案》,加快建立和实施不动产统一登记制度,尽快实现不动产登记机构、登记簿册、登记依据和信息平台"四统一",确保不动产统一登记工作上下协调联动、积极稳妥实施,国土资源部中央编办于 2015 年 4 月 13 日出台国土资源〔2015〕50 号《国土资源部　中央编办关于地方不动产登记职责整合的指导意见》,以推进各级不动产登记职责整合工作。

二、不动产登记的类型

(一)不动产首次登记

不动产首次登记,是指不动产权利第一次登记。

未办理不动产首次登记的,不得办理不动产其他类型登记,但法律、行政法规另有规定的除外。

市县人民政府可以根据实际情况对本行政区域内未登记的不动产,组织开展集体土地所有权、宅基地使用权、集体建设用地使用权、土地承包经营权的首次登记。

(二)不动产变更登记

(1)权利人的姓名、名称、身份证明类型或者身份证明号码发生变更的。

(2)不动产的坐落、界址用途、面积等状况变更的。

(3)不动产权利期限、来源等状况发生变化的。

(4)同一权利人分割或者合并不动产的。

(5)抵押担保的范围、主债权数额债务履行期限、抵押权顺位发生变化的。

(6)最高额抵押担保的债权范围、最高债权额、债权确定期间等发生变化的。

(7)地役权的利用目的、方法等发生变化的。

(8)共有性质发生变更的。

(9)法律、行政法规规定的其他不涉及不动产权利转移的变更情形。

(三)不动产转移登记

(1)买卖、互换、赠与不动产的。

(2)以不动产作价出资(入股)的。

(3)法人或者其他组织因合并、分立等原因致使不动产权利发生转移的。

(4)不动产分割合并导致权利发生转移的。

(5)继承、受遗赠导致权利发生转移的。

(6)共有人增加或者减少以及共有不动产份额变化的。

(7)因人民法院、仲裁委员会的生效法律文书导致不动产权利发生转移的。

(8)因主债权转移引起不动产抵押权转移的。

(9)因需役地不动产权利转移引起地役权转移的。

(10)法律、行政法规规定的其他不动产权利转移情形。

(四)不动产注销登记

(1)不动产灭失的。

(2)权利人放弃不动产权利的。

(3)不动产被依法没收、征收或者收回的。

(4)人民法院仲裁委员会的生效法律文书导致不动产权利消灭的。

(5)法律、行政法规规定的其他情形。

(五)更正登记

权利人、利害关系人认为不动产登记簿记载的事项有错误,可以申请更正登记。

(六)异议登记

利害关系人认为不动产登记簿记载的事项错误,权利人不同意更正的,利害关系人可以申请异议登记。

(七)预告登记

有下列情形之一的,当事人可以按照约定申请不动产预告登记:

(1)商品房等不动产预售的。

(2)不动产买卖、抵押的。

(3)以预购商品房设定抵押权的。

(4)法律、行政法规规定的其他情形。

(八)查封登记

人民法院、人民检察院等国家机关依法需要对不动产查封的,不动产登记机关按照人民法院、人民检察院等国家机关下达的协助执行通知书要求对不动产办理查封登记。

三、不动产登记的程序

(一)申请

申请人或委托代理人向登记机关提出书面申请并提交有关证明材料。申请材料主要包括以下几项:

(1)登记申请书。

(2)申请人、代理人身份证明材料、授权委托书。

(3)相关的不动产权属来源证明材料、登记原因证明文件、不动产权属证书。

(4)不动产界址、空间界限、面积等材料。

(5)与他人利害关系的说明材料。

(6)法律、行政法规以及本条例实施细则规定的其他材料。

(二)现场审核

现场审核主要审核登记职责范围,申请材料是否齐全、是否符合法定形式。如符合,要受理申请;如不符合要求,应当场书面一次性告知申请人需要补正的全部内容。

(三)查验

登记机关对申请人提交的材料进行查验,查验的主要内容有:

(1)不动产界址、空间界限、面积等材料与申请登记的不动产状况是否一致。

(2)有关证明材料、文件与申请登记的内容是否一致。

(3)登记申请是否违反法律、行政法规规定。

必要时不动产登记机关可以对申请登记的不动产进行实地查看或进行实地调查。

(四)登记

将不动产的基本情况记载于登记簿上。记载的内容主要包括:

(1)不动产的坐落、界址、空间界限、面积、用途等自然状况。

(2)不动产权利的主体、类型、内容、来源、期限、权利变化等权属状况。

(3)涉及不动产权利限制、提示的事项。

(4)其他相关事项。

(五)颁发证书

不动产登记机关完成登记后,应当依法向申请人核发不动产权属证书或者登记证明。包括不动产所有权证书、使用权证书和他项权利证书等。不动产权属证书是权利人享有不动产物权的证明。不动产权属证书记载的事项,应当与不动产登记簿一致;记载不一致的,除有证据证明不动产登记簿确有错误外,以不动产登记簿为准。

小　结

1.不动产是指土地、海域及建筑物、林木等定着物。

2.不动产特性:自然特性、社会经济特性。

3.不动产测绘主要包含不动产调查、控制测量、要素测量、不动产图测绘、面积量算、数据库建设和变更测绘等工作内容。

4.不动产登记,是指不动产登记机构依法将不动产权利归属和其他法定事项记载于不动产登记簿的行为。

5.不动产登记程序:申请、现场审核、查验、登记、颁发证书。

案　例

2016年1月,孙某与某房地产开发公司签订位于某小区的一套商品房预售合同。2016

年4月，孙某病故。孙某有多个继承人，除孙某某外，其他继承人均放弃了该房屋买卖合同债权的继承。孙某某办理了继承公证并缴纳了有关税费，向不动产登记机构提出了登记申请。

处理办法：

针对上述情况，不动产登记机构进行了研究，并分别征求了房管、税务、公证、法院等相关部门的意见，形成了以下处理意见：一是合同无须变更。合同生效后购房人死亡，按照《中华人民共和国继承法》有关规定，由继承人孙某某继受孙某的合同债权。二是继承人孙某某就合同债权的继承进行公证。然后，凭孙某的购房合同、继承公证书、死亡证明等材料申请登记。根据上述意见，登记机构为孙某某办理了不动产登记。

思政小课堂

不动产登记制度

党中央、国务院高度重视不动产登记，明确要求建立统一登记制度，整合分散在国务院不同部门的不动产登记职责，交由自然资源部承担，并将建立不动产统一登记制度作为我国社会主义市场经济基础性制度建设的重要组成部分。《不动产登记暂行条例》自2015年3月1日起施行。《不动产登记暂行条例》在全面总结多年来不动产登记立法和各地登记实践有益经验的基础上，以《中华人民共和国物权法》为依据，充分吸收和借鉴现行各类登记办法的有关内容，对不动产统一登记的范围、机构、簿册、程序、信息平台管理、信息查询共享及法律责任等方面的重要制度予以了明确规定，实现了不动产登记法律依据的统一。《不动产登记暂行条例》的颁布实施是规范不动产登记行为、提高不动产登记质量、提升不动产登记公示力和公信力的重要举措，是维护不动产交易安全、提高不动产交易效率、保障不动产权利人合法权益的有效途径，是全面深化改革、提高政府治理效率和水平、完善政府运行机制的有力抓手。

习题演练

单选题

判断题

项目二　不动产调查

知识目标

1. 了解不动产调查的基本原则、总体要求和分类。

2. 理解并掌握不动产单元的划分与编号。

3. 掌握不动产权属调查的内容、技术路线与方法及调查程序。

4. 掌握不动产权籍调查表的填写方法。

5. 掌握土地利用现状调查的内容。

6. 理解并掌握土地利用现状调查分类。

7. 掌握土地利用现状调查的工作方法和流程。

8. 掌握房屋调查的内容。

9. 掌握房屋调查的填写方法。

能力目标

1. 能熟练对不动产单元进行划分与编号。

2. 能胜任不动产权属调查外业工作。

3. 能熟练填写不动产权籍调查表。

4. 能胜任土地利用现状调查的外业工作。

5. 能胜任土地利用现状调查的内业工作。

6. 能胜任房屋调查外业工作。

7. 能熟练填写房屋调查表。

素质目标

1. 培养具有自主学习精神,能自主完成工作,能遵守良好的职业道德,有责任心的工匠精神。

2. 强化实践动手能力,有分析问题、创新解决问题,善于总结问题的良好习惯。

3. 提升团队合作精神和管理协调能力,培养善于沟通、团结、乐于助人、具有良好心理素质的高技能复合型人才。

项目重点

1. 不动产单元的划分与编号。

2. 不动产权属调查。

3. 土地利用现状调查。

4. 房屋调查。

项目难点

1. 不动产权籍调查表的填写方法。
2. 土地利用现状调查信息提取及调查底图制作。
3. 土地利用现状调查地类调绘要求。
4. 房屋调查表的填写方法。

任务一　不动产调查概述

【任务目标】

1. 了解不动产调查的基本原则、总体要求和分类。

【学习过程】

1. 教师讲授。
2. 课件展示。
3. 视频观看。
4. 分组讨论。

【知识导航】

一、不动产调查的概念

不动产调查是指遵照国家的法律规定,采用科学的方法,依照不动产权利人的申请和由政府统一组织,通过权属调查和不动产测量,查清不动产的权属、界址、面积、用途、等级和价格等基本情况,形成数据、图件、表册等调查资料,为不动产登记、核发证书等提供依据的一项技术性工作。

二、基本原则和总体要求

(一)基本原则

1. 宏观指导性

国土资源部发布的《关于做好不动产权籍调查工作的通知》(简称《通知》)以及附件《不动产权籍调查技术方案》(简称《权籍调查方案》),着眼于打基础、重现实、利长远,重在指方向、明任务,为各地结合实际创造性开展不动产权籍调查工作留下空间。

2. 持续推进性

不动产权籍调查技术体系的建立是一项相对长期的任务,涉及多项国家标准、行业标准的内容,在现行的体制下不可能一蹴而就。创建不动产权籍调查技术体系是一项常态化工作目标,需要在实践中不断改进和完善,具体要求是:原则问题不含糊,具体问题重现实,过渡期不设限。

3. 针对性和可操作性

权籍调查要贯彻不动产统一登记的大方针、大原则,具体工作要落实到以宗地(宗海)为基础的不动产单元,要具备可操作性。权籍调查要努力做到既体现不动产统一登记的总体精神和要求,又符合各项不动产登记的基本规律和权籍调查的实际情况,重点增强针对性和操作性。

4. 继承中创新

强调现行各类不动产权籍调查标准并行,把已有的行之有效的做法坚持好、运用好,要充分吸收不动产权籍调查、房产测量、土地承包经营权调查等实际工作的成熟经验,实施便民利民的不动产一体化调查。

结合不动产权籍调查的实践,在继承吸收的基础上,不动产权籍调查要有新内涵、新特征和新要求,提出不动产单元设定和编码规则、不动产权籍调查表、不动产单元图、不动产测量报告等新内容。

(二)总体要求

1. 统一基础,做好调查工作的有效衔接

坚持已有不动产权籍调查成果作为调查衔接的主要依据。按照不动产登记的总体要求,以现有不动产权籍调查成果为依据,充分利用房屋、林木等各类不动产权籍调查、登记、审批、交易等资料,开展日常不动产权籍调查。

权籍调查完成后,要和已有的不动产图、宗地图等不动产成果进行有效衔接,核实权籍调查结果,适时更新不动产图,满足不动产统一登记的需要。申请办理不动产转移、变更登记时,如宗地界址等未发生变化,原有调查结果继续有效。

2. 多规并行,保持调查工作的连续稳定

(1)继续沿用现行各类标准。

继续执行现行的《地籍调查规程》(TD/T 1001—2012)、《海籍调查规范》(HYT 124—2009)、《无居民海岛使用测量规范》、《房产测量规范》(GB/T 17986—2000)、《森林资源规划设计调查技术规程》(GB/T 26424—2010)等标准规范;涉及土地、海域的调查,按照《地籍调查规程》《海籍调查规范》等标准开展;涉及房屋等构(建)筑物的调查,按照《房产测量规范》等标准实施;其他不动产权籍调查,依据相关标准和规定实施;五年过渡期间,涉及耕地承包经营权的权籍调查,继续按照农业部门相关标准规定实施。

(2)协调一致,避免现行调查标准间的技术差异。

现行不动产权籍调查标准在数学基础、精度要求等方面存在差异,对于不一致的,原则上以《不动产权籍调查技术方案》的要求为准;在同一县级行政区域内,宜采用与不动产图相一致的坐标系统和投影方法开展调查;同一不动产权籍要素,调查精度要求不一致的,原则上以精度要求高的规定为准。

三、不动产调查内容及分类

现阶段不动产权籍调查的主要内容是以宗地、宗海为单位,查清宗地、宗海及其房屋、林木等定着物组成的不动产单元状况,包括宗地信息、宗海信息、房屋(建、构筑物)信息、森林和林木信息等。不动产权籍调查是不动产登记的基础工作,权籍调查成果资料经不动产登记后,具有法律效力。

不动产权籍调查分为不动产总调查和不动产日常调查。不动产总调查是在辖区建立不动产系统之前的第一项工作,而对不动产登记来说,则应在不动产登记之前进行。不动产调查是辖区不动产系统建立之后,当不动产要素改变或需要发生改变时进行的。用不动产日常调查资料及时地修改原有不动产资料,以保证不动产系统的现势性和准确性。

任务二　不动产单元的划分与编号

不动产单元划分

【任务目标】

1. 能熟练对不动产单元进行划分与编号。

【学习过程】

1. 教师讲授。
2. 课件展示。
3. 分组讨论。
4. 不动产单元的划分与编号实训。

【学习成果】

1. 不动产单元的划分与编号成果。

【知识导航】

不动产单元是指权属界线固定封闭,且具有独立使用价值的空间。地籍调查的基本单元是宗地,是指土地权属界址线封闭的地块或空间;房屋调查基本单元是丘,是指地表上一块有界空间的地块。地块是可辨认出同类属性的最小土地单元。

一、不动产单元设定的原则

(一)合法性原则

合法性原则是我国法律制度的基本原则,基本精神就是控制国家权力,以保障公民权利,基本要求就是遵循法律、法规和规范性文件的约束。不动产单元设定、调查、登记也必须依据法律和法规的规定,不得与法律和法规相抵触,任何与不动产单元设定相关的违法行为都应承担相应的法律责任。

(二)合意性原则

一是要满足社会经济管理和相关行政管理的需求,有利于明确不动产的归属和发挥不动产的效用。

二是要尊重权利人按照意愿占有、使用、收益和处分不动产的权利,维护产权人的合法权益。

三是要照顾相邻权利人生产、生活的便利,坚持团结互助、公平合理的准则。

(三)一物一权原则

不动产单元是特定的物,也是不动产权利的客体,又是不动产管理的基本单位。不动产单元应具有独立性和特定性,并遵守物权法的“一物一权”原则。

(四)继承性原则

不动产单元设定的继承性原则是在尊重业已存在的各类不动产登记单位和登记信息的基础上,新设定的不动产单元应继承已经登记的各类不动产信息,衔接现行各类不动产登记的业务规则和技术要求,确保不动产登记结果法律层面的延续性。

(五)界线明确的原则

明确不动产权单元的界线和位置是设定不动产单元的重要内容,是保护不动产相邻双方产权人利益的重要途径。不动产单元的设定必须保证每一个不动产单元的位置准确与边界明确,避免因界址范围不清楚带来的产权纠纷。

(六)稳定性原则

不动产单元的设定涉及面广,初始划定以后,应保持相对稳定。只要不动产单元本身未发生界线调整等变更行为,其他类型变化(包括整体转让、更名更址、权利性质变更等)不应影响已有不动产单元范围的变化。

二、地籍区和地籍子区划分

(1)在县级行政辖区内,以乡(镇)、街道界线为基础结合明显线性地物划分地籍区。

(2)在地籍区内,以行政村、居委会或街坊界线为基础结合明显线性地物划分地籍子区。

(3)地籍区、地籍子区划定后,其数量和界线应保持稳定,原则上不随所依附界线或线性地物的变化而调整。

(4)海籍调查可不划分地籍区和地籍子区。

三、宗地(宗海)划分

宗地的划分与编号

(一)宗地划分

在地籍子区内,按照以下情形划分宗地:

(1)依据宗地的权属来源,划分国有土地使用权宗地和集体土地所有权宗地。在集体土地所有权宗地内,划分集体建设用地使用权宗地、宅基地使用权宗地、土地承包经营权宗地和其他使用权宗地等。

(2)两个或两个以上农民集体共同所有的地块,且土地所有权界线难以划清的,应设为共有宗。

(3)两个或两个以上权利人共同使用的地块,且土地使用权界线难以划清的,应设为共用宗。

(4)土地权属未确定或有争议的地块可设为一宗地。

(二)宗海(含无居民海岛)划分

在县级行政辖区内,按下列情形划分宗海和无居民海岛使用权范围:

(1)依据宗海的权属来源,划分海域使用权宗海。

(2)依据无居民海岛的权属来源,划分无居民海岛使用权范围。

四、定着物单元的划分

在使用权宗地(宗海)内,应将房屋、林木等定着物划分为不同的定着物单元。

(一)房屋建筑物、构筑物定着物单元的划分

定着物为房屋等建筑物、构筑物的,按以下情形划分定着物单元:

(1)同一权利人拥有的独幢房屋宜划分为一个定着物单元。

(2)具有多个权利人的一幢房屋,应按照界线固定,且具有独立使用价值的幢、层、套、间等封闭空间划分定着物单元。

(3)同一权利人拥有多套(层、间等)界线固定且具有独立使用价值的房屋,每套(层、间等)房屋宜各自划分定着物单元。

(4)同一权利人(如行政机关、企事业单位等)拥有的两幢或两幢以上的房屋可共同组成一个定着物单元。

(二)森林、林木定着物单元的划分

定着物为森林、林木的,按以下情形划分定着物单元:

(1)权属界线封闭、独立成片的森林、林木可划分为一个定着物单元。

(2)属于同一权利人的多片森林、林木可共同组成一个定着物单元。

(三)其他

定着物为其他类型的,按以下情形划分定着物单元:

(1)每个定着物可各自单独划分为一个定着物单元。

(2)属于同一权利人全部同类定着物(如水塔、烟囱等)可组成一个定着物单元。

五、不动产单元设定

(1)集体土地所有权宗地应设定不动产单元。

(2)无定着物的使用权宗地(宗海)应设为一个不动产单元。

(3)有定着物的使用权宗地(宗海),宗地(宗海)内的每个定着物单元与该宗地(宗海)应设为一个不动产单元。

六、不动产单元编码

(一)编码结构

不动产单元编码

按照每个不动产单元应具有唯一代码的基本要求,依据《信息分类和编码的基本原则与方法》(GB/T 7027—2002)规定的信息分类原则和方法,不动产单元编码采用七层28位层次码结构,由宗地(宗海)代码与定着物代码构成,分述如下:

(1)宗地(宗海)编码为五层19位层次码,采用《地籍调查规程》(TD/T 1001—2012)规定的编码规则,按层次分别表示县级行政区划、地籍区、地籍子区、宗地(宗海)特征码、宗地(宗海)顺序号,其中宗地(宗海)特征码和宗地(宗海)顺序号组成宗地(宗海)号。

(2)定着物编码为二层9位层次码,按层次分别表示定着物特征码、定着物单元编号。不动产单元编码结构如图2-1所示。

(二)编码组成

1.第一层次

第一层次为县级行政区划,代码为6位,采用《中华人民共和国行政区划代码》(GB/T 2260—2007)规定的行政区划代码。

2.第二层次

第二层次为地籍区,代码为3位,码值为000~999;其中,海籍调查时,地籍区可用"000"表示。

3.第三层次

第三层次为地籍子区,代码为3位,码值为000~999;其中,海籍调查时,地籍子区可用"000"表示。

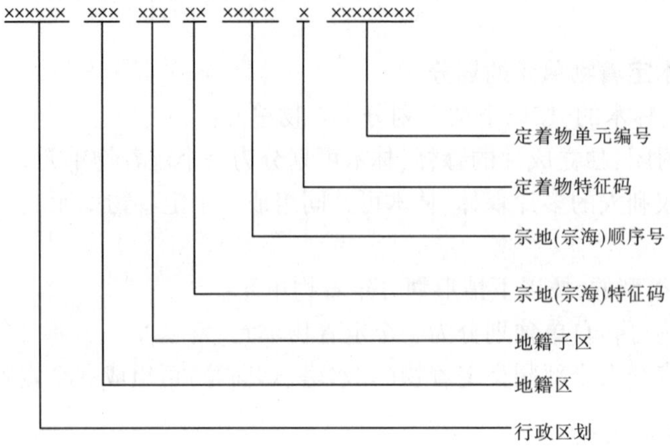

图2-1　不动产单元编码结构

4. 第四层次

第四层次为宗地(宗海)特征码,代码为2位。其中:

(1)第1位用G、J、Z表示。"G"表示国家土地(海域)所有权,"J"表示集体土地所有权,"Z"表示土地(海域)所有权未确定或有争议。

(2)第2位用A、B、S、X、C、D、E、F、G、H、W、Y表示。

"A"表示集体土地所有权宗地,"B"表示建设用地使用权宗地(地表),"S"表示建设用地使用权宗地(地上),"X"表示建设用地使用权宗地(地下),"C"表示宅基地使用权宗地,"D"表示土地承包经营权宗地(耕地),"E"表示土地承包经营权宗地(林地),"F"表示土地承包经营权宗地(草地),"G"表示使用权无居民海岛,"H"表示海域使用权宗海,"W"表示使用权未确定或有争议的土地(海域),"Y"表示其他使用权土地(海域),用于宗地(宗海)特征扩展。

5. 第五层次

第五层次为宗地(宗海)顺序号,代码为5位,码值为00001~99999,在相应的宗地(宗海)特征码后顺序编号。

6. 第六层次

第六层次为定着物特征码,代码为1位,用F、L、Q、W表示。

"F"表示房屋等建筑物、构筑物,"L"表示森林或林木,"Q"表示其他类型的定着物,"W"表示无定着物。

7. 第七层次

第七层次为定着物单元编号,代码为8位。

(1)定着物为房屋的,定着物单元在使用权宗地(宗海)内应具有唯一编号。前4位表示房屋的幢号,房屋幢号在使用权宗地(或地籍子区)内统一编号,码值为0001~9999;后4位表示房屋的户号,房屋户号在每幢房屋内统一编号,码值为0001~9999。

(2)定着物为森林、林木的,定着物单元在使用权宗地(宗海)内应具有唯一的编号,码值为00000001~99999999。

(3)其他的定着物,定着物单元在使用权宗地(宗海)内应具有唯一的编号,码值为00000001~99999999。

(4)使用权宗地(宗海)内无定着物的,定着物单元编号用“00000000”表示。

(三)代码变更规则

1. 宗地特征、界址未发生变化的不动产单元代码变更

(1)宗地代码的变更。

宗地特征、界址未发生变化的,宗地代码不变。

(2)定着物代码的变更。

①宗地内定着物特征和空间范围均未发生变化的,定着物代码不变。

②宗地内定着物特征发生变化的,先确定新的定着物特征码,定着物单元编号在新定着物特征码的最大定着物单元编号后续编。

③宗地内定着物特征未发生变化的,独幢、层、套、间房屋的定着物单元编号变更情形如下:

a. 整幢房屋内的层、套、间界线发生变化的,房屋幢号不变,房屋户号在该幢房屋的最大户号后续编。

b. 新增的整幢房屋,房屋幢号在宗地(或地籍子区)内最大幢顺序号后续编,房屋户号在该幢房屋内统一编号,码值为0001~9999。

c. 整幢房屋改建、扩建和翻建的,房屋幢号不变。该幢房屋内新增的层、套、间,房屋户号在该幢房屋内最大户号后续编。

④宗地内定着物特征未发生变化的,独立成片的林木等其他独立定着物的空间范围发生变化的,定着物单元编号在相应定着物特征码的最大定着物单元编号后续编。

⑤两个或两个以上的定着物组成一个定着物单元的,定着物代码变更情形如下:

a. 定着物全部转移给其他权利人的,定着物代码不变。

b. 定着物部分转移给其他权利人的,定着物代码按照编码组成的要求编码。

c. 定着物发生新增、拆除、改造等变化的,不动产权利人未发生转移的,定着物代码不变。

2. 宗地特征发生变化、界址未发生变化的不动产单元代码变更

(1)宗地代码的变更。

在地籍子区内,确定新的宗地特征码,宗地顺序号在新宗地特征码的最大宗地顺序号后续编,形成新的宗地代码。

(2)定着物代码的变更。

定着物代码按照上述同类的要求变更。

3. 宗地特征未发生变化、界址发生变化的不动产单元代码变更

(1)宗地代码的变更。

在地籍子区内,新的宗地顺序号在相应宗地特征码的最大宗地顺序号后续编,形成新的宗地代码。

(2)定着物代码的变更。

①定着物为房屋且房屋内定着物单元空间范围未发生变化,房屋幢号在地籍子区内统

一编号的,则房屋幢号与房屋户号不变;房屋幢号在宗地内统一编号的,则在新宗地内,房屋幢号按照编码组成要求编码,房屋户号不变。

②定着物为房屋且房屋内定着物单元空间范围已发生变化,房屋幢号在地籍子区内统一编号的,房屋幢号不变,新的房屋户号在该幢房屋内的最大户号后续编;房屋幢号在宗地内统一编号的,在新宗地内,房屋幢号按照上述同类的要求编码,新的房屋户号在该幢房屋内的最大户号后续编。

③定着物为其他类型的,在新宗地内,定着物代码按照上述同类的要求编码。

4. 宗地特征、界址均发生变化的不动产单元代码变更

(1)宗地代码的变更。

在地籍子区内,确定新的宗地特征码,宗地顺序号在新宗地特征码的最大宗地顺序号后续编,形成新的宗地代码。

(2)定着物代码的变更。

定着物代码按照上述同类的要求编码。

5. 县级行政区界线发生变化的不动产单元代码变更

(1)地籍区、地籍子区整体划入。

①宗地代码的变更:在确定新的地籍区、地籍子区后,重编地籍区代码和地籍子区代码,宗地号不变,形成新的宗地代码。

②定着物代码的变更:定着物代码不变。

(2)地籍区、地籍子区部分划入。

①宗地代码的变更。

a. 在确定新的地籍区、地籍子区后,重编地籍区代码和地籍子区代码。

b. 划入宗地的编号在新地籍子区内最大宗地号后续编。

②定着物代码的变更。

a. 定着物为房屋的,房屋幢号以地籍子区为编码单位的,房屋幢号在新地籍子区最大幢号后续编,房屋户号不变;房屋幢号以宗地为编码单位的,房屋幢号和房屋户号不变。

b. 定着物为其他类型的,定着物代码不变。

6. 宗海(含无居民海岛)特征、界址未发生变化的不动产单元代码变更

(1)宗海(含无居民海岛)代码不变。

(2)新增或发生变化的定着物,先确定定着物特征码,定着物单元编号在相应定着物特征码的最大定着物单元顺序号后续编,形成新的定着物代码。

7. 宗海(含无居民海岛)特征、界址发生变化的不动产单元代码变更

先确定宗海(含无居民海岛)特征码,宗海(含无居民海岛)顺序号在相应宗海(含无居民海岛)特征码的最大宗海(含无居民海岛)顺序号后续编,形成新的宗海(含无居民海岛)代码。在新的宗海(含无居民海岛)范围内,按照上述同类的要求编码。

8. 不动产灭失的不动产单元代码变更

原不动产单元代码不再使用。

任务三 不动产权属调查

【任务目标】

1. 掌握不动产权属调查的内容、技术路线与方法及调查程序。
2. 能胜任不动产权属调查外业工作。
3. 掌握不动产权籍调查表的填写方法。
4. 能熟练填写不动产权籍调查表。

【学习过程】

1. 教师讲授。
2. 课件展示。
3. 视频观看。
4. 分组讨论。
5. 不动产权籍调查表填表实训。

【学习成果】

1. 不动产权籍调查表。

【知识导航】

一、不动产权籍调查的概念和意义

(一)不动产权籍调查的概念

不动产权籍,是指记载不动产的权属、位置、界址面积、用途、等级和价格等的表、卡、簿册、证、图件和数据的总称。不动产权籍调查,就是指依据不动产权利人的申请,由政府统一组织,通过权属调查和不动产测量,查清不动产的权属、位置、界线、数量、质量和用途等基本情况,为不动产登记、核发证书等提供依据的一项技术性工作。《不动产登记暂行条例》第三章第十六条规定:申请人应当提交不动产界址、空间界限、面积等材料。不动产权籍调查包括不动产权属调查和不动产测量两部分,其核心是不动产权属调查。

开展不动产权籍调查应以地籍调查为基础,以宗地为依托,以满足不动产登记要求为出发点,按照继承性、兼容性和统一性的要求,稳妥有序地开展土地、海域及房屋、林木等定着物的日常权属调查和测绘工作。

(二)不动产权籍调查的意义

不动产权籍调查是不动产登记的法定程序,是不动产登记的基础工作,权籍调查成果资料经不动产登记后,具有法律效力。不动产权籍调查既是一项政策性、法律性和社会性很强的基础工作,又是一项集科学性、实践性、统一性、严密性于一体的技术工作。

不动产权籍调查是登记机构、登记簿册、登记依据和信息平台“四统一”的内在要求;是不动产登记条例实施、簿册证统一和信息平台建设的重要支撑;是保证已完成不动产登记职责和机构整合地区顺利开展不动产登记工作,实现日常不动产权籍调查有序运行的必要前提。

二、调查内容

以宗地、宗海为单位,查清宗地、宗海及其房屋、林木等定着物组成的不动产单元状况,包括宗地信息、宗海信息、房屋(建、构筑物)信息和森林、林木信息等。

不动产权籍调查内容

(一)宗地信息

查清宗地的权利人、权利类型、权利性质、土地用途、四至、面积等土地状况。

针对土地承包经营权宗地和农用地的其他使用权宗地,还应查清承包地块的发包方、地力等级、是否划定为基本农田、水域滩涂类型、养殖业方式、适宜载畜量、草原质量等内容。

(二)宗海信息

查清宗海的权利人、项目名称、项目性质、等级、用海类型、用海方式、使用金总额、使用金标准依据、使用金缴纳情况、使用期限、共有情况、面积、构(建)筑物基本信息等内容。

(三)房屋等构(建)筑物信息

查清房屋权利人、坐落、项目名称、房屋性质、构(建)筑物类型、共有情况、用途、规划用途、幢号、户号、总套数、总层数、所在层次、建筑结构、建成年份、建筑面积、专有建筑面积、分摊建筑面积等内容。针对宗地内的建筑物区分所有权的共有部分,还应查清其权利人、构(建)筑物名称、构(建)筑物数量或者面积、分摊土地面积等。

(四)森林、林木信息

查清森林与林木的权利人、坐落、造林年度、小地名、林斑、小斑、面积、起源、主要树种、株数、林种、共有情况等内容。

三、技术路线与方法

(一)技术路线

以地(海)籍调查为基础,以宗地(海)为依托,以满足不动产登记要求为出发点,充分利用已有不动产权籍调查、登记以及前期审批、交易、竣工验收等成果资料,采用已有集体土地所有权不动产图、城镇不动产图、村庄不动产图、海籍图、地形图、影像图等图件做工作底图,通过内外业核实、实地调查测量的方法,完成不动产权属调查和不动产测量等工作。

不动产权籍调查技术路线与方法

(二)调查的基本方法

1. 不动产单元的设定与编码

应按照本项目任务二内容的要求,设定不动产单元,编制不动产单元代码(不动产单元号)。

2. 不动产权属调查

权属调查的外业实施

采用内外业核实和实地调查相结合的方法开展不动产权属调查,查清不动产单元的权属状况、界址、用途、四至等内容,确保不动产单元权属清晰、界址清楚、空间相对位置关系明确。

(1)对权属来源资料完整的不动产权属,主要采用内外业核实的调查方法。

(2)对权属来源资料缺失、不完整的不动产权属,主要采用外业核实、调查的方法。

(3)对无权属来源资料的不动产权属,主要采用外业调查的方法。

3. 不动产测量

统筹考虑基础条件、工作需求、经济可行性和技术可能性，既可选择解析法，也可选择图解法获取界址点坐标并计算土地（海域）的面积，如果其上存在房屋等定着物，则宜采用实地丈量其边长并采用几何要素法计算房屋面积。

（1）对城镇、村庄、独立工矿等区域的建设用地，宜采用解析法测量界址点坐标并计算土地面积，实地丈量房屋边长并采用几何要素法计算房屋面积。

（2）对于分散、独立的建设用地，可采用解析法测量界址点坐标并计算土地面积，也可采用图解法测量界址点坐标。此时，宜实地丈量界址边长和房屋边长并采用几何要素法计算土地面积和房屋面积。

（3）对于海域和耕地、林地、园地、草地、水域、滩涂等用地，既可选择解析法，也可选择图解法获取界址点坐标并计算土地（海域）的面积。如果其上存在房屋等定着物，则宜采用实地丈量其边长并采用几何要素法计算房屋面积。

四、调查程序

不动产权籍调查包括准备工作、土地权属调查、不动产测量、检查验收、成果资料整理与归档、数据库与不动产信息系统建设等工作。本任务主要讲述准备工作和土地权属调查两部分内容。

（一）准备工作

根据授权委托的不动产权籍调查任务，调查机构应做好收集、整理和分析所调查的不动产登记、抵押、查封、权属来源、交易、控制点坐标、界址点坐标等相关资料（包括图件、表格、数据和文件等），制订调查方案，发放指界通知书，计算测量放样数据等工作。

不动产登记和管理的资料分散于不同部门的，调查机构应携带不动产权籍调查资料协助查询单，到国土、房产、林业、农业、海洋、水务、规划、档案等部门的档案室或在数据库中查询、核对并获取被调查对象的档案资料和数据，并要求出具证明或在资料复印件上加盖档案资料专用章。

1. 组织准备

（1）地籍总调查由县级以上地方人民政府组织。县级以上地方人民政府应成立专门的领导小组，领导小组负责组织制订工作计划，编制技术设计书，负责地籍总调查的宣传、培训和试点工作。

（2）工作计划的内容应包括调查的范围、任务、方法、经费、时间、步骤、人员和组织等。

（3）技术设计书的主要内容包括调查范围、技术路线和程序、技术要求和成果质量控制等。

2. 资料准备

（1）收集、整理土地权属来源资料。主要包括以下几部分资料：

①土地审批、征收、转用、划拨或出让、转让、登记以及土地勘测定界等资料。

②履行指界程序形成的不动产权籍调查表、土地权属界线协议书等地籍调查成果。

③县级以上人民政府国土资源主管部门的土地权属争议调解书。

④县级以上人民政府或者相关行政主管部门的批准文件、处理决定。

⑤人民法院的判决书、裁定书或者调解书。

（2）收集、整理有关测绘资料。包括航空正射影像、航天正射影像、地形图、控制网点和其他已有图件等。

(3)收集、整理土地调查、土地规划等资料。包括文字报告、图件(如土地利用现状图、已有地籍图、土地利用总体规划图、城市总体规划图等)、数据库等。

(4)收集、整理其他资料。包括行政区划、自然地理、社会经济、房屋普查、标准地名等资料。

3. 工具与表册准备

(1)表册:包括不动产权籍调查表、指界通知书(见图2-2)、指界委托书(见图2-3)、违约缺席定界通知书(见图2-4)、法定代表人(或负责人)身份证明书(见图2-5)等。

编号:

指界通知书(存根)

土地坐落:______________________

指界时间:　　年　　月　日　　年　　时

集合地点:______________________

通知日期:　　年　　月　日　　经办人:

指 界 通 知 书

______________________:

兹定于______年______月______日_____午______时对坐落在________区(县)______________________的宗地权属界线进行调查,需你(□本人/□单位法定代表人或负责人/□农民集体推举的指界人)或代理人到现场指界。请指界人携带有效证件到现场共同确认权属界线。未按时参加出席指界的,按违约缺席指界规定处理。

集合地点:______________________

(盖章)

年　　月　　日

- -

编号:

指 界 通 知 书 回 执

签收人姓名	单位(个人)签章
	年　　月　　日

图2-2　指界通知书

指界委托书

经(□研究/□推选),兹委托____________________(□女士/□先生)(□居民身份证号码/□护照号码____________________)全权办理我(□本人/□单位/□农民集体)坐落在__________(□区/□县/□旗/□盟)__________(□街道/□乡□镇)(□国有土地使用权/□集体土地所有权/□集体建设用地使用权/□宅基地使用权)宗地现场指界事宜。

委托单位(人)签章:

法定代表人(或负责人)签章: 联系电话:

委托代理人签章: 联系电话:

委托日期: 年 月 日

有效期: (天)

图 2-3 指界委托书

违约缺席定界通知书

现寄不动产权籍调查表一份(复印件),内有定界结果,如有异议,必须在通知收到后十五日内提出划界申请,并负责重新划界的全部费用,逾期不申请,按不动产权籍调查表上定界结果为准。

__________县(市、区)自然资源局(盖章)

年 月 日

图 2-4 违约缺席定界通知书

法定代表人(或负责人)身份证明书

__________女士/先生,在我单位任____________________职务,系我单位(□法定代表人/□负责人),特此证明。

单位名称:(盖章)

年　　月　　日

附:

单位地址:

法定代表人(或负责人)住址:

法定代表人(或负责人)身份证号码/护照号码:

联系电话:

图2-5　法定代表人(或负责人)身份证明书

(2)仪器:包括GNSS接收机、全站仪、钢尺、测距仪、计算机等。

(3)软件:包括数字摄影测量系统、数字测量系统、遥感影像处理软件等。

(4)界址点标志(见图2-6~图2-10)。

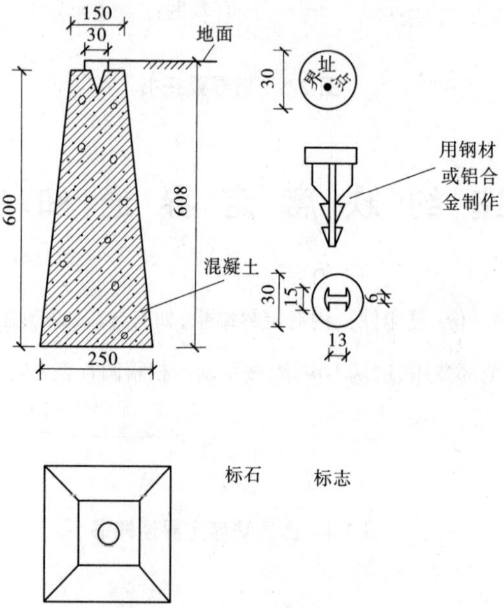

图2-6　混凝土界址标桩

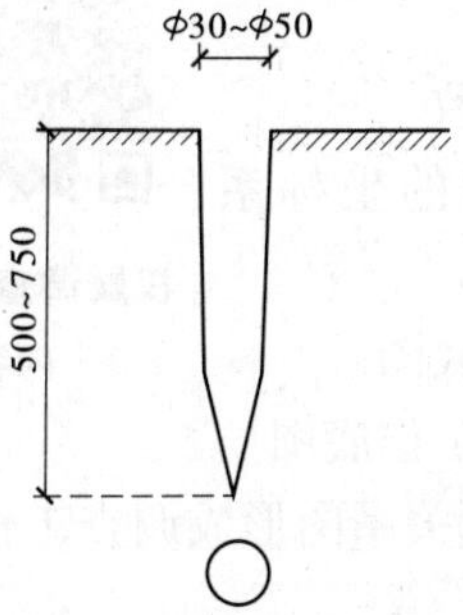

图 2-7　石灰界址标桩

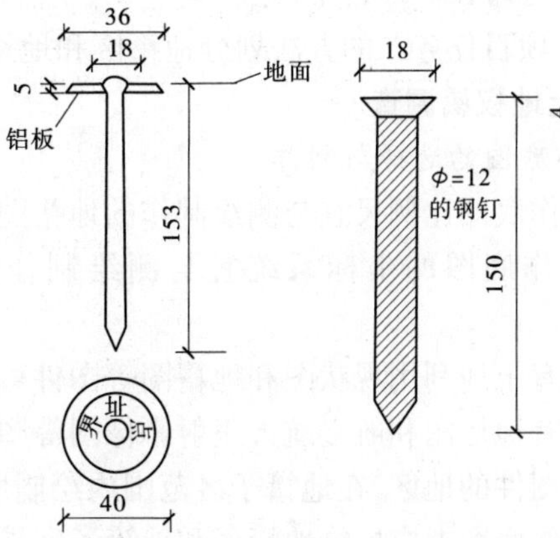

图 2-8　带铝帽的钢钉界址标桩

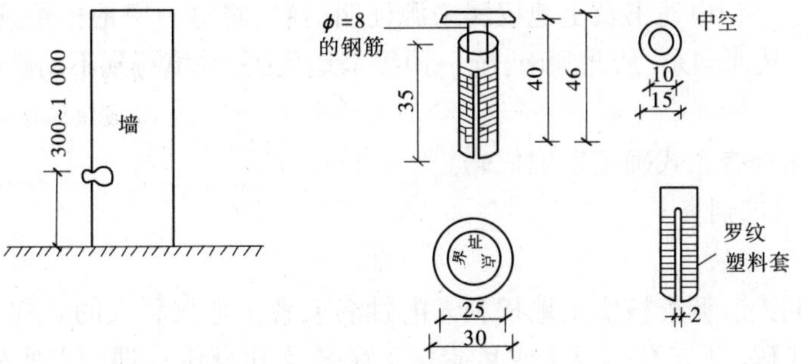

图 2-9　带塑料套的钢棍界址标桩

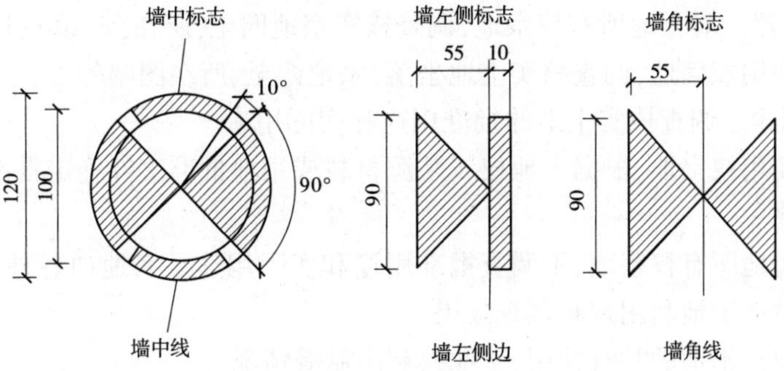

图 2-10　喷漆界址标志

4. 划分地籍区和地籍子区

按照本项目任务二的方法划分地籍区和地籍子区。

（二）土地权属调查

权属调查的主要内容

1. 工作底图的选择与制作

（1）工作底图比例尺宜与测绘制作的地籍图成图比例尺一致。

（2）工作底图的坐标系统宜与测绘制作的地籍图成图的坐标系统一致。

（3）已有土地利用现状图和地籍图等图件可作为调查工作底图。

（4）已有地形图和航空航天正射影像图等图件可作为调查工作底图。

（5）无图件的地区，在地籍子区范围内绘制所有宗地的位置关系图形成调查工作底图。

（6）工作底图上应标绘地籍区和地籍子区界线。

（7）除（4）外，工作底图都应该是数字化的，并输出一份纸质的工作底图用于土地权属调查和地形要素的调绘或修补测。

2. 预编宗地代码

（1）根据土地登记申请书及土地权属来源证明材料，将每一宗地标绘到工作底图上，在地籍子区范围内，从西到东、从北到南，统一预编宗地代码，并填写到不动产权籍调查表及土地登记申请书上。

（2）通过地籍调查正式确定宗地代码。

3. 土地权属状况调查

1）调查内容和方法

（1）土地权利人。调查核实土地权利人的姓名或者土地权利人的名称、单位性质、行业代码、组织机构代码、法定代表人（或负责人）姓名及其身份证明、代理人姓名及其身份证明等。

（2）土地权属性质及来源。调查核实土地的权属来源证明材料、土地权属性质、使用权类型、使用期限等。

（3）土地位置。对土地所有权宗地，调查核实宗地四至，所在乡（镇）、村的名称，所在图幅等。对土地使用权宗地，调查核实土地坐落、宗地四至、所在图幅等。

（4）土地用途。调查核实土地的批准用途和实际用途。

①对土地使用权宗地，根据土地权属来源材料或用地批准文件确定批准用途，并现场调查确定实际用途。

②对集体土地所有权宗地，不调查批准用途和实际用途。宗地内各种地类的面积及其分布直接引用已有土地利用现状调查成果。

③其他。包括土地的共有共用、土地权利限制等情况。

2）调查情况处理

土地权属状况与实际情况一致的，按照土地权属状况填写不动产权籍调查表；无土地权属来源资料或土地权属来源资料缺失、不完整，以及土地权属状况与实际情况不一致的，按照实际调查情况填写不动产权籍调查表，在不动产权籍调查表的说明栏目中填写情况说明，必要时应附由权利人提供的相关证明材料的复印件。

4. 界址调查

界址调查包括指界、界标设置、界址边长丈量等工作。

1) 界址调查的指界

界址调查的指界是指确认被调查宗地的界址范围，以及其界址线的具体位置。

界址调查指界的一般规定：

(1) 对土地权属来源资料合法，界址明确，经实地核实界址无变化的宗地，可直接利用已有资料填写不动产权籍调查表，原土地权属来源资料复印件作为不动产权籍调查表的附件。

(2) 土地权属来源资料中的界址不明确的宗地，以及界址与实地不一致的宗地，需要现场指界，并将实际用地界线和批准用地界线标绘到工作底图上，并在不动产权籍调查表的权属调查记事栏中予以说明。

(3) 无土地权属来源资料，根据法律法规及有关政策规定，经核实为合法拥有或使用的土地，可根据双方协商、实际利用状况及地方习惯现场指界。

根据调查计划，将指界通知书送达调查宗地和相邻宗地权利人并留存回执。土地权利人下落不明的，可采取公告方式，告知其在指定的时间到指定地点出席指界。

在现场指界过程中权利人是单位的，指界人可以是法定代表人(或负责人)，也可以是代理人；权利人是个人的，指界人可以是权利人本人，也可以是代理人；法定代表人(或负责人)出席指界的，应出具法定代表人(或负责人)身份证明书和本人身份证明；权利人本人出席指界的，应出具本人身份证明；代理人出席指界的，应出具代理人身份证明及指界委托书；共有或共用宗地，由共有人或共用人共同指界或共同委托代理人出席指界，并出具代理人身份证明和指界委托书；农民集体所有土地的指界人由该农民集体依法推举产生，公告推举结果，并出具证明。

调查员、本宗地指界人及相邻宗地指界人应同时到场进行指界，并在不动产权籍调查表上、土地权属界线协议书上或土地权属争议原由书上签字盖章确认。指界时，调查员应查验指界人身份证明。调查员对指界人指定的界址点，应现场设置界标，确认界址线类型、位置，并标注在调查底图上。与未确定土地使用权的国有土地相邻的宗地，可根据土地权属来源资料单方指界。

如果出现违约缺席指界，则按如下办法处理：

(1) 如一方缺席，其宗地界线根据土地权属来源资料及另一方所指界线确定。

(2) 如双方缺席，其宗地界线由调查人员根据土地权属来源资料、实际使用现状及地方习惯确定。

(3) 将现场调查结果及违约缺席定界通知书送达违约缺席者。违约缺席者对调查结果如有异议，须在收到调查结果之日起 15 日内，重新提出划界申请，并负责重新划界的全部费用。如逾期不申请，经公告 15 日后，则上述两条确定的界线自动生效。

针对现场指界不同结果处理，可以分为以下几种情况：

(1) 现场指界无争议的，填写不动产权籍调查表，指界人在不动产权籍调查表上签字盖章。对面积较大、界线复杂的集体土地所有权宗地和国有建设用地使用权宗地，宜签订土地权属界线协议书并签字盖章。界址线有争议的土地，填写土地权属争议原由书并签字盖章。

(2) 应将集体土地所有权宗地的调查结果送达指界人，并要求指界人在村民会议或村民代表会议上说明指界结果,同时以张贴公告形式公示指界结果。如有异议,必须在结果送达之日起 15 日内提出申请,并负责重新划界的全部费用;异议期间届满后,指界结果即为生效。

(3)指界人在指界后,不在不动产权籍调查表上、土地权属界线协议书上签字盖章的,参照违约缺席指界规定执行。

2)界址点编号及设置

界址点是指宗地权属界线及其类别属性发生变化的转折点,即拐点。它是标定宗地权属界线的重要标志。

(1)界址点设置。

①界址点的设置应能准确表达界址线的走向。

②相邻宗地的界址线交叉处应设置界址点。

③土地权属界线依附于沟、渠、路、河流、田坎等线状地物的交叉点应设置界址点。

④在一条界址线上存在多种界址线类别时,变化处应设置界址点。

(2)界标设置。

在界址点上应按规定设置界标,界标类型由界址线双方的土地权利人确定。设置界标有困难时(如界址点在水中),应在不动产权籍调查表或土地权属界线协议书中,采用标注界址点位和说明权属界线走向等方式描述界址点具体位置。界标分类见表 2-1。

表 2-1　界标分类

种类	适用范围
混凝土界址标桩、石灰界址标桩	在较为空旷地区的界址点和占地面积较大的机关、团体、企业、事业单位的界址点应埋设或现场浇筑混凝土界址标桩,泥土地面也可埋设石灰界址标桩
带铝帽的钢钉界址标桩	在坚硬的路面或地面上的界址点应钻孔浇筑或钉设带铝帽的钢钉界址标桩
带塑料套的钢棍界址标桩、喷漆界址标志	在坚固的房墙(角)或围墙(角)等永久性建筑物处的界址点应钻孔浇筑带塑料套的钢棍界址标桩,也可设置喷漆界址标志

损坏的界标,可根据已有解析界址点坐标和界址点间距、宗地草图、土地权属界线协议书等资料,采用现场放样、勘丈等方法恢复界址点。

(3)界址点编号。

①点的编号(包括界址点、建筑物角点、基本控制点和地籍控制点)是以高斯-克吕格的一个整千米格网为编号区,每个编号区的代码以该千米格网西南角的横纵坐标千米值表示。点的编号在一个编号区内从 00001 至 99999 连续顺编。点的完整编号由编号区代码、点的类别代码、点号三部分组成,编号形式如下:

	×××××××××	×	×××××
	编号区代码	类别代码	点的编号
	(9位)	(1位)	(5位)
例:	375384662	3	00028

点的完整编号为375384662300028。

编号区代码由9位数组成,第1、2位数为高斯坐标投影带的带号,第3位数为横坐标的百千米数,第4、5位数为纵坐标的千千米和百千米数,第6、7位和第8、9位数分别为横坐标和纵坐标的十千米和整千米数。例如“375”的“5”为横坐标的百千米坐标数值,“37”为3度带带号,“38”为纵坐标的百千米坐标数值;“46”为横坐标的千米和整千米的坐标数值;“62”为纵坐标的十千米和整千米的坐标数值,如图2-11所示。

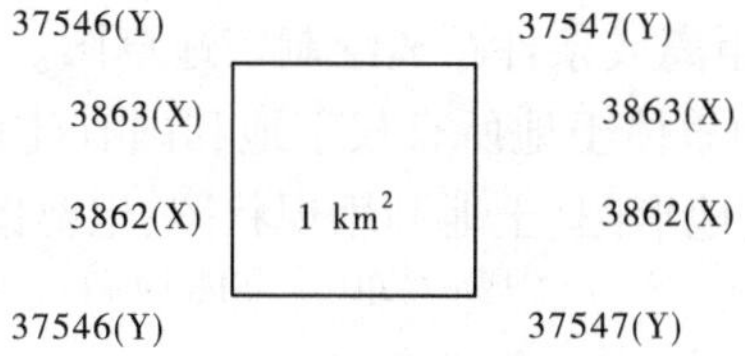

图2-11　编号区

编号区代码为:375384662(共9位)。

类别代码用1位数字表示,其中:

1——基本控制点,包括一、二、三、四等平面控制点。

2——地籍控制点,包括一、二、三级地籍平面控制点。

3——界址点,包括一、二、三级界址点。

4——建筑物角点,包括各级精度测定坐标的建筑物角点。

点的编号用5位数字表示,从00001~99999连续顺编。

点的完整编号由15位数字组成。

②在地籍子区的范围内,应对界址点统一编号,并保证界址点号唯一。界址点号按宗地顺序从左上角按顺时针方向顺序编号,从“1”开始编制界址点号,共用界址点延用上一宗地界址点号。

③在不动产权籍调查表和宗地草图中,可采用地籍子区范围内统一编制的界址点号;也可以宗地为单位,从左上角按顺时针方向,从“1”开始编制界址点号。

④解析界址点编号可采用J1、J2…表示,图解界址点编号可采用T1、T2…表示。

⑤界址变更后,新增界址点号在地籍子区最大界址点号后续编,废弃的界址点号不再使用。

2)界址边长丈量

界址边长应实地丈量。一般采用解析法测量的界址点,每个界址点至少丈量一条界址点与邻近地物的相关距离或条件距离;未采用解析法测量的界址点,每个界址点至少丈量一条界址点与邻近地物的相关距离或条件距离。采用钢尺(尺段规格为30 m或50 m)丈量界址边长时,应控制在2个尺段以内。超过2个尺段时,解析法测量的界址点,可采用坐标反算界址边长,并在界址标示表的说明栏中说明。确实无法丈量界址边长、界址点与邻近地物的相关距离和条件距离时(如界址点在水中等特殊情况),应在界址标示表中的说明栏中说明原因。

5. 宗地草图绘制

宗地草图是描述宗地的位置、界址点、线和相邻宗地关系的实地纪录。绘制宗地草图一般规定如下:

(1)经实地核查,宗地实际状况与原不动产权籍调查表中的宗地草图一致的,无需重新绘制宗地草图;否则,需重新绘制宗地草图。

(2)如果土地权属来源资料中没有不动产权籍调查表或没有宗地草图,应绘制宗地草图。

(3)宗地草图应现场绘制。

(4)可以利用正射影像图、地形图、土地利用现状图、地籍图等,依据实地丈量的界址边长、界址点与邻近地物的相关距离或条件距离绘制宗地草图。

(5)面积较大、界线复杂的集体土地所有权宗地和国有建设用地使用权宗地,可不绘制宗地草图,宜利用正射影像图、地形图、土地利用现状图、地籍图等绘制土地权属界线附图。

宗地草图的内容有:

(1)本宗宗地号、坐落地址、权利人。

(2)宗地界址点、界址点号及界址线,宗地内的主要地物。

(3)邻宗宗地号、坐落地址、权利人或相邻地物。

(4)界址边长、界址点与邻近地物的距离。

(5)确定宗地界址点位置、界址边方位所必需的建筑物或构筑物。

(6)丈量者、丈量日期、检查者、检查日期、概略比例尺、指北针等。

宗地草图绘制的要求:

(1)应选用质量好、能长期保存的图纸来绘制宗地草图。草图的规格为32开、16开或8开,宗地过大的可分幅绘制。

(2)宗地草图按概略比例(之所以称为草图的原因),用2H至4H的铅笔绘制,线条、字迹清晰,数字、注记字头要向北、向西书写,斜线字头垂直斜线书写。

(3)宗地使用者名称注记在宗地内,字头一律向北书写,本宗地相邻界址点之间的距离等所有勘丈数据、几何条件都要进行注记。界址边长注记在界址线外,分段长注记在界址线内。

(4)注记过密的部位可移位放大绘出。

(5)宗地草图必须在实地绘制,一切注记应是实地丈量记录,不得涂改,不得复制。

(6)可以利用正射影像图、地形图、地籍图等,依据实地丈量的界址边长、界址点与邻近地物的相关距离或条件距离绘制宗地草图。

(7)宗地草图可手工绘制,也可计算机绘制,可粘贴,但应加盖印章。

6. 填写不动产权籍调查表

不动产权籍调查表由封面,不动产权籍调查表,土地承包经营权、农用地其他使用权调查表,集体土地所有权宗地分类面积调查表,房屋调查表,构(建)筑物调查表,林权调查表,海籍调查表及填表说明组成。不动产权籍调查表以宗地/海为基础,按不动产单元为单位填写。

(1)不同的不动产单元,填写不同的调查表。

①对集体土地所有权宗地,需填写不动产权籍调查表和集体土地所有权宗地分类面积调查表。

对建设用地使用权宗地和宅基地使用权宗地,填写不动产权籍调查表。如果其上存在房屋,则需填写房屋调查表。如果其上存在构(建)筑物,则需填写构(建)筑物调查表。

②对土地承包经营权宗地、非承包方式取得的草原使用权宗地和水域滩涂养殖权宗地,填写不动产权籍调查表和土地承包经营权、农用地其他使用权调查表。如果土地承包经营权宗地(林地)上存在森林、林木,还需填写林权调查表。

③对非承包方式取得的林地使用权宗地,填写不动产权籍调查表。如果其上存在森林、林木,还需填写林权调查表。

④对海域使用权宗海(含无居民海岛),填写海籍调查表。如果其上存在构(建)筑物,则需填写构(建)筑物调查表。

(2)采用活页的形式填写调查表。

表格采用活页的形式,对整页无内容的,可不归入成果。如原表格式与本方案规定的表格式一致,并且内容没有任何变化的,其复印件加盖"复印件"印章后,可直接利用归入成果。

(3)不动产权籍调查表必须做到图表内容与实地一致,表达准确无误,字迹清晰整洁。

(4)表中填写的项目不得涂改,每一处只允许划改一次,划改符号用"\"表示,并在划改处由划改人员签字或盖章;全表划改不超过2处。

(5)表中各栏目应填写齐全,不得空项。确属不填的栏目,使用"/"符号填充。

(6)文字内容使用蓝黑钢笔或黑色签字笔填写,亦可采用计算机打印输出;不得使用谐音字、国家未批准的简化字或缩写名称;签名签字部分需手写。

(7)项目栏的内容填写不下的可另加附页。宗地草图/宗海图可以附贴。凡附页和附贴的,应加盖相关单位部门印章。

不动产权籍调查表
(试行)

宗地/宗海代码：
调查单位(机构)：

调查时间：　　年　月　日

宗地基本信息表						
权利人	所有权					
	使用权			权利人类型		
				证件种类		
				证件号		
				通信地址		
权利类型		权利性质		土地权属来源证明材料		
坐落						
法定代表人或负责人姓名		证件种类		电话		
		证件号				
代理人姓名		证件种类		电话		
		证件号				
权利设定方式						
国民经济行业分类代码						
预编宗地号			宗地代码			
不动产单元号						
所在图幅号	比例尺					
	图幅号					
宗地四至	北：					
	东：					
	南：					
	西：					
等级			价格/元			
批准用途			实际用途			
	地类编码			地类编码		
批准面积/m^2		宗地面积/m^2		建筑占地总面积/m^2		
				建筑总面积/m^2		
土地使用期限						
共有/共用权利人情况						
说明						

界址标示表																		
界址点号	界标种类					界址间距/m	界址线类别								界址线位置			说明
	钢钉	水泥桩	喷涂				界址线	道路	沟渠	围墙	围栏	田埂			内	中	外	

界址签章表						
界址线			邻宗地		本宗地	日期
起点号	中间点号	终点号	相邻宗地权利人（宗地代码）	指界人姓名（签章）	指界人姓名（签章）	

<table>
<tr><td colspan="2">宗地草图</td></tr>
<tr><td colspan="2"></td></tr>
<tr><td colspan="2">界址说明表</td></tr>
<tr><td>界址点位说明</td><td></td></tr>
<tr><td>主要权属界线走向说明</td><td></td></tr>
</table>

调查审核表	
权属调查记事	调查员： 日期： 年 月 日
不动产测量记事	测量人： 日期： 年 月 日
不动产权籍调查结果审核意见	审核人： 日期： 年 月 日

共有/共用宗地面积分摊表			
土地坐落			
宗地代码			
宗地面积/m^2		定作物单元数	
定作物代码	土地所有权/使用权面积/m^2	独有/独用土地面积/m^2	分摊土地面积/m^2
合计			
备注			

任务四　土地利用现状调查

【任务目标】

1. 掌握土地利用现状调查的工作方法和流程。
2. 能胜任土地利用现状调查的外业工作。
3. 能胜任土地利用现状调查的内业工作。

【学习过程】

1. 教师讲授。
2. 课件展示。
3. 视频观看。
4. 分组讨论。
5. 土地利用现状调查内业上机实训。

【学习成果】

1. 内业信息提取成果图。

【知识导航】

一、概述

土地利用现状调查是指以一定行政区域或自然区域(或流域)为单位,查清区内各种土地利用类型面积、分布和利用状况,并自下而上、逐级汇总为省级、全国的土地总面积及土地利用分类面积而进行的调查。土地利用现状调查是土地资源调查中最为基础的调查。

土地利用现状是自然客观条件和人类社会经济活动综合作用的结果。它的形成与演变过程在受到地理自然因素制约的同时,也越来越多地受到人类改造利用行为的影响。不同的社会经济环境和不同的社会需求以及不同的生产科技管理水平,不断改变并形成新的利用现状。

土地利用现状调查包括农村土地利用现状调查和城市、建制镇、村庄(简称城镇村庄)内部土地利用现状调查。

(1)农村土地利用现状调查。以县(市、区)为基本单位,以国家统一提供的调查底图为基础,实地调查每块图斑的地类、位置、范围等利用状况,查清耕地、园地、林地、草地等农用地的数量、分布及质量状况,查清城市、建制镇、村庄、独立工矿、水域及水利设施用地等各类土地的分布和利用状况。

(2)城镇村庄内部土地利用现状调查(见图 2-12)。充分利用地籍调查和不动产登记成果,对城市、建制镇、村庄内的土地利用现状开展细化调查,查清城镇村庄内部商服、工业、仓储、住宅、公共管理与公共服务和特殊用地等地类的土地利用状况。

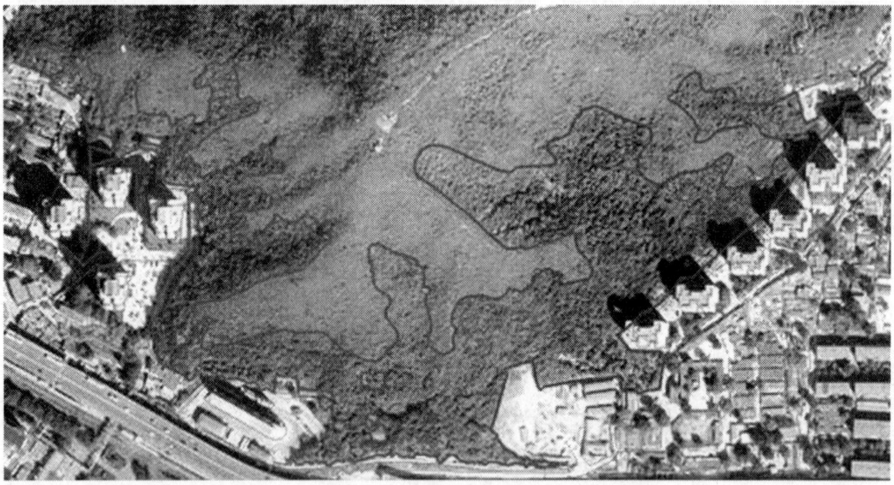

图 2-12　城镇村庄内部土地利用现状调查图斑界

图斑是指单一地类地块,以及被行政界线、土地权属界线或线状地物分割的单一地类地块。

飞地是一种特殊的人文地理现象,指隶属某一行政区管辖但不与本区毗连的土地。

土地利用现状调查以图斑为基本单元开展调查(包括道路、沟渠、河流等线状地物)。单一地类地块,以及被行政区、城镇村庄等调查界线或土地所有权界线分割的单一地类地块为图斑。城镇村庄内部同一地类的相邻宗地合并为一个图斑。道路被权属界线分割的,按不同图斑上图。

对飞入飞出地的调查,一般按照"飞出地调查、飞入地汇总"的原则开展,各地也可根据实际情况协商调查,保证调查成果不重不漏。

土地利用现状调查工作以县(市)为单位进行,由县人民政府统一领导。农区以村(大队)、农林牧渔场以分场(队),林区和牧区以乡统计各类土地面积。土地利用现状调查的基本单位,农区到村(行政村),林区和牧区到乡(镇),并按全国统一的土地分类标准进行分类。

二、调查目的

在原全国土地调查成果基础上,全面细化和完善全国土地利用基础数据,国家直接掌握翔实准确的全国土地利用现状和土地资源变化情况，进一步完善土地调查、监测和统计制度，实现成果信息化管理与共享，满足生态文明建设、空间规划编制、供给侧结构性改革、宏观调控、自然资源管理体制改革和统一确权登记、国土空间用途管制等各项工作的需要。

三、工作流程

土地利用现状调查工作程序

土地利用现状调查工作的整个工作阶段可分为四大阶段：准备阶段、外业工作阶段、内业整理阶段、成果检查验收阶段。按完成的顺序及工作方式、内容，一般可以分为以下九个步骤进行。

（一）准备工作阶段

准备工作主要包括组织准备、资料准备、工作底图制作、仪器和用品准备等。

（二）外业调绘

外业工作阶段内容较多，但它们彼此结合，故实际仅为一个工作步骤，即外业调绘与补测工作，包括外业调绘前的准备工作、行政区划界和土地权属界的调绘、地类调绘、线状地物调绘、零星地类调绘、新增地物补测等内容。

（三）内业编辑

根据外业调绘成果，对成果按相关要求进行编辑处理。

（四）数据库建立

土地调查数据库主要包括土地权属、土地利用现状、基础地理、DOM、DEM 等信息。

（五）土地面积统计

在编辑好的分幅底图上，量算每个土地权属单位的土地总面积及各地类面积。

（六）编绘图件

在编辑好的分幅底图上，进行土地利用现状图和分幅土地权属界线图的编绘。

（七）编写土地利用现状调查报告

土地利用现状调查工作结束后，需编写土地利用现状调查报告和乡（镇，街道）土地利用现状调查说明书，它们是对土地利用现状调查工作的总结和调查结果的分析应用。

（八）成果检查验收

为了保证调查成果的质量，需由省、市（地）、县（市）对完成调查工作的县（市）调查成果进行验收。

（九）成果资料归档

将验收合格后的调查成果资料按统一格式装订成册，编制档案目录，并归档保存。

四、土地利用现状分类

土地利用现状分类

（一）分类依据

土地利用现状分类，主要依据土地的用途、经营特点、利用方式和覆盖特征等因素。它只反映土地利用现状，不以此划分部门管理范围。

（二）分类系统

依据《土地利用现状分类》（GB/T 21010—2017），全国土地利用现状分类采用一级、二级两个层次的分类体系，共分 12 个一级类、73 个二级类，适用于土地调查、规划、审批、供应、整治、执法、评价、统计、登记及信息化管理等工作。具体分类的名称及其含义见表2-2。

表2-2　土地利用现状分类及含义

一级类		二级类		含义
编码	名称	编码	名称	
01	耕地			指种植农作物的土地,包括熟地,新开发、复垦、整理地,休闲地(含轮歇地、休耕地);以种植农作物(含蔬菜)为主,间有零星果树、桑树或其他树木的土地;平均每年能保证收获一季的已垦滩地和海涂。耕地中包括南方宽度<1. 0 m,北方宽度<2. 0 m固定的沟、渠、路和地坎(埂);临时种植药材、草皮、花卉、苗木等的耕地,临时种植果树、茶树和林木且耕作层未破坏的耕地及其他临时改变用途的耕地
		0101	水田	指用于种植水稻、莲藕等水生农作物的耕地。包括实行水生、旱生农作物轮种的耕地
		0102	水浇地	指有水源保证和灌溉设施,在一般年景能正常灌溉、种植旱生农作物(含蔬菜)的耕地。包括种植蔬菜的非工厂化的大棚用地
		0103	旱地	指无灌溉设施,主要靠天然降水种植旱生农作物的耕地,包括没有灌溉设施,仅靠引洪灌溉的耕地
02	园地			指种植以采集果、叶、根、茎、汁等为主的集约经营的多年生木本和草本作物,覆盖度大于50%或每亩株数大于合理株数70%的土地。包括用于育苗的土地
		0201	果园	指种植果树的园地
		0202	茶园	指种植茶树的园地
		0203	橡胶园	指种植橡胶树的园地
		0204	其他园地	指种植桑树、可可、咖啡、油棕、胡椒、药材等其他多年生作物的园地
03	林地			指生长乔木、竹类、灌木的土地,以及沿海生长红树林的土地。包括迹地,不包括城镇、村庄范围内的绿化林木用地,铁路、公路征地范围内的林木及河流、沟渠的护堤林
		0301	乔木林地	指乔木郁闭度≥0. 2的林地,不包括森林沼泽
		0302	竹林地	指生长竹类植物,郁闭度≥0. 2的林地
		0303	红树林地	指沿海生长红树植物的林地
		0304	森林沼泽	以乔木森林植物为优势群落的淡水沼泽
		0305	灌木林地	指灌木覆盖度≥40%的林地,不包括灌丛沼泽
		0306	灌丛沼泽	以灌丛植物为优势群落的淡水沼泽
		0307	其他林地	包括疏林地(树木郁闭度≥0. 1、<0. 2的林地)、未成林地、迹地、苗圃等林地

续表 2-2

一级类		二级类		含义
编码	名称	编码	名称	
04	草地			指生长草本植物为主的土地
		0401	天然牧草地	指以天然草本植物为主,用于放牧或割草的草地,包括实施禁牧措施的草地,不包括沼泽草地
		0402	沼泽草地	指以天然草本植物为主的沼泽化的低地草甸、高寒草甸
		0403	人工牧草地	指人工种植牧草的草地
		0404	其他草地	指树木郁闭度<0.1,表层为土质,不用于放牧的草地
05	商服用地			指主要用于商业、服务业的土地
		0501	零售商业用地	以零售功能为主的商铺、商场、超市、市场和加油、加气、充换电站等的用地
		0502	批发市场用地	以批发功能为主的市场用地
		0503	餐饮用地	饭店、餐厅、酒吧等用地
		0504	旅馆用地	宾馆、旅馆、招待所、服务型公寓、度假村等用地
		0505	商务金融用地	指商务服务用地及经营性的办公场所用地。包括写字楼、商业性商服办公场所、金融活动场所和企业厂区外独立的办公场所;信息网络服务、信息技术服务、电子商务服务、广告传媒等用地
		0506	娱乐用地	指剧院、音乐厅、电影院、歌舞场、网吧、影视城、仿古城,以及绿地率大于65%的大型游乐等设施用地
		0507	其他商服用地	指零售商业、批发市场、餐饮、旅馆、商务金融、娱乐用地以外的其他商业、服务业用地。包括洗车场、洗染店、照相馆、理发美容店、洗浴场所、赛马场、高尔夫球场、废旧物资回收站、机动车、电子产品和日用产品修理网点、物流营业网点,居住小区及小区级以下的配套的服务设施等用地
06	工矿仓储用地			指主要用于工业生产、物资存放场所的土地
		0601	工业用地	指工业生产、产品加工制造、机械和设备修理及直接为工业生产等服务的附属设施用地
		0602	采矿用地	指采矿、采石、采砂(沙)场,砖瓦窑等地面生产用地,排土(石)及尾矿堆放地
		0603	盐田	指用于生产盐的土地,包括晒盐场所、盐池及附属设施用地
		0604	仓储用地	指用于物资储备、中转的场所用地,包括物流仓储设施、配送中心、转运中心等
07	住宅用地			指主要用于人们生活居住的房基地及其附属设施的土地
		0701	城镇住宅用地	指城镇用于生活居住的各类房屋用地及其附属设施用地,不含配套的商业服务设施等用地
		0702	农村宅基地	指农村用于生活居住的宅基地

续表 2-2

一级类		二级类		含义
编码	名称	编码	名称	
08	公共管理与公共服务用地	0801	机关团体用地	指用于机关团体、新闻出版、科教文卫、公用设施等的土地,包括党政机关、社会团体、群众自治组织等的用地
		0802	新闻出版用地	指用于广播电台、电视台、电影厂、报社、杂志社、通讯社、出版社等的用地
		0803	教育用地	指用于各类教育用地,包括高等院校、中等专业学校、中学、小学、幼儿园及其附属设施用地,聋、哑、盲人学校及工读学校用地以及为学校配建的独立地段的学生生活用地
		0804	科研用地	指独立的科研、勘查、研发、设计、检验检测、技术推广、环境评估与监测、科普等科研事业单位及其附属设施用地
		0805	医疗卫生用地	指医疗、保健、卫生、防疫、康复和急救设施等用地。包括综合医院、专科医院、社区卫生服务中心等用地;卫生防疫站、专科防治所、检验中心和动物检疫站等用地;对环境有特殊要求的传染病、精神病等专科医院用地;急救中心、血库等用地
		0806	社会福利用地	指为社会提供福利和慈善服务的设施及其附属设施用地。包括福利院、养老院、孤儿院等用地
		0807	文化设施用地	指图书、阅览等公共文化活动设施用地。包括公共图书馆、博物馆、档案馆、科技馆、纪念馆、美术馆和展览馆等设施用地;综合文化活动中心、文化馆、青少年宫、儿童活动中心、老年活动中心等设施用地
		0808	体育用地	指体育场馆和体育训练基地等用地,包括室内外体育用地,如体育场馆、游泳场馆、各类球场及其附属的业余体校等用地,溜冰场、跳伞场、摩托车场、射击场及水上运动的陆域部分等用地及为体育运动专设的训练基地用地,不包括学校等机构专用的体育设施用地
		0809	公用设施用地	指用于城乡基础设施的用地。包括供水、排水、污水处理、供电、供热、供气、邮政、电信、消防、环卫、公用设施维修等用地
		0810	公园与绿地	指城镇、村庄范围内的公园、动物园、植物园、街心花园、广场和用于休憩、美化环境及防护的绿化用地
09	特殊用地			指用于军事设施、涉外、宗教、监教、殡葬、风景名胜等的土地
		0901	军事设施用地	指直接用于军事目的的设施用地
		0902	使领馆用地	指用于外国政府及国际组织驻华使领馆、办事处等的用地

续表 2-2

一级类		二级类		含义
编码	名称	编码	名称	
09	特殊用地	0903	监教场所用地	指用于监狱、看守所、劳改场、戒毒所等的建筑用地
		0904	宗教用地	指专门用于宗教活动的庙宇、寺院、道观、教堂等宗教自用地
		0905	殡葬用地	指陵园、墓地、殡葬场所用地
		0906	风景名胜设施用地	指风景名胜景点(包括名胜古迹、旅游景点、革命遗址、自然保护区、森林公园、地质公园、湿地公园等)的管理机构以及旅游服务设施的建筑用地。景区内的其他用地按现状归入相应地类
10	交通运输用地			指用于运输通行的地面线路、场站等的土地。包括民用机场、汽车客货运场站、港口、码头、地面运输管道和各种道路以及轨道交通用地
		1001	铁路用地	指用于铁道线路及场站的用地。包括征地范围内的路堤、路堑、道沟、桥梁、林木等用地
		1002	轨道交通用地	指用于轻轨、现代有轨电车、单轨等轨道交通用地及场站的用地
		1003	公路用地	指用于国道、省道、县道和乡道的用地。包括征地范围内的路堤、路堑、道沟、桥梁、汽车停靠站、林木及直接为其服务的附属用地
		1004	城镇村道路用地	指城镇、村庄范围内公用道路及行道树用地,包括快速路、主干路、次干路、支路、专用人行道和非机动车道及其交叉口等
		1005	交通服务场站用地	指城镇、村庄范围内交通服务设施用地,包括公交枢纽及其附属设施用地、公路长途客运站、公共交通场站、公共停车场(含设有充电桩的停车场)、停车楼、教练场等用地,不包括交通指挥中心、交通队用地
		1006	农村道路	在农村范围内,8 m≥南方宽度≥1.0 m,8 m≥北方宽度≥2.0 m,用于村间、田间交通运输,并在国家公路网络体系之外,以服务于农村农业生产为主要用途的道路(含机耕道)
		1007	机场用地	指用于民用机场、军民合用机场的用地
		1008	港口码头用地	指用于人工修建的客运、货运、捕捞及工程、工作船舶停靠的场所及其附属建筑物的用地,不包括常水位以下部分
		1009	管道运输用地	指用于运输煤炭、矿石、石油、天然气等管道及其相应附属设施的地上部分用地

续表 2-2

一级类		二级类		含义
编码	名称	编码	名称	
11	水域及水利设施用地			指陆地水域,滩涂、沟渠、沼泽、水工建筑物等用地。不包括滞洪区和已垦滩涂中的耕地、园地、林地、城镇、村庄、道路等用地
		1101	河流水面	指天然形成或人工开挖河流常水位岸线之间的水面,不包括被堤坝拦截后形成的水库区段水面
		1102	湖泊水面	指天然形成的积水区常水位岸线所围成的水面
		1103	水库水面	指人工拦截汇集而成的总设计库容≥10 万 m^3 的水库正常蓄水位岸线所围成的水面
		1104	坑塘水面	指人工开挖或天然形成的蓄水量<10 万 m^3 的坑塘常水位岸线所围成的水面
		1105	沿海滩涂	指沿海大潮高潮位与低潮位之间的潮浸地带。包括海岛的沿海滩涂。不包括已利用的滩涂
		1106	内陆滩涂	指河流、湖泊常水位至洪水位间的滩地;时令湖、河洪水位以下的滩地;水库、坑塘的正常蓄水位与洪水位间的滩地。包括海岛的内陆滩地。不包括已利用的滩地
		1107	沟渠	指人工修建,南方宽度≥1.0 m、北方宽度≥2.0 m 用于引、排、灌的渠道,包括渠槽、渠堤、护堤林及小型泵站
		1108	沼泽地	指经常积水或渍水,一般生长湿生植物的土地。包括草本沼泽、苔藓沼泽、内陆盐沼等。不包括森林沼泽、灌丛沼泽和沼泽草地
		1109	水工建筑用地	指人工修建的闸、坝、堤路林、水电厂房、扬水站等常水位岸线以上的构(建)筑物用地
		1110	冰川及永久积雪	指表层被冰雪常年覆盖的土地
12	其他土地			指上述地类以外的其他类型的土地
		1201	空闲地	指城镇、村庄、工矿范围内尚未使用的土地。包括尚未确定用途的土地
		1202	设施农用地	指直接用于经营性畜禽养殖生产设施及附属设施用地;直接用于作物栽培或水产养殖等农产品生产的设施及附属设施用地;直接用于设施农业项目辅助生产的设施用地;晾晒场、粮食果品烘干设施、粮食和农资临时存放场所、大型农机具临时存放场所等规模化粮食生产所必需的配套设施用地
		1203	田坎	指梯田及梯状坡地耕地中,主要用于拦蓄水和护坡,南方宽度≥1.0 m,北方宽度≥2.0 m 的地坎
		1204	盐碱地	指表层盐碱聚集,生长天然耐盐植物的土地
		1205	沙地	指表层为沙覆盖、基本无植被的土地。不包括滩涂中的沙地
		1206	裸土地	指表层为土质,基本无植被覆盖的土地
		1207	裸岩石砾地	指表层为岩石或石砾,其覆盖面积≥70%的土地

五、调查的准备工作

(一)编写调查任务书

调查任务书的内容应包括:

(1)调查区基本情况。

(2)调查工作所需的图件资料和技术条件。

(3)调查工作的组织、实施步骤与方法。

(4)时间安排和经费预算。

(二)进行技术培训

正式调查工作开展之前,进行技术培训工作,以使全体专业队员熟悉技术规程,明确调查方法,掌握操作要领,提高技术水平。

(三)收集资料

收集近期地形图、相应的航摄像片或影像平面图、各行业专题数据等其他一些相关资料。原则上,农村土地利用现状调查采用优于 1 m 分辨率遥感影像资料;城镇内部土地利用现状调查采用优于 0.2 m 分辨率的航空遥感影像资料。

六、内业准备

(一)遥感影像资料采购及调查底图制作

1.遥感数据采购和正射影像图制作

为开展农村土地利用现状调查,自然资源部组织统一采购最新的优于 1 m 分辨率覆盖全国的遥感影像制作 DOM。各地可自行采购更高分辨率的遥感影像制作 DOM,辅助开展实地调查,并将 DOM 成果汇交至自然资源部。

为开展城镇村庄内部土地利用现状调查,地方自行收集近年优于 0.2 m 分辨率,覆盖城镇村庄范围的已有航空遥感正射影像数据。原有 0.2 m 分辨率的航空遥感数据不能全覆盖城镇村庄的区域,可采用优于 1 m 分辨率的卫星数据补充。地方可自行采购最新 0.2 m 分辨率的航空遥感数据,制作正射影像图,开展城镇村庄内部土地利用现状调查。

2.调查信息提取及调查底图制作

为保障国家控制调查成果的需求,在最新 DOM(包括国家统一制作的 DOM 和地方自行制作的 DOM)基础上套合全国土地调查数据库,按照土地利用现状分类标准,逐图斑对比分析数据库地类与最新高分辨率 DOM 地物特征的一致性,根据对比核查结果,提取不一致图斑,依据影像特征勾绘图斑边界。同时,根据数据库地类和影像特征,内业判断该图斑土地利用类型;对于影像特征无法明确判断土地利用类型的,提供与影像特征可能对应的 2 种土地利用类型选项。

(二)调查界线及控制面积确定

调查界线以国界线、零米线和各级行政区界线为基础制作,统一确定各级调查控制界线、控制面积,自上而下逐级提供调查使用。土地调查控制界线采取国家总体控制,国家负责统一组织制作以省级行政界线为基础的调查界线,确定省级控制面积;地方分级负责,省级负责省以下县级调查界线和控制面积制作与确定,县级负责县以下调查界线和控制面积制作与确定。

县级以上调查界线应继承最新年度土地变更调查界线。各级调查界线如果发生变化需要调整,必须依据相关主管部门的批准文件,报自然资源部批准后调整。

1. 调查界线的调整

调查界线使用各主管部门确定的界线。

(1)国界线依据外交部提供的最新勘界资料调整。

(2)沿海零米线和海岛界线,依据海军司令部航海保障部(简称海军航保部)提供的最新海洋基础测绘成果调整,省级依据最新的遥感影像发现的新修建人工岸(港口、码头)、围填海造地等造成实地变化,报相关部门审核批准后方可调整。

(3)省、市(地)、县级调查界线,依据各级民政部门行政区划对相关文件调整、备案。因成图精度等客观因素造成调查界线与数字正射影像图(DOM)相对位置产生位移的,由省统一组织,依据行政区域勘界成果中有关界址的描述,对调查界线进行调整以使之与 DOM 匹配,经界线双方同意并提请双方民政部门审核确认后作为最终调查界线。单方不得擅自调整调查界线,界线双方有异议的也不得调整。

(4)乡(镇)级调查界线,依据县(区、市)人民政府相关文件调整。

国界线、零米线、省界线的调整由国家负责完成,市(地)、县级调查界线的调整由省级负责完成,乡(镇)级调查界线的调整由县级负责完成。各省县级控制界线制作完成后应报自然资源部备案。

2. 调查界线制作及控制面积确定

依据调查确定的坐标系、比例尺和国界线、零米线、省界线调整数据,由自然资源部组织,对年度土地变更调查界线进行坐标转换和界线更新,制作标准分幅数字化的国界线、省级行政区域调查界线和沿海零米线、岛屿界线图,作为省级调查控制界线,并制作全国及分省《图幅理论面积与控制面积接合图表》,计算各省级调查区域控制面积,提供各省(区、市)使用。

县级调查区域内,分区采用不同比例尺调查的,由省(区、市)提前统一组织将不同比例尺及相应的图幅号上报自然资源部。自然资源部将依据所报比例尺计算该省(区、市)控制面积。

省级土地调查办公室依据国家下发的省级控制界线和控制面积制作数字化县级调查界线图,并制作全省及分县《图幅理论面积与控制面积接合图表》,计算各县级调查区域控制面积。

沿海省陆地与岛屿《图幅理论面积与控制面积接合图表》需分别编制,陆地与岛屿面积分别控制,辖区总面积(控制面积)等于陆地总面积与岛屿面积之和。

七、地类调绘要求

(一)基本要求

地类调绘要求

(1)按"土地利用现状分类及含义表"进行地类调绘。

(2)调绘的界线和地物位置准确,各种注记正确无误,清晰易读,线划符号规程图例。

(3)测绘面积线不得有漏调和重叠,一般应选在航向重叠或旁向重叠的中部,平原地区航向重叠度达 60%以上时,可隔片调绘。

(4)逐图斑调查图斑地类,调绘图斑边界,当有更高精度航空影像时,也可采用其影像特征作为图斑边界调绘的依据。调绘图斑的明显界线与 DOM 上同名地物移位不大于图上

0.3 mm，不明显界线不大于图上 1.0 mm。

（5）以实线表示地类界线，按图例标出地类符号，当地类界线与线状地物或境界线重合时，可省略不绘。

（6）调查图斑的最小调查上图面积按地类划分如下：建设用地和设施农用地实地面积超过 200 m^2 的需调查上图；农用地（不含设施农用地）实地面积超过 400 m^2 的需调查上图；其他地类实地面积超过 600 m^2 的需调查上图，荒漠地区可适当降低精度，但不得低于 1 500 m^2。对于有更高管理需求的地区，建设用地最小调查面积可定为 100 m^2。

（7）线状地物调查。

①铁路、公路、农村道路、河流和沟渠等线状地物以图斑方式调查，线状地物图斑被调查界线、权属界线分割的，按不同图斑调查上图。

②对农村范围内，南方宽度 1~8 m，北方宽度 2~8 m（上下均含）的道路，调查为农村道路或公路用地；大于 8 m 的道路或纳入乡镇级及以上级别道路网规划的道路，一律按公路调查。

③道路、河流被权属界线分割的，按不同图斑上图。用地范围不确定的在建道路，暂不调查。

④对城镇村庄内部道路用地，调查城镇村庄内部主干路、次干路及支路，其他道路可与相邻图斑合并。

⑤对于线状地物交叉的，上部的线状地物连续表示，下压的线状地物断在交叉处。线状地物穿过隧道时，线状地物断在隧道两端。

（二）补测地物

（1）各县（市、区）以自然资源部下发的调查底图为基础，将调查底图套合土地调查数据库，叠加国土资源管理数据及相关部门调查数据，制作外业调查数据。将外业调查数据导入带定位功能的移动外业调查设备或打印外业调查图纸，辅助开展外业实地调查工作。实地逐图斑调查图斑地类，调绘图斑边界，记录图斑编号、地类编码、权属单位和其他属性信息（见表 2-3）。

表 2-3

图斑基本信息								外业调查信息					耕地信息		其他信息		说明
行政代码	图斑预编号	图斑编号	权属单元名称	权属性质	地类编码	预判地类	图斑面积	外业地类	图斑边界	权属变化	图斑标注	外业记录	耕地类型	耕地细化标注	城镇村标识	线性图斑宽度	
1	2	3	4	5	6	7	8	9	10	11	12	13	14	15	16	17	18
草图栏																	

填表说明:

第1列"行政代码",填写行政区划代码。

第2列"图斑预编号",填写外业调查时图斑的临时编号,可直接填写国家内业提取图斑编号,外业调查时对预编号图斑进行分割或补测新增调查图斑时,在原预编号图斑下方插入行填写新增图斑调查信息。

第3列"图斑编号",填写数据库建成后图斑编号,可能与图斑预编号不一致,编号统一以行政村为单位,对地类图斑按从左到右,自上而下由"1"顺序编号。

第4列"权属单元名称",填写原土地数据库图斑权属单元名称。

第5列"权属性质",填写原数据库图斑属性性质。

第6列"地类编码",填写原土地调查数据库图斑地类编码。

第7列"预判地类",填写国家内业提取地类编码或地方自主内业判读地类编码。

第8列"图斑面积",填写外业调查时图斑的面积,单位为亩(1亩=1/15 hm^2),保留2位小数。

第9列"外业地类",填写外业调查认定的图斑地类编码。

第10列"图斑边界",填写外业调查图斑边界调绘情况,图斑边界不变填写"BB",图斑边界变化见调绘草图填写"CT",图斑边界变化见高精度补测数据填写"BC",图斑分割或新增图斑填写"XZ"。

第11列"权属变化",填写外业调查属性变化信息,权属单位名称及权属性质不变填写"BB",权属信息有变化直接填写变化后的"权属单位名称+权属性质"。

第12列"图斑标注",填写图斑标注代码。

第13列"外业记录",填写外业调查及咨询情况。

第14列"耕地类型",仅填写梯田耕地,梯田填写"TT",耕地为坡地的不填写。

第15列"耕地细化标注",河道内或滩涂上耕地填写"HDGD",湖区或滩涂上耕地填写"HQGD",牧区内的耕地填写"MQGD",林区内的耕地填写"LQGD",荒漠化沙化耕地填写"SHGD"等细化调查属性。

第16列"城镇村标识",对城市、建制镇、村庄范围内的地类图斑,相应标注201、202、203属性,城镇村外部的采矿用地、盐田和特殊用地标注204或205属性。

第17列"线性图斑宽度",填写线性图斑实地丈量平均宽度,单位为米,保留1位小数。

第18列"说明",记录图斑其他性需要备注的内容,如:是飞地在此栏填写"飞地"。

草图栏,当图斑边界发生变化时,应绘制图斑变化边界的草图,标记图斑编号,变化边界草图也绘制在外业调查底图上。

补测平面位置精度要求,补测地物点相对邻近明显地物点距离的中误差,平地、丘陵地不得大于2.5 m,山地不得大于3.75 m,最大误差不超过2倍中误差。

(2)依据影像和实地现状进行图斑综合调绘。对实地地类、边界与基础库或内业判读信息一致的,无须重新调绘,直接标记,记录相关调查信息;对实地地类、边界与基础库或内业判读信息不一致的,进行实地调绘。对影像未能反映的新增地物进行补测。

补测主要采用仪器补测法和简易补测法。为了提高调查的效率和成果精度,有条件的地区采用卫星定位仪器补测法,无条件的地区可采用简易补测法。补测平面位置精度要求,补测地物点相对邻近明显地物点距离的中误差,平地、丘陵地不得大于2.5 m,补测平面位置精度符合相关规范要求,山地不得大于3.75 m,最大误差不超过2倍中误差。

(三)权属界线上图和补充调查

将农村集体土地确权登记数据库中确定的权属界线转绘到土地调查底图上。城镇以外的独立国有土地使用权界线,依据集体土地所有权调查成果转绘到土地调查底图上。城镇内部的国有土地使用权界线不调查上图。

权属调查原则上以各行政村为基本单位,对集体土地确权登记到村民小组的,也可按照村民小组的权属界线转绘到土地调查底图上。

在权属界线上图过程中,因成图精度等客观因素,部分权属界线与遥感影像产生位移的,可根据协议书记载转绘至遥感影像相关位置,避免产生细小图斑。

对权属界线发生变化的,按照集体土地所有权和不动产调查相关规定,重新开展权属界线补充调查。

(四)调查接边

(1)省级和地市级负责组织其辖区范围内相关地市和县级调查单位的调查接边工作,第三次全国土地调查领导小组办公室负责组织各省开展接边工作。

(2)依据影像辅助实地调查,对不同行政区界线两侧公路、铁路和河流等重要地物进行接边,确保重要地物的贯通性;对影像反映明显地物界线进行接边,保证同名地物的一致性;对地类、权属等属性信息进行接边,保证水库、河流、湖泊等重要地物调查信息的一致性。

(3)当行政界线两侧明显地物接边误差小于图上6 mm、不明显地物接边误差小于图上2.0 mm时,双方各改一半接边;否则双方应实地核实接边。

(五)田坎调查

田坎调查应按实地丈量方法和系数扣除方法调查,有更高精度要求的地区可按图斑调查,但采用的调查方式不能打破县级行政辖区。二次调查测算的田坎系数,如无特殊变化,可继续沿用,也可由省(区、市)统一组织重新测算。

1. 耕地坡度分级

耕地分5个坡度级(上含下不含)。坡度≤2°的视为平地,其他分为梯田和坡地两类。耕地坡度分级及代码见表2-4。

表2-4 耕地坡度分级及代码

坡度分级	≤2°	2°~6°	6°~15°	15°~25°	>25°
坡度级代码	1	2	3	4	5

土地调查数据库建成后,应用DEM生成坡度图,计算不同坡度级的耕地面积。

2. 耕地田坎系数测算

坡度大于2°时,测算耕地田坎系数。

田坎系数由省(区、市)统一组织测算,测算方案及结果报自然资源部备案。

按耕地分布、地形地貌相似性等特征,对完整省(区、市)辖区分区。区内按不同坡度级和坡地、梯田类型分组,选择样方、测算系数。样方应均匀分布,每组数量不少于30个,单个样方不小于0.4 hm^2。

实测样方中的田坎面积,计算样方田坎系数,即田坎面积扣除其他线状地物后样方面积的比例(%)。

当同组样方田坎系数相对集中、最大值超过最小值的30%时,取其算术平均数,作为该组田坎系数。

八、几个重要问题的处理

(一)关于坡度图及耕地坡度分级确定

按照《利用DEM确定耕地坡度分级技术规定》制作坡度图。将坡度图与耕地图斑叠加,确定耕地图斑的坡度级。耕地分为≤2°、2°~6°、6°~15°、15°~25°、>25°(上含下不含)5个坡度级。进行坡度分级时,原则上不打破图斑界线,一个图斑确定一个坡度级。当一个图斑含有两个以上坡度级时,原则上以面积大的坡度级为该图斑坡度级;但不同坡度级界线明显的,也可依据分割图斑并分别确定坡度级。2°以上各坡度级再分为梯田和坡地两种耕地类型,耕地类型由外业调查确定。

(二)关于田坎

(1)原则上耕地坡度≤2°的没有田坎,2°以上的田坎以田坎系数表示。田坎不能按图斑或单线表示。采用更高调查精度的区域,田坎可用图斑表示,但应保证省域调查精度标准统一。

(2)田坎系数原则继续沿用第二次全国土地调查测定的田坎系数。重新测算田坎系数的,须由省级土地调查办公室统一重新组织测算,并上报自然资源部备案。

(三)关于可调整地类

可调整地类原则上只继承最新土地调查数据库中现存可调整地类,不再新认定可调整地类;对永久基本农田范围内的可调整地类,全部按耕地调查,不再作为可调整地类,同时标注种植属性。

(四)关于建设用地调查

严禁将推土区调查为建设用地。推土区可继承原数据库地类。如在统一时点时推土区已建成,可通过增量更新方式更新为建设用地。

城市(201)、建制镇(202)、村庄(203)范围按照集中连片的原则划定,所对应范围界线按照单独图层方式录入土地调查数据库。

(五)关于图斑标注

1. 耕地标注

调查为耕地的图斑,根据耕地图斑的实际利用情况,标注种植属性。原则上不因标注种植属性而分割耕地图斑。对于一块耕地内有多种种植情况,按主要种植情况标注。标注属性主要包括耕种、休耕、园木、林木、牧草、绿化草地、坑塘和其他非耕种。其中,耕种主要是指耕地上种植农作物(含蔬菜、临时种植花卉、苗圃及城市草皮等),包括耕作层未被破坏的非工厂化的简易大棚、地膜及临时工棚等用地；休耕是指有计划地“休养生息”的耕地；园木、林木、牧草、绿化草地和坑塘属性是指耕作层未被破坏，临时改变用途的耕地；其他非耕种是指近 3 年连续无种植行为且无休耕计划的耕地。

2. 建设用地标注

（1）建设用地调查图斑属性标注相应的城市（201）、建制镇（202）、村庄（203）、盐田及采矿用地（204）、特殊用地（205）或各类独立工业仓储用地的地类编码。工业仓储用地要按火电、煤炭、水泥、玻璃、钢铁、电解铝等进行标注。

（2）对于已拆除的存量建设用地，按实地现状调查。拆除图斑未复耕或复绿且原数据库为 20x 地类的，可按空闲地调查，标注 20x 属性；未拆除到位的拆除图斑，为违法用地拆除恢复原地类的，按原地类调查地类；不论拆除图斑的原数据库是否是 20x 地类，实地已是农用地，一律按实地利用现状调查，不能标注 20x 属性；如拆除图斑的原数据库不是 20x 地类，不能标注 20x 属性。

（3）城镇外部的盐田及采矿用地、特殊用地等，按实地利用现状调查（调查为 06 或 09），并标注 204/205 属性。原有 204/205 范围内的耕地、林地等，分别调查为耕地、林地等地类，不标注 204/205 属性。

（4）原有农村居民点范围内的耕地、林地等农用地图斑按实地利用现状调查，标注 203 属性；村庄周边耕地、林地等，达到上图面积的，按实地利用现状调查，原则上不标注 203 属性，如原数据库是 203 且确属农村宅基地范围的，可标注 203 属性；空闲地、公园绿地等按实地利用现状调查，标注 203 属性。

（5）城镇城乡接合部大片的林地、水面等应按利用现状调查，不标注 201 或 202 属性；城镇内部的农用地、水面等原则应按现状调查，标注 201 或 202 属性；城镇内部的公园及其附属的林地、绿地、水面等按公园与绿地调查，标注 201 或 202 属性。

3. 园地标注

对林业部门调查的林区内的园地，按园地调查，如原数据库是林地，标注林区内的园地属性。

4. 草地细化调查标注

对灌木覆盖度大于 30%且小于 40%的图斑，按照草地调查，标注灌丛草地属性；对于草覆盖度大于 5%且小于 10%的草地图斑，标注稀疏草地属性。

（六）关于地类认定程序

按照实地现状认定地类。对于耕、园、林、草交叉的图斑，实地认定不清的，根据地类定义，按照“耕、园、林、草”的优先次序确定地类。

（七）关于各类自然资源保护区范围界线

各类自然资源保护区等范围界线，按照单独图层方式录入土地调查数据库。

（八）关于军事用地调查

军事用地范围内的土地，由军队负责调查，并将成果移交到所在地县级土地管理部门。军事用地按实际地类调查，属于军事设施用地的调查为特殊用地。涉及军事用地的图斑不需要举证。

(九)关于设施农用地调查

各地应依据《土地利用现状分类》(GB/T 21010—2017)和《国土资源部农业部关于进一步支持设施农业健康发展的通知》(国土资发〔2014〕127号)的要求,开展设施农用地调查,严禁随意扩大设施农用地范围。

未拆除到位(推平或混有瓦砾)的设施农用地不得按建设用地调查。原数据地类为设施农用地的,可按设施农用地调查。原数据地类为其他类农用地的,应按原地类调查。

(十)关于临时用地调查

临时用地指因建设项目施工和地质勘查需要临时使用国有土地或者农民集体所有的土地。对于实地为临时用地的,应维持原数据库地类不变。对于临时用地,按照单独图层方式录入土地调查数据库。

(十一)关于农用地调查为未利用地

对于将原数据库中的农用地调查为未利用地的,各地应说明原因,省级土地调查办公室进行审核后,形成省级报告,报至自然资源部。省级报告包括原因说明、涉及的县级单位名称及面积、省级核实情况及汇总面积等。

九、填写外业手簿

(1)外业调查内容应记入调查手簿,并辅以必要的附图。

(2)记载小于最小调绘图斑的地类实际面积。

(3)记载线状地物实测数据及归属说明。

(4)记载土地利用状况。

(5)上述内容记载必须字体规整,字迹清晰,不准涂改、就字改字、擦刮和重抄。

十、工作成果

土地利用现状调查工作成果:

(1)图件:土地利用现状图、土地权属界线图、土地利用现状挂图等。

(2)各地类土地面积汇总表和土地总面积汇总平衡表、村土地面积汇总表、乡(镇)土地面积汇总表、县(市)土地面积汇总表、土地总面积汇总平衡表。

(3)土地利用现状调查报告。

任务五　房屋调查

【任务目标】

1. 掌握房屋调查的内容。
2. 能胜任房屋调查外业工作。
3. 掌握房屋调查的填写方法。
4. 能熟练填写房屋调查表。

【学习过程】

1. 教师讲授。

2. 课件展示。

3. 视频观看。

4. 分组讨论。

5. 房屋调查表填表实训。

【学习成果】

1. 房屋调查表。

【知识导航】

房屋调查是不动产权籍调查中的重要一项,是结合土地权属调查一并开展的工作。重点是调查房屋的权利人、权属来源情况、建筑结构、建成年份、批准用途与实际用途、批准面积与实地面积等要素,形成房地一体的不动产权籍调查结果。

一、房屋调查基本知识

(一)特殊房屋建筑说明

(1)假层。指房屋的最上一层,四周外墙的高度一般低于正式层外墙的高度,内部房间利用部分屋架空间构成的非正式层,其高度大于2.2 m的部分,面积不足底层1/2的称为假层。

(2)气屋。利用房屋的人字屋架下面的空间建成,并设有老虎窗的称为气屋。

(3)夹层和暗楼。建筑设计时,安插在上下两屋之间的房屋称为夹层。房屋建成后用室内上部空间添加建成的房间称为暗楼。

(4)过街楼和吊楼。横跨里巷两边房屋建造的悬空房屋称为过街楼;一边依附于相邻房屋,另一边有支柱建筑的悬空房屋称为吊楼。

(5)阳台。房屋建筑的上层,伸出屋外的部分,作为吸收阳光和纳凉使用的称为阳台或眺台。阳台分为外(凸)阳台、内(凹)阳台、凸凹阳台,绘图时把突出墙面的部位绘成虚线。

(6)天井和天棚。房屋内部的小块空间,无盖见天的称为天井。天井上有透明顶棚覆盖的称为天棚。

(二)幢与幢号

1. 幢的定义

幢是指一座独立的,包括不同结构和不同层次的房屋。

2. 幢号的编立

幢号以丘为单位,自进大门起,从左到右,从前到后,用数字1、2……顺序按S形编号。幢号注在房屋轮廓线内的左下角,并加括号表示。

3. 房产权号

在他人用地范围内所建的房屋,应在幢号后面加编房产权号,房产权号用标识符A表示。

4. 房屋共有权号

多户共有的房屋,在幢号后面加编共有权号,共有权号用标识符B表示。

(三)房屋调查

房屋调查内容包括房屋坐落、产权人、产别、层数、所在层次、建筑结构、建成年份、用途、墙体归属、权源、产权纠纷和他项权利等基本情况及绘制房屋权界线示意图。

1. 房屋的坐落

房屋的坐落:×××市(县)×××街道(乡镇)×××社区(村委会)×××街(巷)×××号×××楼×××室。

2. 房屋产权人

(1)私人所有的房屋,一般按照产权证件上的姓名。产权人已死亡的,应注明代理人的姓名;产权是共有的,应注明全体共有人姓名。

(2)单位所有的房屋,应注明单位的全称。两个以上单位共有的,应注明全体共有单位名称。

(3)房地产管理部门直接管理的房屋,包括公产、代管产、托管产、拨用产等四种产别。公产应注明房地产管理部门的全称。代管产应注明代管及原产权人姓名。托管产应注明托管及委托人的姓名或单位名称。拨用产应注明房地产管理部门的全称及拨借单位名称。

3. 房屋产别

房屋产别是指根据产权占有不同而划分的类别。按两级分类调记,具体分类标准按表2-5执行。

4. 房屋产权来源

房屋产权来源是指产权人取得房屋产权的时间和方式,如继承、分析、买受、受赠、交换、自建、翻建、征用、收购、调拨、价拨、拨用等。

产权来源有两种以上的,应全部注明。

5. 房屋总层数与所在层次

(1)房屋层数是指房屋的自然层数,一般按室内地坪±0 m以上计算;采光窗在室外地坪以上的半地下室,其室内层高在2.20 m以上的,计算自然层数。房屋总层数为房屋地上层数与地下层数之和。假层、附层(夹层)、插层、阁楼(暗楼)、装饰性塔楼及突出屋面的楼梯间、水箱间不计层数。

(2)所在层次是指本权属单元的房屋在该幢楼房中的第几层。地下层次以负数表示。

6. 房屋建筑结构

房屋建筑结构是指根据房屋的梁、柱、墙等主要承重构件的建筑材料划分类别,具体分类标准按表2-6执行。

7. 房屋建成年份

房屋建成年份是指房屋实际竣工年份。拆除翻建的,应以翻建竣工年份为准。

一幢房屋有两种以上建成年份,应分别注明。

8. 房屋用途

房屋用途是指房屋的实际用途。具体分类标准按表2-7执行。

一幢房屋有两种以上用途,应分别调查注明。

表 2-5 房屋产别分类标准

一级类		二级类		含义
编号	名称	编号	名称	
10	国有房产			是指归国家所有的房产。包括由政府接管、国家经租、收购、新建以及由国有单位用自筹资金建设或购买的房产。国有房产分为直管产、自管产、军产三种
		11	直管产	是指由政府接管、国家经租、收购、新建、扩建的房产(房屋所有权已正式划拨给单位的除外),大多数由政府房地产管理部门直接管理、出租、维修,少部分免租拨借给单位使用
		12	自管产	是指国家划拨给全民所有制单位所有以及全民所有制单位自筹资金购建的房产
		13	军产	是指中国人民解放军部队所有的房产。包括由国家划拨的房产、利用军费开支或军队自筹资金购建的房产
20	集体所有房产			是指城市集体所有制单位所有的房产。即集体所有制单位投资建造、购买的房产
30	私有房产			是指私人所有的房产,包括中国公民、港澳台同胞、海外侨胞、在华外国侨民、外国人所投资建造、购买的房产及中国公民投资的私营企业(私营独资企业、私营合伙企业和私营有限责任公司)所投资建造、购买的房屋
40	联营企业房产			是指不同的所有制性质的单位之间共同组成新的法人型经济实体所投资建造、购买的房产
50	股份制企业房产			是指股份制企业所投资建造或购买的房产
60	港澳台投资房产			是指港、澳、台地区投资者以合资、合作或独资在祖国大陆举办的企业所投资建造或购买的房产
70	涉外房产			是指中外合资经营企业、中外合作经营企业和外资企业、外国政府、社会团体、国际性机构所投资建造或购买的房产
80	其他房产			是指凡不属于以上各类别的房屋,都归在这一类,包括因所有权人不明,由政府房地产管理部门、全民所有制单位、军队代为管理的房屋以及宗教、寺庙等房屋
			期房	是指开发商从取得商品房预售许可证开始至取得房地产权证(大产证)止,在这一期间的商品房称为期房,消费者在这一阶段购买商品房时应签预售合同
			有限房产	是房屋所有人在购买公房中按照房改政策以标准价购买的住房或建房过程中得到了政府或企业补贴,房屋所有人享有完全的占有权、使用权和有限的处分权、收益权

表 2-6 房屋建筑结构分类标准

钢结构	是指承重的主要构件是用钢材料建造的,包括悬索结构
钢、钢筋混凝土结构	是指承重的主要构件是用钢、钢筋混凝土建造的
钢筋混凝土结构	是指承重的主要构件是用钢筋混凝土建造的。包括薄壳结构、大模板现浇结构及使用滑模、升板等建造的钢筋混凝土结构的建筑物
混合结构	是指承重的主要构件是用钢筋混凝土和砖木建造的。如一幢房屋的梁是用钢筋混凝土制成,以砖墙为承重墙,或者梁是用木材建造的,柱是用钢筋混凝土建造的
砖木结构	是指承重的主要构件是用砖、木材建造的。如一幢房屋是木制房架、砖墙、木柱建造的
其他结构	是指凡不属于上述结构的房屋都归此类。如竹结构、砖拱结构、窑洞等

表 2-7 房屋用途分类标准

一级分类		二级分类		内容
编号	名称	编号	名称	
10	住宅	11	成套住宅	指由若干卧室、起居室、厨房、卫生间、室内走道或客厅等组成的供一户使用的房屋
		12	非套住宅	指人们生活居住的但不成套的房屋
		13	集体宿舍	指机关、学校、企事业单位的单身职工、学生居住的房屋。集体宿舍是住宅的一部分
20	工业交通仓储	21	工业	指独立设置的各类工厂、车间、手工作坊、发电厂等从事生产活动的房屋
		22	公用设施	指自来水、泵站、污水处理、变电、燃气、供热、垃圾处理、环卫、公厕、殡葬、消防等市政公用设施的房屋
		23	铁路	指铁路系统从事铁路运输的房屋
		24	民航	指民航系统从事民航运输的房屋
		25	航运	指航运系统从事水路运输的房屋
		26	公交运输	指公路运输、公共交通系统从事客、货运输、装卸、搬运的房屋
		27	仓储	指用于储备、中转、外贸、供应等各种仓库、油库用房

续表 2-7

一级分类		二级分类		内容
编号	名称	编号	名称	
30	商业金融信息	31	商业服务	指各类商店、门市部、饮食店、粮油店、菜场、理发店、照相馆、浴室、旅社、招待所等从事商业和为居民生活服务所用的房屋
		32	经营	指各种开发、装饰、中介公司等从事各类经营业务活动所用的房屋
		33	旅游	指宾馆、饭店、乐园、俱乐部、旅行社等主要从事旅游服务所用的房屋
		34	金融保险	指银行、储蓄所、信用社、信托公司、证券公司、保险公司等从事金融服务所用的房屋
		35	电信信息	指各种邮电、电信部门、信息产业部门,从事电讯与信息工作所用的房屋
40	教育医疗卫生科研	41	教育	指大专院校、中等专业学校、中学、小学、幼儿园、托儿所、职业学校、业余学校、干校、党校、进修院校、工读学校、电视大学等从事教育所用的房屋
		42	医疗卫生	指各类医院、门诊部、卫生所(站)、检(防)疫站、保健院(站)、疗养院、医学化验、药品检验等医疗卫生机构从事医疗、保健、防疫、检验所用的房屋
		43	科研	指各类从事自然科学、社会科学等研究设计、开发所用的房屋
50	文化娱乐体育	51	文化	指文化馆、图书馆、展览馆、博物馆、纪念馆等从事文化活动所用的房屋
		52	新闻	指广播电视台、电台、出版社、报社、杂志社、通讯社、记者站等从事新闻出版所用的房屋
		53	娱乐	指影剧院、游乐场、俱乐部、剧团等从事文娱演出所用的房屋
		54	园林绿化	是指公园、动物园、植物园、陵园、苗圃、花圃、花园、风景名胜、防护林等所用的房屋
		55	体育	指体育场、体育馆、游泳池、射击场、跳伞塔等从事体育所用的房屋

续表 2-7

一级分类		二级分类		内容
编号	名称	编号	名称	
60	办公	61	办公	指党政机关、群众团体、行政事业单位等行政、事业单位等所用的房屋
70	军事	71	军事	指中国人民解放军军事机关、营房、阵地、基地、机场、码头、工厂、学校等所用的房屋
80	其他	81	涉外	指外国使、领馆、驻华办事处等涉外所用的房屋
		82	宗教	指寺庙、教堂等从事宗教活动所用的房屋
		83	监狱	指监狱、看守所、劳改场(所)等所用的房屋

9. 房屋墙体归属

房屋墙体归属是房屋四面墙体所有权的归属,分别注明自有墙、共有墙和借墙等三类。

10. 房屋产权的附加说明

在调查中对产权不清或有争议的,以及设有典当权、抵押权等他项权利的,应做出记录。

11. 房屋权界线示意图

房屋权界线示意图是以权属单元为单位绘制的略图,表示房屋及其相关位置、权界线、共有共用房屋权界线及与邻户相连墙体的归属,并注记房屋边长。对有争议的权界线应标注部位。

房屋权界线是指房屋权属范围的界线,包括共有共用房屋的权界线,以产权人的指界与邻户认证来确定,对有争议的权界线,应做相应记录。

12. 占地面积

占地面积特指房屋地表底层外围水平投影面积,包括地表底层的阳台、柱廊、门廊、室外楼梯等水平投影面积。

13. 建筑面积

建筑面积指房屋外墙(柱)勒脚以上各层的外围水平投影面积,包括阳台、挑廊、地下室、室外楼梯等,且具备有上盖,结构牢固,层高 2.20 m 以上(含 2.20 m)的永久性建筑。

14. 专有建筑面积

专有建筑面积指权利人得以独立享有和支配的专有部分建筑面积。

15. 分摊面积

房屋分摊面积是指房屋的公共面积,如电梯间、楼梯间、公共门厅、值班警卫室等,还包括与公共建筑之间的分隔墙,以及外墙(含山墙)水平投影一半的建筑面积。

16. 填写房屋基本信息调查表

填写房屋基本信息调查表(见表 2-8)和建筑物区分所有权业主共有部分调查表(见表 2-9)。

表 2-8 房屋基本信息调查表

市区名称或代码		地籍区				地籍子区		宗地号			定着物(房屋)代码					
不动产单元号																
房屋坐落											邮政编码					
房屋所有权人										证件种类						
										证件号						
电话					住址											
权利人类型					项目名称											
房屋性质					产别											
用途					规划用途											
房屋状况	幢号	户号	总套数	总层数	所在层	房屋结构	竣工时间	占地面积/m^2	建筑面积/m^2	专有面积/m^2	分摊建筑面积/m^2	产权来源	墙体归属			
													东	南	西	北
房屋权界线示意图										附加说明						
										调查意见						

调查员：　　　　　　　　　　　　　　　　日期：　　年　　月　　日

表 2-9　建筑物区分所有权业主共有部分调查表

宗地代码：

建筑物区分所有权业主共有部分权利人					
构(建)筑物编号	构(建)筑物名称	构(建)筑物数量或者面积/m^2	占地面积/m^2	分摊土地面积/m^2	附记

小 结

1. 现阶段不动产权籍调查的主要内容是以宗地、宗海为单位，查清宗地、宗海及其房屋、林木等定着物组成的不动产单元状况，包括宗地信息、宗海信息、房屋（建、构筑物）信息、森林和林木信息等。

2. 不动产单元是指权属界线固定封闭，且具有独立使用价值的空间。地籍调查的基本单元是宗地，是指土地权属界址线封闭的地块或空间；房产调查基本单元是丘，是指地表上一块有界空间的地块。地块是可辨认出同类属性的最小土地单元。

3. 按照每个不动产单元应具有唯一代码的基本要求，依据 GB/T 7027 规定的信息分类原则和方法，不动产单元代码采用七层 28 位层次码结构，由宗地（宗海）代码与定着物代码构成，分述如下：

（1）宗地（宗海）代码为五层 19 位层次码，采用《地籍调查规程》（TD/T 1001）规定的编码规则，按层次分别表示县级行政区划、地籍区、地籍子区、宗地（宗海）特征码、宗地（宗海）顺序号，其中宗地（宗海）特征码和宗地（宗海）顺序号组成宗地（宗海）号。

（2）定着物代码为二层 9 位层次码，按层次分别表示定着物特征码、定着物单元编号。

4. 不动产权籍，是指记载不动产的权属、位置、界址面积、用途、等级和价格等的表、卡、簿册、证、图件和数据的总称。不动产权籍调查，就是指依据不动产权利人的申请，由政府统一组织，通过权属调查和不动产测量，查清不动产的权属、位置、界线、数量、质量和用途等基本情况，为不动产登记、核发证书等提供依据的一项技术性工作。

5. 不动产权籍调查包括准备工作、土地权属调查、不动产测量、检查验收、成果资料整理与归档、数据库与不动产信息系统建设等工作。

6. 土地利用现状调查包括农村土地利用现状调查和城市、建制镇、村庄（简称城镇村庄）内部土地利用现状调查。

（1）农村土地利用现状调查。以县（市、区）为基本单位，以国家统一提供的调查底图为基础，实地调查每块图斑的地类、位置、范围、面积等利用状况，查清全国耕地、园地、林地、草地等农用地的数量、分布及质量状况，查清城市、建制镇、村庄、独立工矿、水域及水利设施用地等各类土地的分布和利用状况。

（2）城镇村庄内部土地利用现状调查。充分利用地籍调查和不动产登记成果，对城市、建制镇、村庄内的土地利用现状开展细化调查，查清城镇村庄内部商服、工业、仓储、住宅、公共管理与公共服务和特殊用地等地类的土地利用状况。

7. 土地利用现状调查工作的整个工作阶段可分为四大阶段：准备阶段、外业工作阶段、内业整理阶段、成果检查验收阶段。按完成的顺序及工作方式、内容，一般可以分为以下九个步骤进行。具体为准备工作阶段、外业调绘、内业编辑、数据库建立、土地面积统计、编绘图件、编写土地利用现状调查报告、成果检查验收和成果资料归档。

8. 依据《土地利用现状分类》（GB/T 21010—2017），全国土地利用现状分类采用一级、二级两个层次的分类体系，共分 12 个一级类、73 个二级类，适用于土地调查、规划、审批、供应、整治、执法、评价、统计、登记及信息化管理等工作。

9. 房屋调查是不动产权籍调查中的重要一项，是结合土地权属调查一并开展的工作。重点是调查房屋的权利人、权属来源情况、建筑结构、建成年份、批准用途与实际用途、批准面积与实地面积等要素，形成房地一体的不动产权籍调查结果。

案　例

不动产权籍调查案例

【案例一】　根据上级人民政府的工作安排，某市决定开展该地区的不动产权籍调查工作。测区总面积约370 km^2，地势平坦，平均海拔120 m。主要技术依据：《中华人民共和国土地管理法》《地籍调查规程》《第三次全国土地调查技术规程》。

【问题】　根据项目要求简述不动产权籍调查的工作内容、不动产单元的划分和编码及宗地草图的绘制内容。

土地利用现状调查案例

【案例二】　某地区为全面查清全区的土地利用状况，掌握真实的土地基础资料，建立和完善土地调查、统计和登记制度，实现土地资源信息的社会服务，满足社会发展及国土资料管理需要，决定开展全区土地调查工作。主要技术依据包括《中华人民共和国土地管理法》《地籍调查规程》《第三次全国土地调查技术规程》《土地利用现状分类》。

【问题】　根据项目要求简述土地利用现状调查应准备哪些资料、调查底图的制作方法和工作流程？

思政小课堂

第三次全国国土调查视频

习近平总书记在党的二十大报告中提出，推动绿色发展，促进人与自然和谐共生。习近平指出，大自然是人类赖以生存发展的基本条件。尊重自然、顺应自然、保护自然，是全面建设社会主义现代化国家的内在要求。必须牢固树立和践行绿水青山就是金山银山的理念，站在人与自然和谐共生的高度谋划发展。我们要推进美丽中国建设，坚持山水林田湖草沙一体化保护和系统治理，统筹产业结构调整、污染治理、生态保护、应对气候变化，协同推进降碳、减污、扩绿、增长，推进生态优先、节约集约、绿色低碳发展。

第三次国土调查是国务院部署的一项重大的国情国力调查，目的是全面查清最新全国土地利用状况，掌握真实的土地基础数据，并对调查成果实行信息化网络化管理，健全并完善土地调查、监测、统计和登记制度，实现土地资源信息社会化服务，满足经济社会发展、土地宏观调控及国土资源管理的需要。开展第三次国土调查，对于推进生态文明建设，支撑自然资源管理改革和制度建设，夯实自然资源和不动产统一登记基础，贯彻最严格的耕地保护制度和最严格的节约用地制度，满足国土资源管理精准化需求，促进经济社会可持续发展等具有重要意义。

习题演练

单选题　　判断题

项目三　不动产控制测量

知识目标

1. 理解不动产控制测量的目的和作用。
2. 理解不动产平面控制网的布设原则和基本要求。
3. 理解不动产控制测量所使用的坐标系统。
4. 理解测区已有资料收集和分析的作用。
5. 理解导线测量中导线的布设、观测、平差计算的原理和操作方法。
6. 理解 GNSS 静态相对定位测量的原理和施测方法。
7. 理解利用 GNSS-RTK 进行控制测量的原理和施测方法。

能力目标

1. 能熟练进行不动产控制测量坐标系统的选用。
2. 能熟练进行测区已有资料的收集和分析。
3. 能熟练利用经纬仪、钢卷尺、全站仪等仪器进行导线的布设和测量。
4. 能熟练利用 GNSS 等仪器进行静态相对定位测量的实施。
5. 能熟练利用 GNSS-RTK 方法进行控制测量实施。

素质目标

1. 培养具有自主学习精神,能自主完成工作,能遵守良好的职业道德,有责任心的工匠精神。

2. 强化实践动手能力,有分析问题、创新解决问题,善于总结问题的良好习惯。

3. 提升团队合作精神和管理协调能力,培养善于沟通、团结、乐于助人、具有良好心理素质的高技能复合型人才。

项目重点

1. 不动产平面控制网的布设原则和基本要求。
2. 测区已有资料的收集和分析。
3. 导线测量中导线的布设、观测、平差计算的原理和操作流程。
4. GNSS 静态相对定位测量的原理和施测方法流程。
5. 利用 GNSS-RTK 进行控制测量的原理和施测方法。

项目难点

1. GNSS 静态相对定位时观测网的图形设计。
2. GNSS 静态相对定位测量数据处理。

任务一 不动产控制测量概述

【任务目标】

1. 理解不动产控制测量的目的和作用。
2. 理解不动产平面控制网的布设原则和基本要求。
3. 理解不动产控制测量所使用的坐标系统。
4. 理解测区已有资料收集和分析的作用。
5. 能熟练进行不动产控制测量坐标系统的选用。

【学习过程】

1. 教师讲授。
2. 课件展示。
3. 视频观看。
4. 分组讨论。

【学习成果】

1. 不动产控制测量常用的坐标系统汇总表。

【知识导航】

不动产控制测量是根据界址点和不动产图的精度要求,视测区范围的大小、控制点的数量及等级情况,按测量的基本原则和精度要求进行技术设计、选点、埋石、野外观测、数据处理等测量工作。

不动产控制测量根据控制内容的不同,又分为不动产平面控制测量和不动产高程控制测量。目前,不动产平面控制测量主要以图根加密控制测量为主,常采用导线测量和 GNSS 定位测量的方法,对应的高程测量主要是三角高程测量和 GNSS 高程测量,本项目的内容主要以不动产平面控制测量为主。

一、不动产控制测量的目的和作用

不动产控制测量是不动产测绘整个工程的前期性基础工作,它的目的是建立一个高精度的、有一定密度的、能长期保存使用的、稳定的不动产平面控制网,为整个不动产测绘工作提供一个准确的控制框架和定位基准,并控制误差的累积。不动产控制测量的主要作用包括:

(1)为不动产测绘提供控制和起算数据,无论采用哪种测量方法,都需要有一定密度和精度保证的不动产平面控制数据。在进行不动产要素测量时,为了防止在测定不动产要素的几何位置时测量误差的累积,必须建立相应等级和密度的控制点网,通过控制点提供和传递起算数据。

(2)为不动产测绘的变更与修测提供起算数据。不动产测绘中经常遇到不动产产权的变更、转移,加上城市建设发展现状不断的变化,为了保持测绘成果的现势性,要及时进行变更与修测。这些都需要建立统一标准、长期稳定的控制点作为起算数据。

二、不动产平面控制网的布设原则与基本要求

为了充分利用国家和城市的已有控制成果，保证测绘成果的共享和质量，满足国家经济建设和不动产管理的要求，不动产平面控制点的布设原则和其他控制一样，应遵循“从整体到局部、从高级到低级、分级布设”的原则，也可越级布网。

我国原有的国家平面控制网主要采取以三角网为主、以导线网为辅的方式建立，一直沿用至今。随着GNSS测量技术的普及应用，目前控制网的建立常采用GNSS控制网。为了很好地利用已有资源并且和国家控制网统一，从整体到局部就是要求不动产控制测量，这种局部性质的测量变为全国整体控制测量的一部分。不论不动产控制测量是全市的，也不论覆盖多大的面积，它都是全国整个大地控制网的一部分，是国家财富和资产的一部分，测量时要和国家网相联测，从点的密度、标志设置、精度等级要求都要和国家控制网接轨并保持一致。

“从高级到低级、分级布设，也可越级布网”是要求不动产平面控制网应按照规定的等级规格，从高级网到低级网，统一分级布网，但不是要求逐级布网，中间可以越级布网。例如，在二等平面控制网下，可以按照四等控制网的精度和规格，布设四等平面控制网。试验证明，越级布网在某些条件下是有利的，也不会降低控制网应有精度。

建立不动产平面控制网的基本要求如下：

(1)要求控制点间有较高的相对精度，即要求最末一级的不动产平面控制网中，相邻控制点间的相对点位中误差不超过±0.025 m，最大误差不超过±0.05 m，只有这样的控制网才能够保证所控制的不动产要素之间的相邻相对精度。否则满足不了不动产要素测量的要求，尤其是界址点和房角点的精度要求。

(2)不动产平面控制点有相当的分布密度，以满足不动产要素测量对起算控制点的需求，即要求建筑物密集区的控制点平均间距在100 m左右，建筑物稀疏区的控制点平均间距在200 m左右。也就是说，在市区必须布设一、二、三级平面控制网点；在某些建筑物密集区或隐蔽区，不仅要布设一、二、三级平面控制网点，可能还要增布辅助控制网点，甚至缩短控制网点之间的边长。在通视良好的建筑物稀疏区，可能布设一、二级平面控制网即可解决问题。

(3)要能长期保存使用，不动产平面控制网点都应该埋设永久性固定标志。这些固定标志可以是埋在地下的测量标石，也可把标志嵌埋在永久性的坚固的建筑物或构筑物上，也可利用已有的、能长期保存的、牢固的独立地物。

(4)不动产平面控制网点的坐标能保持较长时间的稳定，不能经常变化。因为不动产测绘是一种提供官方证明的政府行为的测量，其成果用于进行产权登记，一经确定，即具法律效力；而坐标和面积是产权登记最主要的基本数据，一经登记发证，就应保持其严肃性和稳定性，而不能经常或任意改动，以免造成产权登记和档案材料的混乱。

(5)对土地及其房屋等定着物，控制测量的技术、方法和精度指标按照《地籍调查规程》(TD/T 1001)和《房产测量规范》(GB/T 19786—2000)执行。对海域及其房屋等定着物，控制测量技术、方法和精度指标按照《海籍调查规范》(HY/T 124)执行。

三、不动产控制测量的坐标系统

不动产控制测量常用坐标系统

(一)不动产控制测量的坐标系统

我国不动产测绘目前使用的坐标系主要有城市独立坐标系、1980 西安坐标系和 CGCS2000 大地坐标系等(见表 3-1)。按照《国土资源部 国家测绘地理信息局关于加快使用 2000 国家大地坐标系的通知》要求,2018 年 6 月底前完成全系统各类国土资源空间数据向 2000 国家大地坐标系转换,7 月 1 日后自然资源系统将全面使用 2000 国家大地坐标系。为了充分利用现有的成果资料,保持城市测绘成果资料的统一和共享,也为了不动产测绘成果能为城市的经济建设、为相关建设服务,所以提倡使用国家统一的坐标系统——2000 国家大地坐标系,同时也允许使用城市独立坐标系和 1980 西安坐标系,但使用这两类坐标系时应和 CGCS2000 坐标系联测不少于 3 个点,以保证最终成果能转换为 CGCS2000 坐标系。

(二)不动产控制测量的平面投影

我国采用高斯-克吕格正形投影,简称高斯投影。高斯投影是等角投影,除中央子午线外,会产生长度变形,且离中央子午线越远,变形越大。为了减少长度变形,国际上统一将椭球面沿子午线划分成若干个经差为 6°或 3°的投影带。简称为 6°带或 3°带。当测图比例尺小于 1∶10 000 时,采用 6°带投影,1∶10 000 和大于 1∶10 000 测图时一般采用 3°带投影。

表 3-1　我国曾采用的大地坐标系

坐标系名称	椭球名称	椭球长半轴/m	椭球扁率	椭球定向	大地原点
1980 西安坐标系	IUGG-75	6 378 140	1∶298. 257	1 968. 0(JYD)	西安
1954 年北京坐标系	克拉索夫斯基	6 378 245	1∶298. 300		普尔科沃延伸
WGS—84 坐标系	总地球椭球	6 378 137	1∶298. 257	1 984. 0(BIH)	地球质心
CGCS2000 国家大地坐标系	总地球椭球	6 378 137	1∶298. 257	1 984. 0(BIH)	地球质心

注:WGS 为世界大地坐标系,JYD 为地极原点,1 968. 0(JYD)为 1968 年历元平极为原点的地极坐标系,IUGG 为国际大地测量与地理物理联合会,BIH 为国际时间局。

不动产测绘不仅是测量不动产图,还要测量界址点,测量边长,所以不能只看几度带,而应该计算自己测区投影变形的大小,看其变形是否影响不动产测绘的精度要求。即要求投影变形小于 0. 025 m/km,投影误差不超过 1/40 000。所以,有时城市不动产控制测量的中央子午线不一定采用 3°或 6°带的中央子午线,而是把中央子午线选在城市中央,从而减少投影变形。

投影变形计算公式如下:

$$\Delta D = D\frac{Y_m^2}{2R_m^2} - D\frac{H}{R_m} \tag{3-1}$$

式中　ΔD——高斯投影和高程投影对边长的联合影响,m;

D——边长,m;

Y_m——边长两端点横坐标的中数,m;

H——边长的概略高程,m;

R_m——边长处的平均曲率半径,取 6 371 000 m。

四、测区已有资料的收集和分析

不动产控制测量工作首先要进行资料准备,主要包括测区已有资料的收集和分析,对测区情况有足够了解之后,才能进行控制测量的整体方案的确定。测区情况的了解应基于相应的基础资料。

资料收集包括收集、整理、分析测区概况资料、各种图件资料、已知点坐标数据及相应各种规范、技术文件等。为了便于分析资料的可靠性、精确性,还需要对原测图资料、已知控制点坐标进行检核。

不动产测绘实施前所需准备收集的资料有测区已有大比例尺地形图、已知控制点成果表等。

(一)测区已有大比例尺地形图

通过测区已有大比例尺地形图可以清楚地了解到测区内的地形情况。测区内居民地、道路、河流、耕地、林地等地物的分布情况决定了设计导线的走向与控制点的分布。测区所处位置是平原、丘陵、山地还是高山地,决定了采用的技术等级标准。

(二)已知控制点成果表

如要进行控制测量,在测区内必须有 1 个及以上已知控制点。已知控制点数量的多少及分布决定了 GNSS 控制网及导线的布设形式。

(三)对国家和城市控制网的利用

为了保持不动产控制网和国家控制网的统一,避免重复测量,可以考虑合理使用已有的国家和城市控制网,而不动产控制测量是不动产测绘的基础,如果出现问题,后果不堪设想。因此,如果利用已有成果,必须进行细致的分析和谨慎的评估,以保证对原有成果的正确使用。

高精度控制网要求保持控制点间有较高相对精度,只有这样,控制网才能够保证所控制的不动产要素之间的相邻相对精度。

已有的国家二、三、四等三角点和国家 B、C、D、E 级 GNSS 点可直接作为不动产首级平面控制网点,已有的三、四等城市平面控制点(含 GNSS)和一、二级城市平面控制点(含 GNSS)也可直接作为不动产首级平面控制点。利用已有控制点成果前应进行检查和分析。在投影面上,相邻控制点的水平间距与原有坐标反算边长的相对误差不超过表 3-2 的规定。

表 3-2 已有相邻控制点间距检查规定

等级	相邻控制点的水平间距与原有坐标反算边长的相对误差小于或等于
二等、C 级	1/120 000
三等、D 级	1/80 000
四等、E 级	1/45 000
一级	1/14 000
二级	1/10 000

注:《地籍调查规程》(TD/T 1001—2012)。

我国各大城市都布设有正规的质量可靠的城市二、三、四等控制网,有的还有一、二级导线。这些成果各项指标如果符合表3-2的精度要求都可以利用,也可以在此基础上进行加密。

不动产平面控制测量包括二、三、四等基本控制测量和一、二、三级加密控制测量。通常情况下,不动产平面控制测量的最低等级控制点是三级或二级平面控制点。

不动产平面控制测量的方法主要有导线测量、GNSS定位测量、三边测量和三角测量。随着测绘仪器设备及测绘技术的越来越现代化,其中三角测量正在逐渐退出历史舞台,三角测量和三边测量的方法由于受布网条件、观测、计算等诸多因素的限制,现在已经基本不被用于平面控制测量。目前,二、三、四等基本控制测量普遍采用GNSS测量方法,一、二、三级加密控制测量视测区情况采用GNSS测量、导线测量或两者相结合。我们主要介绍这两种方法。

任务二　导线测量

【任务目标】

1. 理解并掌握导线测量中导线布设的方法。
2. 理解并掌握导线测量中导线观测的方法。
3. 理解并掌握导线测量中导线平差计算的方法。
4. 能熟练利用经纬仪、钢卷尺、全站仪等仪器进行导线的布设和测量。

【学习过程】

1. 教师讲授。
2. 课件展示。
3. 视频观看。
4. 分组讨论。
5. 场地实训。

【学习成果】

1. 水平角观测手薄。
2. 导线平差计算表格。

【知识导航】

由于建筑物密集,视野不够开阔,导线测量受观测条件的约束较小,布设和观测比较简单,精度能够保证,设备需要也比较普通,观测速度又很快,所以导线测量在不动产控制网测量中运用非常广泛。根据需要,既可以布设不动产首级控制网,也可以布设加密网。但由于导线精度的限制,导线测量一般用于低等级的加密,高等级的一般采用GNSS定位技术完成。

导线的等级依次为三、四等导线和一、二、三级导线,有关导线测量的技术指标和要求见表3-3。

一、导线的布设

为了保证不动产平面控制网的精度,在利用导线测量方法布设不动产平面控制网时,应注意以下问题：

表 3-3 各级测距导线的技术指标

导线等级	平均边长/km	导线全长/km	每边测距中误差/mm	测角中误差/(″)	导线全长相对闭合差	水平角观测测回数			方位角闭合差/(″)
						DJ_1	DJ_2	DJ_6	
三等	3. 0	15	±18	±1. 5	1/60 000	8	12		$\pm3\sqrt{n}$
四等	1. 6	10	±18	±2. 5	1/40 000	4	6		$\pm5\sqrt{n}$
一级	0. 3	3. 6	±15	±5. 0	1/14 000		2	6	$\pm10\sqrt{n}$
二级	0. 2	2. 4	±12	±8. 0	1/10 000		1	3	$\pm16\sqrt{n}$
三级	0. 12	1. 5	±12	±12. 0	1/6 000		1	2	$\pm24\sqrt{n}$

注：n 为导线转折角的个数。

(1)导线应尽量布设成直伸导线，并构成导线网。导线一般沿道路布设，尽量布成直伸导线，并使边长相差不太大，导线一定要布设成网形，不布或少布单导线，控制测量中不允许布支导线。对导线很邻近的高级点或同级点应尽量进行联测，或测量它们之间的边长，使参加导线平差或作为检核之用。当平差后两点的间距与所量边长超过规定限差时(±5 cm)，应重新处理。

(2)导线网中，结点与结点、结点与高级控制点间的导线长度、导线边数不能超过国家标准《城市测量规范》(CJJ/T 8—2011)规定导线全长边数的 70%。

二、导线观测

导线测量工作开始前，应根据任务的要求，制订经济合理的技术方案，编写技术设计说明书。其选点、造标、埋石的具体方法参照《城市测量规范》(CJJ/T 8—2011)。

(一)水平角测量

水平角观测使用 DJ_1、DJ_2、DJ_6 三个等级系列的光学经纬仪或电子经纬仪。城市各级导线的水平角测量一般采用方向观测法，三、四等导线一般采用左、右角观测法。安置脚架时，普遍采用三联脚架法。各等级导线测量水平角观测的技术要求应符合表 3-4 的规定。方向观测法的各项限差规定应符合表 3-5 的规定，表中 n 为测站数。

表 3-4 导线测量水平角观测的技术要求

等级	测角中误差	测回数			方位角闭合差
		DJ_1	DJ_2	DJ_6	
三等	≤±1. 5	8	12		$\leq\pm3\sqrt{n}$
四等	≤±2. 5	4	6		$\leq\pm5\sqrt{n}$
一级	≤±5. 0		2	4	$\leq\pm10\sqrt{n}$
二级	≤±8. 0		1	3	$\leq\pm16\sqrt{n}$
三级	≤±12. 0		1	2	$\leq\pm24\sqrt{n}$

注：《城市测量规范》(CJJ/T 8—2011)。

表 3-5 方向观测法的各项限差

经纬仪型号	光学测微器两次重合读数差	半测回归零差	一测回内 2C 较差	同一方向值各测回较差
DJ_1	1	6	9	6
DJ_2	3	8	13	9
DJ_6	—	18	—	24

注:《城市测量规范》(CJJ/T 8—2011)。

1. *左、右角观测法*

在三、四等导线点上,当只有两个方向时,宜用测回法按左、右角观测,分别观测导线前进方向的左角和右角。在总测回数中,奇数测回和偶数测回应各半。观测右角时仍以左角起始方向为准变换度盘位置(如第一、三测回测左角、第二、四测回测右角)。左角和右角分别取中数得 $\beta_{左}$ 和 $\beta_{右}$ 后,按 $\beta_{左}+\beta_{右}-360°=\Delta C$ 计算值 ΔC 值,三等导线不超过±3.0″,四等不应超过±5.0″。

2. *方向观测法*

三、四等及以下导线观测水平角时,若有两个以上方向时(导线网),宜按方向观测法(又称全圆方向法)观测。

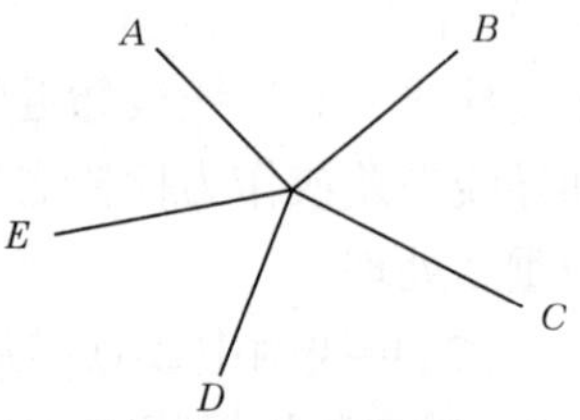

图 3-1 方向观测法

方向观测法如图 3-1 所示,若测站上有 5 个待测方向:A、B、C、D、E,选择其中的一个方向(如 A)作为起始方向(亦称为零方向),在盘左位置,从 A 开始按顺时针方向依次照准 A、B、C、D、E,并读取度盘读数,称为上半测回,然后纵转望远镜,在盘右位置按逆时针方向旋转照准部,从最后一个方向 E 开始,依次照准 E、D、C、B、A 并读数,称为下半测回。上、下半测回合为一测回。

如果在上半测回测完 E 点后继续顺时针旋转照准部,重新照准零方向 A,并读数。同样下半测回也要重复测量 A 点。这样每半测回重新测量零方向的操作叫"归零"。通常把这种归零的方向观测法称为全圆方向法。

方向观测法的各项限差规定应符合表 3-5 的规定。

(二)边长测量

各级导线的边长,主要使用相应精度的光电测距仪测定。光电测距仪的等级,按照制造厂家给定的 1 km 的测距中误差 m_0 的绝对值划分为二级:

Ⅰ级: $|m_0|\leqslant 5$ mm

Ⅱ级: 5 mm $<|m_0|\leqslant 10$ mm

1. 光电测距仪的选择

光电测距仪的选择应符合以下条件:

(1)根据测距边的距离,选择最佳测距的相应测程的测距仪。

(2)测距测线(仪器视线)宜高于地面和离开障碍物 1 m 以上。

(3)测距测线应避免通过发热体(如散热塔、烟囱)的上空及附近。

(4)安置测距仪的测站应避开受电磁场干扰的地方,一般要求离开高压线 5 m 以外。

(5)应避免测距时的视线背景部分有反光物体。

2. 测距时应注意的事项

(1)应在大气条件稳定、通视良好、成像清晰的条件下观测；日出后、日落前半小时内尽量不观测，阴天有微风天气则可全天观测。

(2)雷雨前后，大雾大风雨雪天气及大气透明度很差时，不宜观测。

(3)应有一定的预热时间，只有当电压、各电子部件正常稳定后才能观测。

(4)晴天作业时要打伞，仪器和主要部件避免暴晒。

(5)作业中使用的棱镜宜与鉴定时使用的棱镜一致，在不同的测程范围内，按规定使用棱镜的个数。

(6)严禁在测线中或测线延长线上有另外的反光镜。

(7)观测读数时，对讲机应暂时停止通话。

3. 各等级控制网测距的技术要求

各等级控制网测距的技术要求可以按照表 3-6 的规定执行。

表 3-6　各等级平面控制网测距边测距的技术要求

控制网等级	测距仪	观测次数		总测回数
		往	返	
二等	Ⅰ级	1	1	6
三等	Ⅰ级	1	1	4
	Ⅱ级			6
四等	Ⅰ级	1	1	2
	Ⅱ级			4
一级	Ⅱ级	1	—	2
二、三级	Ⅱ级	1	—	1

注:《城市测量规范》(CJJ/T 8—2011)。

表中一测回是指照准目标一次，一般读数为 4 次。可根据仪器出现的离散程度和大气透明度做适当增减。往返测回数占总测回数的一半。

4. 各级测距仪观测结果的限差

各级测距仪观测结果的限差应符合表 3-7 的规定。表中往返测较差应将斜距换算到同一水平面上方可比较。测距仪观测的野外观测值为斜距，应加入气象、加常数、乘常数等各项改正，换算为平距。

表 3-7　光电测距各项较差的限差

仪器等级	一测回读数较差/mm	单程测回间较差/mm	往返或不同时段的较差
Ⅰ级	5	7	$2(a+b\cdot D)$
Ⅱ级	10	15	

注:a、b 为光电测距仪的标称精度指标，a 为固定误差，mm；b 为比例误差；D 为测距边长，m。

三、导线的平差计算

导线平差计算前,应对外业观测成果进行详细的检核和分析,检查各项限差是否超限,起算数据的使用是否正确,检核无误后方可进行平差计算。

导线及导线网平差应采用通用平差程序或导线网专用平差程序进行平差,四等以下单一导线亦可采用近视平差法。

导线平差计算应进行精度估算。精度估算一般应由平差计算程序完成。估算项目包括平差后的测角中误差、最弱边长中误差、最弱方位角中误差、最弱点相邻点位中误差等。

平差后应对平差的观测角改正数和边长改正数进行分析和验证,其分布形态类似于正态分布。当发现有系统误差的显著表现或发现平差后导线变形过大时,应对观测成果和改正归算进行检核,或对起算数据或网形结构进行调整后重新平差计算。

任务三　GNSS控制测量

【任务目标】

1. 理解GNSS静态相对定位测量的原理。
2. 掌握GNSS静态相对定位测量的施测方法。
3. 理解利用GNSS-RTK进行控制测量的原理。
4. 掌握利用GNSS-RTK进行控制测量施测的方法。
5. 能熟练利用GNSS等仪器进行静态相对定位测量的实施。
6. 能熟练利用GNSS-RTK方法进行控制测量实施。

【学习过程】

1. 教师讲授。
2. 课件展示。
3. 视频观看。
4. 分组讨论。
5. 场地实训。

【学习成果】

1. GNSS网的图形设计练习成果。
2. RTK测量基准站观测手簿填写练习成果。
3. GNSS测量数据处理练习数据成果。

【知识导航】

一、GNSS静态相对定位测量

GNSS静态相对定位测量主要应用于四等和四等以上的大地控制测量或一级不动产平面控制测量,也可用于房角点和界址点等不动产要素的测定。目前,不动产测绘中应用的GNSS静态相对定位测量作业方式主要有静态相对定位测量和快速静态定位测量。由于城区建筑物密集、树木较多,因此二、三级的不动产平面控制测量的主要手段仍然是测距导线。

因为导线测量穿街串巷，不受建筑物密集、高楼大厦和树木等影响；设备简单、速度快、效果好、问题也少，为广大不动产测绘所常用。但 GNSS 定位技术速度快、效率高、技术先进，在城市中使用也很多。

由于不动产控制网的边长都较短，又多是低等级的，所以一般可使用快速静态相对定位的模式。快速静态相对定位模式是利用快速整周模糊度解算法原理所进行的 GNSS 静态相对定位。快速整周模糊度解算是利用短基线上经过短时间（≤20 min）的 GNSS 定位同步观测数据和已知的整周模糊度约束条件，诸如已知初始的整周模糊度、精确的伪距观测值、基线向量解算协方差阵等快速确定整周模糊度的方法。

国家标准《房产测量规定》（GB/T 19786—2000）中有关 GNSS 静态相对定位测量主要立足于 GNSS 快速静态相对定位技术而设计，其有关技术指标和技术要求也是针对 GNSS 快速静态相对定位技术而定的。

在应用 GNSS 快速静态相对定位技术时需注意以下各点：

（1）GNSS 点布设在没有障碍物阻挡信号的位置，以及不应有大面积水域或电磁波反射或吸收强烈的物体。GNSS 点还应远离大功率的无线电发射台、微波站和高压输电线，接收机天线与其距离不得小于 200 m。

（2）在寻常标下观测时，适当延长观测时间，在复合标或双锥标的观测台上观测时，应将可能阻挡或影响信号接收的部分卸下，不允许在复合标或双锥标下观测。

（3）准确量取天线高。由于当前 GNSS 接收机天线类型的多样化，各种类型接收机天线高量取部位各不相同，因此作业前应熟悉和掌握 GNSS 接收机的使用说明，按照说明量取。

（4）采集高质量的载波相位观测值是解决周跳问题的根本途径。适当增加其采集密度，也是诊断和修复周跳的措施。因此，必要时也可将数据采样间隔缩短至 10 s。当接收机有较高的内部采样率，且有较强的周跳处理功能时，可将数据采样间隔放宽。

（5）快速静态相对定位法，其优点在于观测速度快，工效高；流动站之间移动时，不必保持对所测卫星的连续跟踪。但由于快速静态相对定位方法对直接观测基线一般不构成闭合图形，其可靠性缺乏更有效的检核条件，所以只能在二等控制点以下使用。

不论 GNSS 相对定位测量采用何种定位模式或数据处理方法，也不论转换到哪个坐标系统，GNSS 相对定位测量提供给不动产测绘实际使用的成果，必须符合国家标准《房产测量规定》（GB/T 19786.1—2000）的基本要求，即末级相邻的房产平面控制点间的相对点位中误差不超过±0.025 m。

GNSS 网应尽量布设成几何图形、三角形或导线网形，或构成其他独立检核条件可以检核的图形。对不能参与独立条件检核的边，应有一定比例的边进行二次设站重复再观测一个时段，或以光电测距仪对一定比例的边进行实测抽检，保证 GNSS 定位测量成果的质量。

二、GNSS 静态相对定位测量实施

用 GNSS 卫星定位技术建立的测量控制网称为 GNSS 控制网。GNSS 控制网的建立与常规测量相类似，在实际工作中也可划分为方案设计、外业实施及内业数据处理三个阶段。本任务主要介绍 GNSS 测量的技术设计、外业实施各阶段工作以及内业数据处理的介绍。

(一)GNSS 定位的基本观测量

由卫星定位的几何原理可知,若同时观测三颗卫星至测站的距离,便可交会出地面点的位置。所以 GNSS 观测,就是通过 GNSS 信号测定卫星至测站的距离。GNSS 卫星信号含有多种定位信息,根据不同的要求可以从中获得不同的观测量,主要有:

(1)根据码观测得出的伪距。

(2)根据载波相位观测得出的伪距。

(3)由积分多普勒计数得出的伪距差。

(4)由干涉法测量得出的时间延迟。

其中,最广泛采用的基本观测量是码观测量和载波相位观测量。

(二)GNSS 定位的误差影响

GNSS 定位中出现的各种误差,按误差性质分为系统误差和偶然误差,其中系统误差无论从误差的大小还是定位结果的危害性都比偶然误差大得多,因此系统误差是 GNSS 定位中的主要误差来源。GNSS 定位中出现的各种误差大体上可分为:

(1)与卫星有关的误差,如卫星星历误差、卫星钟的钟误差、相对论效应等。

(2)与信号传播有关的误差,如电离层折射、对流层折射、多路径误差。

(3)与接收机有关的误差,如接收机的钟差、接收机的位置误差。

对于这些误差影响的消除措施,一是加改正,建立合适的改正模型;二是利用其相关性,在观测值中间求差,削弱其影响;三是选择较好的硬件(如好的天线)和较好的观测条件。

(三)GNSS 定位测量设计

1. 影响 GNSS 测量技术设计的因素

GNSS 外业涉及面很广,在进行技术设计时应考虑以下因素:

(1)同测站有关的因素:网点密度,布网方案,时段分配、重复设站和重合点的设计。

(2)同观测卫星有关的因素:观测卫星数,卫星信号质量,图形强度因子,卫星高度角,星历来源。

(3)同仪器有关的因素:接收机,用于精密相对定位时至少为两台;天线,若天线设计质量和稳定性欠佳,会带来一系列的误差;记录设备,可以是盒式数据磁带或软磁盘。

(4)后勤方面的因素:接收机台数及其来源和使用时间;测区内各时段,机组的调度;其他外业装备,主要是效能工具和通信设备。

2. 布网方案

1)GNSS 网精度等级

各级 GNSS 网的定位精度,可按相邻间基线向量的中误差来衡量:

$$m_0 = \pm\sqrt{a^2 + (bD)^2} \tag{3-2}$$

式中 m_0——基线向量中误差;

a——固定误差;

b——比例误差;

D——相邻点间距离。

GNSS 网按相邻点的平均距离和精度可划分为五个等级,见表 3-8。

在实际工作中,应根据测区大小和 GNSS 网的用途来设计网的等级和精度标准。在具体布设中,可以分级布设,也可以越级布设,或布设同级全面网。

表 3-8 GNSS 网的主要技术指标

等级	平均边长/km	a/mm	$b(1\times10^{-6})$	最弱边相对中误差
CORS	40	≤2	≤1	≤1/800 000
二等	9	≤5	≤2	≤1/120 000
三等	5	≤5	≤2	≤1/80 000
四等	2	≤10	≤5	≤1/45 000
一级	1	≤10	≤5	≤1/20 000
二级	<1	≤10	≤5	≤1/10 000

注：a 为固定误差，b 为比例误差系数。当边长小于 200 m 时，边长中误差应小于 20 mm，《卫星定位城市测量技术规范》(CJJ/T 73—2010)。

2)GNSS 网的图形设计

GNSS 网的图形设计

GNSS 网的图形布设通常有点连式、边连式、混连式三种基本方式。在此基础上可布设经典控制测量图形。具体布设主要取决于项目所要求的精度、野外条件及 GNSS 接收机台数等因素。

点连式[见图 3-2(a)]是指相邻同步图形之间仅有一个公共点的连接，在公共点上设站二次，其余点只设站一次，其工作量最小，但几何强度弱，无复测基线检核。

边连式[见图 3-2(b)]是指同步图形之间由一条公共基线连接，其工作量最大，检核条件亦最多，几何强度和可靠性均优于点连式。

混连式[见图 3-2(c)]是指把点连式与边连式有机地结合起来，组成 GNSS 网，既能保证网的几何强度，提高网的可靠性，又能减少外业工作量，降低成本，是一种较为理想的布网方法。

在 GNSS 网中，将同一时段内观测的基线边所构成的闭合图形称为同步环(图 3-2 中无填充的闭合图形)；反之，构成闭合图形的基线边不全在同一时段内测得，称为异步环(图 3-2 中填有斜线的闭合图形)。将几个时段都被观测的基线，称为复测基线。公共基线都是复测基线。通过计算闭合环的闭合差和复测基线的较差，可以检核观测成果的质量。

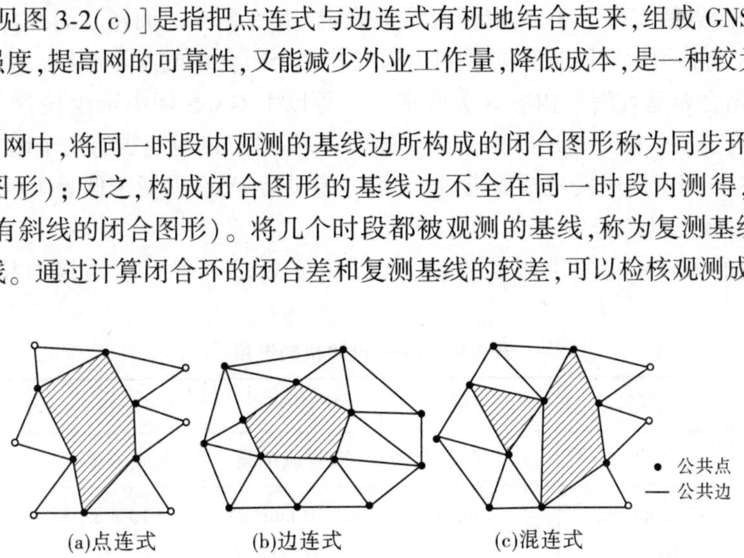

图 3-2 GNSS 网图形布设

一般通过点连式或边连式将 GNSS 控制点联结成三角形网、环形网、附合线路及星形网等图形(见图 3-3)。三角网和环形网及其混合网是大地测量和精密工程测量普遍采用的图形。当在 GNSS 高级网中需进一步加密控制点时,可采用附合线路。星形网在观测中通常只需要两台 GNSS 接收机,作业简单。因此,在快速静态定位和准动态定位等快速作业模式中,大都采用这种网形,它被广泛地应用于工程放样、边界测量、地籍测量和碎部测量等。

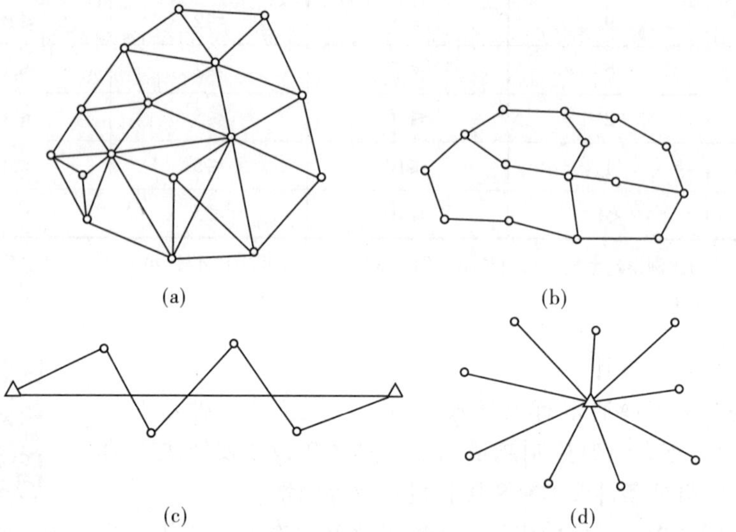

图 3-3　GNSS 网图形

在实际布网设计时还要注意以下几个原则:

(1)GNSS 点应有一个以上通视方向,以便日后用常规方法联测或加密。

(2)GNSS 点尽量与原有的地面控制网点联测,联测点应尽量均匀分布在整个测区的内部和外围。联测点数应多于 3 个,以便可靠地确定 GNSS 网与地面网之间的转换参数。

(3)GNSS 网必须由非同步独立观测边构成若干个闭合环或附合路线,在完成各边的平差后,可检验闭合差是否满足相应等级要求。一等以上 GNSS 网中至少包含三个闭合环且彼此线性无关,二、三、四等也应有两个以上的闭合环,五等网也至少有一个闭合环。

(4)GNSS 点间距离应按规范要求设计,可考虑灵活变动,以便于低等级控制点加密。

3. GNSS 接收机的选择

对于不同的 GNSS 网的类级和控制等级,精度要求不一。选用接收机的基本要求见表 3-9。

表 3-9　GNSS 接收机的选用

等级	二等	三等	四等	一级	二级
接收机类型	双频	双频	双频或单频	双频或单频	双频或单频
标称精度	≤($5\ mm+2\times10^{-6}D$)	≤($5\ mm+2\times10^{-6}D$)	≤($10\ mm+2\times10^{-6}D$)	≤($10\ mm+5\times10^{-6}D$)	≤($10\ mm+5\times10^{-6}D$)
观测量	载波相位	载波相位	载波相位	载波相位	载波相位
同步观测接收机数	≥4	≥4	≥3	≥3	≥3

注:《卫星定位城市测量技术规范》(CJJ/T 73—2010)。

4. GNSS 不动产平面控制网的布设

不动产平面控制网为满足不动产测绘控制的需要而布设，一般在国家或城市一、二、三、四等控制网下加密一、二、三级不动产控制点。当测区内没有高级控制网或原有控制网不符合规范规定的相应等级的精度要求时，则另行布设相应等级的全面网或对原有的老网进行全面改造。目前，GNSS 测量能满足各等级不动产平面控制网的精度要求，故完全可以应用 GNSS 技术进行不动产控制测量。各等级 GNSS 观测技术要求应符合表 3-10 的规定。

表 3-10 GNSS 测量各级作业的基本技术要求

项目	等级 / 观测方法	二等	三等	四等	一级	二级
卫星高度角/(°)	静态	≥15	≥15	≥15	≥15	≥15
	快速静态					
有效观测同类卫星数	静态	≥4	≥4	≥4	≥4	≥4
	快速静态	—	≥5	≥5	≥5	≥5
平均重复设站数	静态	≥2	≥2	≥2	≥1.6	≥1.6
	快速静态	—	≥2	≥2	≥1.6	≥1.6
时段长度/min	静态	≥90	≥60	≥60	≥45	≥45
	快速静态	—	≥20	≥20	≥15	≥15
数据采样间隔/s	静态	10~60	10~60	10~60	10~60	10~60
	快速静态					

注:《卫星定位城市测量技术规范》(CJJ/T 73—2010)。

在原有控制网基础上加密的 GNSS 网，可采用闭合环或附合线路，并尽量和本区域的高等级控制点重合，以便较好地把新网同老网匹配好，避免控制点误差的传递。线路中包含的基线边数量应符合表 3-11 的规定。对于全面布设的 GNSS 网，宜采用三角形网、环形网或它们的混合网，以保证网的精度和可靠性。并考虑联测一定数量的常规大地测量控制点，使 GNSS 定位成果能转换到国家或地方坐标系中。此外，在 GNSS 测量选点发生困难的地方，可考虑用 GNSS 和经典大地测量组成混合网。不动产要素和碎部测量普遍应用星形布网，既能满足精度要求，又能保证作业效率。

表 3-11 闭合环或附合路线的边数的规定

等级	二等	三等	四等	一级	二级
边数	≤6	≤8	≤10	≤10	≤10

注:《卫星定位城市测量技术规范》(CJJ/T 73—2010)。

在表 3-10 中，除二等网需采用静态相对定位，其他各等级网均可采用快速定位法。目前，在 GNSS 接收系统硬件和软件的支持下，较为普遍采用的快速定位作业模式主要有快速静态相对定位、准动态相对定位、动态相对定位和 GNSS 实时动态测量等。实际工作中，可根据作业特点和要求以及设备条件来选用。

(四)GNSS 测量的外业工作

GNSS 测量外业工作包括 GNSS 选点和建立标志、外业观测及观测成果的检核等。

GNSS 测量
外业工作

1. 选点和建立标志

由于 GNSS 观测站之间不要求通视,所以选点工作较常规测量简便得多。在选点工作开始前,除收集和了解有关测区的地理情况和原有测量控制点分布及完好状况,选定适宜的点位外,选点工作还应遵守以下原则:

(1)点位周围应便于安置天线和 GNSS 接收机。视野开阔,视场内周围障碍物的高度角一般应小于 15°。

(2)点位应远离大功率无线电发射源(如电视台、微波站等),其距离不小于 200 m;远离高压输电线,其距离不得小于 50 m。以避免电磁场对 GNSS 信号的干扰。

(3)点位附近不应有大面积水域或强烈干扰卫星信号接收的物体,以减弱多路径效应的影响。

(4)地面基础稳定,易于点的保存。

(5)网形应有利于同步观测边、点联结。

点位选定后,应按要求埋置标石,以便保存,并绘制点之记、测站环视图和 GNSS 网选点图,编写选点技术总结等。

2. 外业观测

GNSS 数据采集就是通常所说的野外测量作业工作。GNSS 野外作业一般分为以下几个步骤。

1)准备工作

(1)选用合适的 GNSS 信号接收机。

(2)GNSS 控制网的技术设计。

(3)观测计划的拟订。

(4)选择 GNSS 作业模式。

(5)选择合适的站址。

2)天线安置与量测天线高

天线的相位中心是 GNSS 测量的基准点,天线的妥善安置是实现精密定位的条件之一。天线安置包括对中、整平、定向,对中、整平同常规测量仪器一致,定向是使天线顶面的定向标志指向正北,并顾及当地磁偏角影响。定向的误差一般应不超过±(3°~5°)。

所谓天线高,是指天线的相位中心至观测点标志中心顶端的垂直距离。一般分为上、下两段,上段是从相位中心至天线底面的距离,其数值由厂家给出,并作为常数;下段是从天线底面至标志中心顶端的距离,由用户测定。天线高的量测值应为上下两段距离之和。在各观测时段前后,要各量天线高一次,两次之差不应超过 3 mm,并取其平均值。

正确地安置天线是实现精密定位的重要条件之一,其安置工作应符合下列要求:

(1)一般情况下,天线尽量利用脚架安置在标志中心的垂线方向上,直接对中。在特殊情况下,偏心观测时,归心元素应以解析法精确测定。

(2)需在觇标的基板上安置天线时,应先卸去觇标顶部,以防止对信号的干扰。并将标石中心投影到基板上，作为安置天线的依据。

(3) GNSS 点上建有寻常标时，应在安置天线前，先放倒觇标或采取其他措施，防止干扰卫星信号。

(4) 天线定向标志线应指向正北，顾及当地磁偏角影响后，定向误差不应超过±5°，以减弱相位中心偏差的影响。

(5) 天线底板上的圆水准器气泡必须居中。

(6) 雷雨天气安置天线时，应注意将其底盘接地，雷雨过境时应暂停观测，并卸下天线，防止雷击。

3) 开机观测

观测作业的主要任务，是捕获 GNSS 卫星信号并对其进行跟踪、接收和处理，以获取所需要的定位信息和观测数据。

天线安置完成后，在离开天线适当位置的地面上安放 GNSS 接收机，接通接收机与电源、天线、控制器的连接电缆，并经过预热和静置，即可启动接收机进行观测。

接收机锁定卫星并开始记录数据后，观测员可按照仪器随机提供的操作手册进行输入和查询操作。在观测过程中，接收机不得关闭并重新启动，并禁止更改任何设置参数。每一观测时段内，气象资料一般应在时段始末及中间各观测记录一次。观测站的全部预定作业项目，经检查均已按规定完成，且记录与资料均完整无误后，方可迁站。

观测具体要求如下：

(1) 观测组必须按规定的时间作业，同步观测同一组卫星。

(2) 经检查测站上各项连接无误，且接收机预置状态正确时，方可接通电源。

(3) 每一观测时段，气象观测不少于 2 次，观测时段较长(超过 60 min)应适当增加观测次数。

(4) 观测期间要严防人员和其他物体碰动天线和阻挡信号。

(5) 测站全部作业完成后，方可迁站。

4) 观测记录

在外业观测过程中，所有的观测数据和资料均须妥善记录。记录的形式主要有两种：一种由接收机自动形成，并保存在机载存储器中，供随时调用和处理，这部分内容主要包括接收到的卫星信号、实时定位结果及接收机本身的有关信息。另一种是测量手簿，由操作员随时填写，其中包括观测时的气象元素等有关信息。观测记录是 GNSS 定位的原始数据，也是进行数据后处理的唯一依据，必须妥善保存。

(1) 观测记录。

观测记录由接收机自动完成，均记录在存储介质上，其主要内容包括：

①载波相位观测值及相应的观测历元。

②GNSS 卫星星历参数。

③实时绝对定位结果。

④测站控制信息及接收机工作状态信息。

(2) 观测手簿。

观测手簿是在接收机启动前及观测过程中，由作业人员随时填写的。其格式和内容如表 3-12 所示。填表具体要求见《全球定位系统(GPS)测量规范》(GB/T 18314—2009)。

表 3-12　RTK 测量基准站观测手簿

<table>
<tr><td>点号</td><td></td><td>点名</td><td></td><td>参考点等级</td><td></td></tr>
<tr><td>观测记录员</td><td></td><td>观测日期</td><td></td><td>采样间隔</td><td></td></tr>
<tr><td>接收机类型</td><td></td><td>接收机编号</td><td></td><td>开始记录时间</td><td></td></tr>
<tr><td>天线类型</td><td></td><td>天线编号</td><td></td><td>结束记录时间</td><td></td></tr>
<tr><td>近似纬度 N</td><td>°　′　″</td><td>近似经度 E</td><td>°　′　″</td><td>近似高程 H</td><td>m</td></tr>
<tr><td colspan="2">天线高测定</td><td colspan="2">天线高测定方法及略图</td><td colspan="2">点位略图</td></tr>
<tr><td>测前</td><td>测后</td><td colspan="2" rowspan="5"></td><td colspan="2" rowspan="5"></td></tr>
<tr><td></td><td></td></tr>
<tr><td></td><td></td></tr>
<tr><td></td><td></td></tr>
<tr><td>平均值：</td><td>平均值：</td></tr>
<tr><td>时间(UTC)</td><td>跟踪卫星号及信噪比</td><td>纬度/
(°　′　″)</td><td>经度/
(°　′　″)</td><td>大地高/
m</td><td>天气
状况</td></tr>
<tr><td></td><td></td><td></td><td></td><td></td><td></td></tr>
<tr><td></td><td></td><td></td><td></td><td></td><td></td></tr>
<tr><td></td><td></td><td></td><td></td><td></td><td></td></tr>
<tr><td>备注</td><td colspan="5"></td></tr>
</table>

3. 观测成果的检核

观测成果的外业检核是确保外业观测质量,实现预期定位精度的重要环节。所以,在外业观测结束后,必须在测区检核数据质量,以便及时发现不合格的成果,并根据情况采取补测或重测措施。

在解算出 GNSS 基线向量的基础上,对外业观测成果进行质量检核,主要内容包括:每个时段同步边观测数据的检核、重复观测边的检核、同步观测环的检核、异步观测环的检核,具体内容详见有关 GNSS 测量规范和教材。

当发现边或环闭合数据超出规定时,应分析原因并对其中部分或全部成果重测。需要重测的边,应尽量安排在一起进行同步观测。

(五) GNSS 测量数据处理

GNSS 测量
数据处理

GNSS 接收机采集的数据是接收天线至卫星的距离和卫星星历等数据,而不是常规测量技术所得到的角度、距离和高差等。因此,要得到有实际意义的定位信息,还必须进行一系列的处理。

GNSS 测量数据处理可以分为观测值的粗加工、预处理、基线向量解算(相对定位处理)和 GNSS 基线向量网与地面网数据的联合处理等基本步骤。粗加工是将接收机采集的数据通过传输、分流、解译成相应的数据文件,并通过预处理将各类接收机的数据文件标准化,形成平差计算所需的文件。粗加工和预处理的主要目的是净化观测值,提高观测值的精度。基线向量解算是利用预处理后的数据求解接收机所在测站之间的坐标差,提供 GNSS 基线向量网平差的观测值。经过一系列处理,各类数据文件化后就可以调用平差程序进行计算。平差计算完毕后,还应对成果进行分析,剔除一些粗差,对成果进行比较、检核,各项分析数据均满足网的设计精度要求时,平差成果可以交付使用。GNSS 数据处理的基本流程如图 3-4 所示。

图 3-4 GNSS 数据处理的基本流程

在数据采集的同时,可通过随机软件实时解算测站点的位置或接收机的运动速度,实现动态定位。数据传输至基线解算一般是用后处理软件将接收机记录的数据传输到计算机,在计算机上进行预处理和基线解算。GNSS 网平差包括 GNSS 基线向量网平差、GNSS 网与地面网联合平差等内容。整个数据处理过程如下。

1. 数据传输

数据传输是用专用电缆将接收机与计算机连接,通过处理软件,将观测数据由接收机的内存模块传输至计算机。数据传输的同时进行数据分流,生成四个数据文件:载波相位和伪观测值文件、星历参数文件、电离层参数和 UTC 参数文件、测站信息文件。

2. 数据预处理

包括对分流后的数据进行平滑滤波检验,剔除粗差;统一数据文件格式并将各类数据文件加工成标准化文件(如 GNSS 卫星轨道方程的标准化、卫星时钟钟差标准化、观测值文件标准化等),找出整周跳变点并修复观测值;对观测值进行各种模型改正等。

3. 基线向量的解算

在 GNSS 网中,两点(如 i 点和 j 点)之间的三维直角坐标差($\Delta x_{ij}, \Delta y_{ij}, \Delta z_{ij}$)或大地坐标差($\Delta B_{ij}, \Delta L_{ij}, \Delta H_{ij}$)可以构成一个向量,称为 GNSS 基线向量。由 GNSS 向量可得到两点间的空间距离以及它们之间的方位和高差信息。基线解算一般由双差相位观测值列出误差方程式,然后利用最小二乘平差原理求解基线。解算时,可采用多基线模式,对多点的同步相位观测值进行统一的平差计算,直接求得其中全部独立的 GNSS 基线向量及其方差与协方差,其他的向量可由它们推算出来;也可采用单基线模式,每次只取两点,根据在两点的同步相位观测值计算两点间的三维坐标差和它们的方差与协方差。基线处理完成后应对其进行精度分析。

4. GNSS 网平差

1)GNSS 基线向量网的平差

为了提高定位结果的可靠性,通常将不同时段观测的基线向量联结成网,称为 GNSS 基线向量网。网中含有许多图形闭合条件(如三角形、多边形或导线环)。GNSS 基线向量网的平差是以 GNSS 基线向量为观测值,以其方差阵的逆阵为权,进行平差计算,消除图形闭合条件不符值,确定各 GNSS 网点的坐标并进行精度评定。对 GNSS 网可进行三维或二维平差,当进行二维平差时,应首先将三维 GNSS 基线向量坐标及其方差阵转换至二维平差计算面(椭球面或高斯投影平面等)。

GNSS 网的平差分为三种类型:一是经典的自由网平差,又叫无约束平差,平差时固定网中某一点的坐标,平差的主要目的是检验网本身的内部符合精度以及基线向量之间有无明显的系统误差和粗差,同时为用 GNSS 大地高与公共点正高(或正常高)联合确定 GNSS 网点的正高(或正常高)提供平差处理后的大地高程数据;二是非自由网平差,又叫约束平差,平差时以国家大地坐标系或地方坐标系的某些点的坐标,边长和方位角为约束条件,顾及 GNSS 网与地面网之间的转换参数进行平差计算;三是 GNSS 网与地面网联合平差,即除了 GNSS 基线向量观测值和约束数据,还有地面常规测量值如边长、方向和高差等,将这些数据一并进行平差。非自由网平差与联合平差一般是在国家坐标系或地方坐标系内进行,平差完成后网点坐标已属于国家坐标系或地方坐标系,因而这两种平差方法是解决 GNSS 成果转换的有效手段。

2)定位成果的坐标转换

将 GNSS 定位成果由 WGS-84 坐标系转换至国家大地坐标系或地方独立坐标系通常有两种方法。一种方法是进行 GNSS 基线向量网的约束平差(约束条件为地面网坐标、边长和方位角)或进行 GNSS 基线向量网与地面网常规观测值的联合平差。另一种方法是利用若干具有精密国家大地坐标和 WGS-84 地心坐标的公共点,求出 WGS-84 坐标系与国家大地坐标系之间的转换参数,将 WGS-84 坐标化算到国家坐标系中去。转换参数有 7 个:3 个平移参数、3 个旋转参数、1 个尺度参数,一般来说,有 3 个公共点就可以求得 7 个转换参数。

三、GNSS-RTK 控制测量

GNSS 作为一种新兴的高精度的定位工具,随着我国不动产测绘工作的全面开展,已普遍用于建立不动产平面控制网,也用于测定不动产界址点、房角点和某些不动产要素的位置。GNSS 在不动产测绘方面的应用与一般 GNSS 控制网测量在主要技术上没有什么不同,都是采用载波相位测量相对定位,但二者又各有其特点。GNSS 控制网的主要特点是边长较长、定位精度要求高,其主要目标是精度。因此,GNSS 网必须采用闭合图形构成连续网;在每一个观测站要观测几个时段,每个时段要观测较长时间(1~2 h),以便获取较多的多余观测,改善观测卫星的几何结构,提高解算整周模糊度和定位结果的精度。而一般不动产测绘,其边长较短,定位精度要求不很高,效率往往成为主要问题。另外,不动产测绘上的 GNSS 点一般在城市高级点控制下布测,其布测图形较灵活,定位方法广泛采用快速定位法。

(一)常规 GNSS-RTK 控制测量

GNSS-RTK(real time kinematic)实时动态测量技术是集计算机技术、数字通信技术、无线电技术和 GNSS 测量技术为一体的组合系统,它是以载波相位测量为依据的实时差分测量技术。

常规 GNSS-RTK 点测量操作主要包含以下几个任务:RTK 测量系统的组成、测前资料的收集、基准站与流动站的设置启动、新建项目、坐标转换与高程拟合、RTK 控制测量。

1. RTK 控制测量等级划分与布设原则

RTK 平面控制点按精度划分等级为一级控制点、二级控制点、三级控制点。RTK 高程控制点按精度划分等级为五等高程点。

平面控制点可以逐级布设、越级布设或一次性全面布设,每个控制点宜保证有一个以上的等级点与之通视。

2. RTK 控制测量技术要求及规定

RTK 控制测量技术要求及规定如下:

(1)有条件采用网络 RTK 测量的地区,宜优先采用网络 RTK 技术测量。

(2)经、纬度记录精确至 0.000 01″,平面坐标和高程记录精确至 0.001 m。天线高量取精确至 0.001 m。

(3)RTK 测量卫星的状态应符合表 3-13 的规定。

表 3-13 RTK 测量卫星的状态

观测窗口状态	截止高度角 15°以上的卫星个数	PDOP 值
良好	≥6	<6
勉强可用	5	≤8
不可用	<5	>8

注:《卫星定位城市测量技术规范》(CJJ/T 73—2010)。

(4)RTK 平面控制点测量主要技术要求应符合表 3-14 的规定。

表 3-14 RTK 平面控制点测量主要技术要求

等级	相邻点间平均边长/m	点位中误差/cm	边长相对中误差	与基准站的距离/km	观测次数	起算点等级
二级	≥300	≤±5	≤1/10 000	≤5	≥3	四等及以上
三级	≥200	≤±5	≤1/6 000	≤5	≥3	二级及以上

注:1. 网络 RTK 测量可不受起算点等级、流动站到单基准站间距离的限制。

2. 困难地区相邻点间距离缩短至表中的 2/3,边长限差应不大于 2 cm。

3.《卫星定位城市测量技术规范》(CJJ/T 73—2010)。

(5)RTK 高程控制点测量主要技术要求应符合表 3-15 的规定。

表 3-15　RTK 高程控制点测量主要技术要求

等级	平原			山区		
	高程异常模型内符合中误差	高程测量中误差	限差	高程异常模型内符合中误差	高程测量中误差	限差
四等	≤±1.0	≤±2.0	≤±4.0	≤±1.5	≤±3.0	≤±6.0
图根	≤±3.0	≤±5.0	≤±10.0	≤±4.5	≤±7.5	≤±15.0
碎部	≤±5.0	≤±7.5	≤±15.0	≤±7.5	≤±11.5	≤±23.0

注:《卫星定位城市测量技术规范》(CJJ/T 73—2010)。

GNSS 高程测量按精度等级划分为四等、图根和碎部。四等 GNSS 高程测量最弱点的高程中误差(相对于起算点)不得超过±2 cm。

3. 测区坐标系统转换参数的获取

测区坐标系统转换参数获取基本规定如下:

(1)在获取测区坐标系统转换参数时,可以直接利用已知的参数。

(2)在没有已知转换参数时,可以自己求解。

(3)2000 国家大地坐标系与参心坐标系(如 1980 西安坐标系或地方独立坐标系)转换参数的求解,应采用不少于 3 点的高等级起算点两套坐标系成果,所选起算点应分布均匀,且能控制整个测区。

(4)转换时应根据测区范围及具体情况,对起算点进行可靠性检验,采用合理的数学模型,进行多种点组合方式分别计算和优选。

(5)RTK 控制点测量转换参数的求解,不能采用现场点校正的方法进行。

4. RTK 控制测量基准站技术要求

RTK 控制测量基准站技术要求如下:

(1)采用网络 RTK 时,基准站网点的设立要求按《全球导航卫星系统连续运行基准站网技术规范》(GB/T 28588—2012)的要求。

(2)自设基准站如需长期和经常使用,宜埋设有强制对中的观测墩。

RTK 控制测量基准站、流动站技术要求

(3)自设基准站应选择在高一级控制点上。

(4)用电台进行数据传输时,基准站宜选择在测区相对较高的位置。

(5)用移动通信进行数据传输时,基准站必须选择在测区有移动通信接收信号的位置。

(6)选择无线电台通信方法时,应按约定的工作频率进行数据链设置,以避免串频。

(7)应正确设置随机软件中对应的仪器类型、电台类型、电台频率、天线类型、数据端口、蓝牙端口等。

(8)应正确设置基准站坐标、数据单位、尺度因子、投影参数和接收机天线高等参数。

5. RTK 平面控制点测量流动站技术要求

平面控制点测量流动站技术要求如下:

(1)网络 RTK 测量的流动站获得系统服务的授权。

(2)网络 RTK 测量流动站应在有效服务区域内进行,并实现与服务控制中心的数据通信。

(3)用数据采集器设置流动站的坐标系统转换参数,设置与基准站的通信。

(4)RTK 的流动站不宜在隐蔽地带、成片水域和强电磁波干扰源附近观测。

(5)观测开始前应对仪器进行初始化,并得到固定解。当长时间不能获得固定解时,宜断开通信链路,再次进行初始化操作。

(6)每次观测之前流动站应重新初始化。

(7)作业过程中,如出现卫星信号失锁,应重新初始化,并经重合点测量检测合格后,方能继续作业。

(8)每次作业开始前或重新架设基准站后,均应进行至少一个同等级或高等级已知点的检核,平面坐标较差不应大于 7 cm。

(9)RTK 平面控制点测量平面坐标转换残差不应超过±2 cm。

(10)数据采集器设置控制点的单次观测的平面收敛精度不应大于 2 cm。

(11)RTK 平面控制点测量流动站观测时应采用三脚架对中、整平,每次观测历元数应不小于 20 个,采样间隔为 2~5 s,各次测量的平面坐标较差应不大于 4 cm。

(12)应取各次测量的平均坐标中数作为最终结果。

(13)进行后处理动态测量时,流动站应先在静止状态下观测 10~15 min 获得固定解,然后在不丢失初始化状态的前提下进行动态测量。

6. RTK 高程控制点测量流动站技术要求及规定

高程控制点测量流动站技术要求如下:

(1)RTK 高程控制点测量流动站的技术要求,按照 RTK 平面控制点测量流动站技术要求中 1 款至 8 款执行。

(2)RTK 高程控制点测量高程异常拟合残差不应大于 3 cm。

(3)RTK 高程控制点测量设置高程收敛精度应不超过±3 cm。

(4)RTK 高程控制点测量流动站观测时应采用三脚架对中、整平,每次观测历元数应不少于 20 个,采样间隔为 2~5 s,各次测量的大地高较差应不大于 4 cm。

(5)应取各次测量的大地高中数作为最终结果。

(6)流动站的高程异常可以采用数学拟合方法、似大地水准面精化模型内插等方法获取,拟合模型及似大地水准面模型的精度根据实际生产需要确定。

7. 成果数据处理与检查

RTK 控制点测量质量控制与检查要求如下:

(1)RTK 控制测量外业采集的数据应及时进行备份和内外业检查。

(2)RTK 控制测量外业观测记录采用仪器自带内存卡或测量手簿,记录项目及成果输出包括下列内容:

①转换参考点的点名(号)、残差、转换参数;

②基准站点名(号)、天线高、观测时间;

③流动站点名(号)、天线高、观测时间;

④基准站发送给流动站的基准站地心坐标、地心坐标的增量；

⑤流动站的平面、高程收敛精度；

⑥流动站的地心坐标、平面和高程成果；

⑦测区转换参考点、观测点网图。

在进行网络 RTK 时，①~④项可根据项目要求部分提供。

(3)用 RTK 技术施测的控制点成果应进行 100%的内业检查和不少于总点数 10%的外业检测，平面控制点外业检测可采用相应等级的卫星定位静态(快速静态)技术测定坐标，全站仪测量边长和角度等方法，高程控制点外业检测可采用相应等级的三角高程、几何水准测量等方法，检测点应均匀分布测区。

对应成果的检测结果应满足表 3-16 和表 3-17 的要求。

表 3-16　平面控制测量成果检测要求

等级	边长校核		角度校核		坐标校核
	测距中误差/mm	边长较差的相对误差	测角中误差/(″)	角度较差限差/(″)	坐标较差中误差/cm
二级	≤±15	≤1/7 000	≤±8	20	≤±5
三级	≤±15	≤1/5 000	≤±12	30	≤±5

注:《卫星定位城市测量技术规范》(CJJ/T 73—2010)。

表 3-17　高程控制测量成果检测要求

等级	四等	图根			碎部	
方法	四等及以上水准	图根水准	图根 RTK	三角高程	三角高程	碎部 RTK
检测较差	$\leqslant \pm 30\sqrt{L}$	$\leqslant \pm 60\sqrt{L}$	100	$0.4S$	≤±150	

注:1. L 为水准检测线路长度，以 km 为单位。小于 0.5 km 的按 0.5 km 计。

2. S 为三角高程边长，以 m 为单位。

3. 在山区上述限差可放宽 1.5 倍。

4. 在山区可采用四等电磁波测距三角高程检测。

5.《卫星定位城市测量技术规范》(CJJ/T 73—2010)。

(二)基于 CORS 系统的网络 RTK 技术

GNSS-RTK(real time kinematic)技术一般可分为常规 GNSS-RTK 测量技术和网络 RTK 测量技术。网络 RTK 测量突破了常规 GNSS-RTK 的作业距离与作业模式，具有作业距离更长、覆盖范围更广、精度和可靠性更高、应用范围更广、效率更高、操作更方便等特点，是目前 GNSS 作业测量的主要手段。

连续运行卫星定位服务系统(continuous operational reference system，简称 CORS 系统)是 GNSS 测量技术发展的热点之一。网络 RTK 是 CORS 系统产生的主要原因和最主要的应用之一，其重要的目的之一就是进行网络 RTK 测量作业。该技术的出现，得益于现代高科技的发展，它是集 Internet 技术、无线通信技术、计算机网络管理和 GNSS 定位技术于一身的系统。

在不动产测绘的过程中需要进行控制测量工作,CORS 的应用极大地方便了不动产控制测量。当然,不动产控制测量的精度要求较高,末级平面控制网相邻控制点的相对点位中误差不超过±0.025 m,最大误差不超过±0.05 m。在 CORS 环境下,以 CORS 基准站为起算点进行测量,该方法省去了寻找控制点、验证起算点精度的要求,无须在起算点架设仪器,节省了工作时间,减轻了劳动强度,提高了工作效率,同时,由于相邻控制点一般同步观测,相对精度较高,完全可以满足不动产测绘平面控制点的精度要求。

1. CORS 系统概述

连续运行卫星定位服务系统(continuous operational reference system,简称 CORS 系统)是现代 GNSS 发展的热点之一,CORS 系统将网络化概念引入到大地测量应用中,该系统的建立不仅为测绘行业带来深刻变革,而且将为现代网络社会中的空间信息服务带来新的思维和模式。

连续运行参考站系统可以定义为一个或若干个固定的、连续运行的 GNSS 参考站,利用现代计算机、数据通信和互联网技术组成的网络,实时地向不同类型、不同需求、不同层次的用户自动地提供经过检验的不同类型的 GNSS 观测值(载波相位、伪距),各种改正数、状态信息,以及其他相关的 GNSS 服务项目的系统。

CORS 系统按基站数量主要分成以下几类:

1)单基站 CORS

单基站 CORS 是单参考站模式,采用常规 RTK 技术,由每一个参考站服务于一定作用半径内所有的 GNSS 用户。就是只有一个连续运行站,类似于一加一的 RTK。

2)多基站 CORS

多基站 CORS 分布在一定区域内的多台连续运行的基站,每一个基站都是一个单基站系统,由控制软件自动计算流动站与基站间的距离,将距离近的基站差分数据发送给流动站。

3)网络 CORS

用多个基准站构成一个基准站网,通过各基准站的相关数据计算出改正数,对流动站的观测值进行改正。网络 CORS 的精度覆盖范围为网内及网外 30 km,且精度分布均匀。

CORS 系统按应用技术可以分为虚拟参考站(VRS)、区域改正参数(FKP)、主辅站技术(MAX/MAC 技术)、FKP 技术、综合内插技术(CBI)、联合单站 RTK 技术等。

2. CORS 应用系统

CORS 应用系统彻底改变了传统 RTK 测量作业方式,其主要优势体现在:

(1)改进了初始化时间、扩大了有效工作的范围。

(2)采用连续基站,用户随时可以观测,使用方便,提高了工作效率。

(3)拥有完善的数据监控系统,可以有效地消除系统误差和周跳,增强差分作业的可靠性。

(4)用户不须架设参考站,真正实现单机作业,减少了费用。

(5)使用固定可靠的数据链通信方式,减少了噪声干扰。

(6)提供远程 Internet 服务,实现了数据的共享。

(7)扩大了 GNSS 在动态领域的应用范围,更有利于车辆、飞机和船舶的精密导航。

(8)为建设数字化城市提供了新的契机。

CORS 系统不仅是一个动态的、连续的定位框架基准,同时也是快速、高精度获取空间数据和地理特征的重要的城市基础设施,CORS 向大量用户同时提供高精度、高可靠性、实时的定位信息,并实现不动产测绘数据的完整统一,在不动产要素测量、不动产控制测量中有广泛的应用。

3. 网络 RTK 的特点

网络 RTK 的特点

网络 RTK 技术就是利用 CORS 各个参考站的观测信息,以 CORS 网络体系结构为基础,建立精确的差分信息解算模型,解算出高精度的差分数据,然后通过无线通信数据链路将各种差分改正数发送给用户。网络 RTK 技术集 Internet 技术、无线通信技术、计算机网络管理技术和 GNSS 定位技术于一体,是 CORS 网络服务系统的核心支持技术和解决方案。

与传统的 RTK 技术相比,网络 RTK 技术优势主要表现如下:

(1)服务范围大。虚拟参考站技术的诞生,打破了传统的 RTK 测量中基准站与流动站之间的距离的限制。传统的 RTK 基准站与流动站之间的距离一般不大于 15 km,而网络 RTK 技术基准站与流动站之间的距离可达 50~70 km,且具有很高的精度。与传统 RTK 相比,网络 RTK 差分服务范围提高了 100%以上。

(2)网络 RTK 成本低。传统的 RTK 由于基线长度的限制,为保证精度,不得不多次架设基准站;而网络 RTK 技术不需要架设基准站,同样大小的测区,网络 RTK 成本远远小于传统的 RTK 测量。

(3)网络 RTK 技术作业精度高。传统的 RTK 由于多次架设基准站,基准站误差累积。而网络 RTK 不需要架设基准站,虚拟基准站总是在流动站几米或者几十米的附近,避免了误差的累积,整个测区误差均匀。

单点定位常规 RTK 采用单点差分解算,且解算模型与用户位置和状态无关,差分信息为通用差分信息,解算精度低;网络 RTK 解算是采用 3 个以上的基准站数据和坐标基准数据,并且结合了用户位置和环境情况进行差分解算,极大地提高了差分解算精度。

(4)网络 RTK 系统可靠性高。网络 RTK 系统的可靠性是由整个网络来维护的,当某个基准站出现问题时,系统很容易检测出。而传统的 RTK 的可靠性是靠单个基准站来维护的,当这个基准站出现问题时,则无法检测出,这样使得所测的结果存在严重的误差。与传统常规 RTK 相比,网络 RTK 系统的可靠性很高。

(5)网络 RTK 应用更为广泛。网络 RTK 现在已广泛应用于控制测量、不动产测绘、工程测量、车辆导航等各个领域。

案　例

不动产控制测量案例分析

一、背景材料

某测绘单位受市人民政府委托,要求对某国际旅游综合体项目进行不动产测绘。该项目坐落于该市国家湿地公园东南角,总占地面积 375 hm^2。该旅游综合体项目集国际酒店集群、国家级湿地博物馆、精品商业区、旅游公共服务设施等多种功能于一体,整个项目包括湿地博物馆、文化剧院区,项目总投资金额约 21 亿元,该项目是公园主入口的地标性建筑群。

二、任务分析

(一)主要工作任务

平面控制测量完成测区一、二级控制测量及图根控制测量。

(二)主要技术依据

(1)《地籍调查规程》(TD/T 1001—2012)。

(2)《全球定位系统(GPS)测量规范》(GB/T 18314—2009)。

(3)《城市测量规范》(CJJ/T 8—2011)。

(三)数学基础

(1)平面坐标系统采用 CGCS 2000 国家大地坐标系。

(2)高程系统与高程基准:高程系统采用正常高程系统,高程基准采用 1985 国家高程基准。

(四)测区已有资料分析利用

测绘资料:平面控制资料(已知平面控制资料分析,包括网名、施测年代、单位、精度、保持完好情况)。

三、考点剖析

(一)不动产测量一般规定

(1)不动产控制网分为不动产首级控制网和不动产图根控制网,各等级控制网的布设应遵循"从整体到局部,分级布网"的原则。根据测区具体情况,首级控制网优先选用 GNSS 网进行布设,且控制网的布设遵循从"整体到局部,从高级到低级,分级布网、逐级加密"的原则。

(2)不动产平面控制网的基本精度应符合下面规定:①四等网或 E 级网中最弱边相对中误差不得超过 1/450 000。②四等网或 E 级以下网最弱点相对于起算点的点位中误差不得超过 5 cm。

(3)乡(镇)政府所在地至少有 2 个等级为一级以上的埋石点,埋石点至少和 1 个同等级(含)以上的控制点通视。

(4)控制点的选点、埋石、标石类型、点名和点号等按照《城市测量规范》(CJJ/T 8—2011)等标准执行。

(二)首级平面控制测量

不动产首级平面控制网点的等级分为三、四等或 D、E 级和一、二级。

主要采用静态全球定位系统定位方法建立不动产首级平面控制网,一、二级不动产平面控制网也可采用导线测量方法施测。

(三)首级高程控制测量

(1)首级高程控制网点可采用水准测量、三角高程测量等方法施测。原则上,只测设四等或等外水准点的高程。

(2)在首级高程控制网中,最弱点的高程中误差相对于起算点不大于±2 cm。

(3)首级高程控制网加密观测和计算的技术要求按照《城市测量规范》(CJJ/T 8—2011)等标准执行。

(四)不动产图根控制测量

(1)不动产图根控制测量的方法。

可采用动态全球定位系统定位方法、快速静态全球定位系统定位方法或导线测量方法建立不动产图根控制网点。

当采用静态和快速静态全球定位系统定位方法时,观测、计算及其技术指标的选择按照《城市测量规范》(CJJ/T 8—2011)规定的一级 GNSS 点测量的要求执行。

(2)RTK(含 CORS)图根点的测量可采用 RTK 方法布设图根点。

保证每 1 个图根点至少与 1 个相邻图根点通视。为保证 RTK 测量精度,应进行有效检核。检核方法有两种:

①每个图根点均应有 2 次独立的观测结果,2 次测量结果的平面坐标较差不得大于 3 cm,高程的较差不得大于 5 cm,在限差内取平均值作为图根点的平面坐标和高程。

②在测量界址点和测绘不动产图时采用全站仪对相邻 RTK 图根点进行边长检查,其检测边长的水平距离的相对误差不得大于 1/3 000。RTK 图根点测量的观测和计算应按照《全球定位系统实时动态测量 RTK 技术规范》(CH/T 2009)执行。

(3)图根高程控制测量。

图根高程控制网点采用三角高程测量技术施测,高程线路与一级、二级图根平面导线点重合。

本项目图根导线测量是在 GNSS-RTK 流动站(一、二级控制点)的基础上布设图根导线点,整个测区图根控制优先采用电磁波测距导线。

①图根控制点布设密度。图根点(各等级控制点)的密度,通常为在建成区不少于 100 个/km^2,其余地区不宜少于 80 个/km^2。

城市建筑密集区及地形复杂、隐蔽地区,应以满足测图需要为原则,适当加大密度。

②图根控制点标志设置。采用固定标志。位于水泥地、沥青地的普通图根点应以水泥钉、铆钉作为其中心标志,周边用红漆绘出方框及点号。一幅标准图幅内至少应设置两个图根埋石控制点,并尽量与另一埋石控制点或高级别控制点互相通视。

一级、二级图根点相对于图根起算点的点位中误差不得超过±5 cm,测站点相对于邻近图根点的点位中误差不得超过±5 cm;图根点高程中误差不得超过±5 cm。

思政小课堂

北斗卫星导航系统

北斗卫星导航系统(简称北斗系统)是我国着眼于国家安全和经济社会发展需要,自主建设运行的全球卫星导航系统,是为全球用户提供全天候、全天时、高精度的定位、导航和授时服务的国家重要时空基础设施。

北斗系统提供服务以来,已在交通运输、农林渔业、水文监测、气象测报、通信授时、电力调度、救灾减灾、公共安全等领域得到广泛应用,服务国家重要基础设施,产生了显著的经济效益和社会效益。基于北斗系统的导航服务已被电子商务、移动智能终端制造、位置服务等厂商采用,广泛进入我国大众消费、共享经济和民生领域,应用的新模式、新业态、新经济不断涌现,深刻改变着人们的生产生活方式。我国将持续推进北斗应用与产业化发展,服务国家现代化建设和百姓日常生活,为全球科技、经济和社会发展做出贡献。

北斗系统秉承"我国的北斗、世界的北斗、一流的北斗"的发展理念,愿与世界各国共享北斗系统建设发展成果,促进全球卫星导航事业蓬勃发展,为服务全球、造福人类贡献我国智慧和力量。北斗系统为经济社会发展提供重要时空信息保障,是中国实施改革开放 40 余年来取得的重要成就之一,是新中国成立70多年来重大科技成就之一,是中国贡献给世界的全球公共服务产品。我国将一如既往地积极推动国际交流与合作,实现与世界其他卫星导航系统的兼容与互操作,为全球用户提供更高性能、更加可靠和更加丰富的服务。

虚拟仿真

导线测量1

导线测量2

GNSS静态控制网测量

RTK图根点采集

习题演练

单选题

判断题

项目四　不动产要素测量

知识目标

1. 掌握不动产要素测量的方法。
2. 掌握不动产要素测量的主要内容。
3. 掌握界址点的精度等级分类及测量方法。
4. 理解界址点外业施测过程。
5. 掌握界线测绘的要求和内容。

能力目标

1. 使用全站仪等仪器进行界址点测量。
2. 利用钢卷尺、测距仪等仪器进行界址边长精度检核。
3. 利用全站仪等仪器进行界址点检核。
4. 会填写界址说明表。

素质目标

1. 培养遵守良好的职业道德,具有工作责任心的工匠精神。
2. 培养实践动手能力,有分析问题、解决问题的良好习惯。
3. 提升团队合作精神和协调能力,培养善于沟通、团结、具有良好心理素质的技术型人才。

项目重点

1. 不动产测绘内容。
2. 不动产界址测量。

项目难点

1. 界址点测量实施过程。
2. 界址边长精度检核。
3. 界址点精度检核。

任务一　不动产要素测量概述

不动产要素的概念 1

【任务目标】

1. 掌握不动产要素测量的方法。

2. 掌握不动产要素测量的主要内容。

【学习过程】

1. 教师讲授。

2. 课件展示。

3. 分组讨论。

【知识导航】

不动产要素测量是不动产测绘工作的重要组成部分,为不动产图的测绘提供外业观测数据。不动产要素测量应统筹考虑基础条件、工作需求、经济可行性和技术可能性,在确保不动产权益安全的前提下,依据不动产的类型、位置和不动产单元的构成方式,因地制宜,审慎科学地选择符合本地区实际的测量方法,确保不动产单元的界址清楚、面积准确。

一、不动产要素测量的方法和要求

不动产要素的概念 2

(一)不动产要素测量的方法

1. 野外解析法测量

野外解析法测量指利用极坐标法、正交法或交会法等方法,在野外对不动产要素进行采集,画好草图,内业通过计算机处理编辑成图。不论使用何种方法,必须保证所测各点精度达到相应的规范要求。但当测定一级界址点时,则应按本项目任务二所讲的界址点坐标的测量有关要求进行,否则难以达到一级界址点所规定的精度。对一级界址点坐标的测量,一般应使用极坐标法或交会法,不要使用正交法。

2. 航空摄影测量

航空摄影测量是一种利用被摄物体影像来重建物体空间位置和三维形状的技术,主要采用全数字摄影测量的方法求得界址点坐标。当界址点数目很多,地面通视不良的情形下,采用高精度的摄影测量方法是经济有效的,是我国当前城镇不动产要素测量的主要方法之一。

用航空摄影的方法进行城市不动产测绘,存在着许多不利因素,主要表现在:城市建筑物密集,高层建筑物越来越多,也越来越高,树木较多、较高。这些因素对航空摄影的质量造成了很大影响,也造成了很多阴影,这样就使得补测工作量加大;同时房屋的房檐改正的精度,也影响着航空摄影测量成果的质量。由于城市的上述复杂条件,使得航空摄影高度,也就是航空摄影比例尺受到限制。因此,航测成果的精度和效率都受到了限制,难以再提高。

目前在农村不动产要素测量中,视野开阔、界址点精度要求不高的情况下,可选择航空摄影测量方法。

(二)不动产要素测量的相关要求

(1)对城镇、村庄、独立工矿等区域的建设用地,宜采用解析法测量界址点坐标并计算土地面积,实地丈量房屋边长,并采用几何要素法计算房屋面积。

(2)对于分散、独立的建设用地,可采用解析法测量界址点坐标并计算土地面积;也可采用图解法测量界址点坐标。此时,宜实地丈量界址边长和房屋边长,并采用几何要素法计算土地面积和房屋面积。

(3)对于海域和耕地、林地、园地、草地、水域、滩涂等用地,既可选择解析法,也可选择图解法获取界址点坐标并计算土地(海域)的面积,如果其上存在房屋等定着物,则宜实地丈量其边长并采用几何要素法计算房屋面积。

(4)一级界址点宜单独进行测量,不宜和其他不动产要素同时进行测量。

不动产要素测量的主要内容

二、不动产要素测量的主要内容

不动产要素测量的主要内容包括以下几个方面。

(一)界址点、界址线及其他重要的界标设施

1. 界址点坐标的测量

界址点坐标测量所用到的起算点,应是邻近的基本控制点或高级界址点。界址点的测量方法,可采用极坐标法、交会法、支导线法、正交法等野外解析法测定。使用支导线方法测定界址点坐标时,导线边的边数应不超过三条,导线转折角应测左、右角,各测一测回。使用支导线法测量时,必须加强检测,以保证测量成果的准确性、可靠性。

界址点坐标可以单独进行测量,也可以在全野外数据采集时和其他房地产要素测量的同时进行测定。

2. 权属界线测量

如需要权属界线的边长,则可直接用界址点的坐标反算求得。如没有界址点的坐标,可采用测距仪或钢尺进行丈量,将权属界线测量结果标示在宗地图上。对于不规则的弧形权属线,可按折线分段计算或分段丈量,并将其折线分段标注于宗地图上。

(二)境界测量

对于行政境界的测量,主要包括国界线及各级行政区划界线、特殊地区界线和保护区界线的测绘。

对于境界线分已定界和未定界的两种情况,描绘时应按实际情况用不同的符号进行描述。

(三)房屋及其附属设施测量

房屋及附属设施测量

1. 房屋的测量

进行房屋的测量时,应逐幢测绘,对于不同产别、不同建筑结构、不同层数的房屋应分别测量和表示。房屋按外墙勒脚以上墙角为准,依水平投影进行测量。在测量房屋四面墙体外侧或测量房屋墙角点坐标时,应标明房屋墙体的归属。

2. 房屋附属设施的测量

(1)有柱走廊:应按柱子的外围为准进行测绘。

(2)无柱走廊:应按围护结构外围或外轮廓的投影进行测绘。

(3)架空通廊:应按围护结构的外围进行测绘。

(4)门廊:应以柱或围护物的外围进行测绘。

(5)挑廊和阳台:均以围护结构外围为准,围护结构不规则的或难以确定的,以底板投影为准进行测绘。

(6)独立柱和单排柱的门廊、雨篷、货棚、车棚、站台:此时均应以顶盖的投影为准,并测绘出柱子的位置。

(7)门墩、台阶:均以外围投影为准进行测绘。

(8)门顶:应以顶盖的投影为准进行测绘。

(9)室外楼梯:应以外围投影为准进行测绘。

3. 房角点测量

房角点的测量与界址点的测量相同,房角点的类别代码为4。房角点测量可在墙角设置标志,也可以不设标志,可以房角外墙勒角以上(100±20)cm处的墙角为测点,测定其坐标。正规的矩形房屋,可直接测定房屋的三个房角点的坐标,另一个房角点的坐标可通过计算求出。

4. 独立地物测量

对于独立地物的测量,应根据地物的几何图形测定出定位点的位置。

(1)亭:应以柱子的外围为准进行测绘。

(2)塔、烟囱、罐:应以底部外围轮廓为准进行测绘。

(3)水井、消火栓:应以该地物的中心为准进行测绘。

(四)陆地交通、水域测量

1. 铁路、道路、桥梁的测绘

(1)铁路:应以两铁轨外沿为准进行测绘。

(2)道路、公路:应以两边路沿为准进行测绘。

(3)桥梁:应以桥头和桥身的外围投影为准进行测绘。

2. 水域的测绘

(1)河流、湖泊、水库等水域:均应以岸边线为准进行测绘。

(2)沟渠、池塘:均应以坡顶为准进行测绘。

任务二　界址点测量

【任务目标】

1. 掌握界址点的精度等级分类及测量方法。
2. 理解界址点外业施测过程。

【学习过程】

1. 教师讲授。
2. 课件展示。
3. 分组讨论。
4. 场地实训。

【学习成果】

1. 极坐标法界址点观测记录手簿。
2. 界址点坐标计算表。
3. 解析界址点点位精度检查记录表。
4. 界址点间距误差记录表。

【知识导航】

不动产权属界址包括界址线、界址点和界标。界址点测量不仅能确定不动产权属界址或边界在实地的地理位置,为今后可能产生的不动产权属纠纷提供直接依据,同时也是量算不动产面积的基础数据;也可以方便不动产管理和规划设计。因此,界址点测量工作也就成为不动产要素测量最重要的工作内容。

建筑物角点是建筑物的房角点,需要测定建筑物角点的坐标时,其精度等级和限差要求与界址点相同;不要求测定建筑物角点坐标时,可按地物点精度要求标示在不同类别的不动产单元图上。同时,房角点测量工作也是不动产要素测量的主要工作。

一、界址点精度

界址点的精度分三级,等级的选用应根据土地用途、价值、开发利用程度和规划的长远需要而定。大中城市的繁华地区、商业区,小城市的中心地区一般选用一级,其他街区选用二级,郊区一般选用二级或三级。

(一)《地籍调查规程》(TD/T 1001—2012)中的规定

各级界址点相对于邻近控制点的点位误差和间距超过 50 m 的相邻界址点间的间距误差应不超过表 4-1 的规定;间距未超过 50 m 的界址点间的间距误差限差应不超过式(4-1)的计算结果。

$$\Delta D = \pm (m_j + 0.02 m_j D) \tag{4-1}$$

式中 m_j——相应等级界址点规定的点位中误差,m;

D——相邻界址点间的距离,m;

ΔD——界址点坐标计算的边长和实量边长较差的限差,m。

(二)《地籍测绘规范》(CH 5002—94)中的规定

各级界址点相对于邻近控制点的点位误差和间距超过 50 m 的相邻界址点间的间距误差不超过表 4-2 的规定,间距未超过 50 m 的界址点间的间距误差限差不应超过式(4-1)的计算结果。

表 4-1 解析界址点的精度

界址点等级	界址点相对于邻近控制点的点位误差,相邻界址点间距误差/m	
	中误差	允许误差
一级	±0.050	±0.10
二级	±0.075	±0.15
三级	±0.100	±0.20

注:1. 土地使用权明显界址点精度不低于一级,隐蔽界址点精度不低于二级。

2. 土地所有权界址点可选择一、二、三级精度。

表 4-2 界址点的精度要求

界址点的等级	界址点相对于邻近图根控制点点位误差和相邻界址点间的间距误差限制	
	限差/m	中误差/m
一级	±0.10	±0.05
二级	±0.20	±0.10
三级	±0.30	±0.15

(三)《房产测量规范》(GB/T 17986—2000)中的规定

《房产测量规范》(GB/T 17986—2000)中规定,房产界址点的精度分三级,各级界址点相对于邻近控制点的点位误差和间距超过 50 m 的相邻界址点间的间距误差不超过表 4-3 的规定;间距未超过 50 m 的界址点间的间距误差限差不应超过式(4-1)的计算结果。

表 4-3　界址点的精度要求

界址点精度等级	界址点相对于邻近控制点点位误差和相邻界址点间的间距误差限制	
	限差/m	中误差/m
一级	±0.04	±0.02
二级	±0.10	±0.05
三级	±0.20	±0.10

二、界址点和房角点的测量方法

界址点和房角点的

的测量方法

界址点和房角点的测量方法包括解析法和图解法。

(一)解析法

解析法是指采用全站仪、GNSS 接收机、钢尺等测量工具,通过全野外测量技术获取界址点、房角点坐标和界址点间距的方法。主要适用于大比例尺不动产要素测量。

界址点测量应从邻近基本控制点或高级界址点起算,以极坐标法、交会法、正交法等野外解析法测定,也可在全野外数据采集时和其他不动产要素同时测定。

以极坐标法为例,介绍作业过程。

如图 4-1 所示,设 O 为测站点,A 为定向点,P 为待定点。在 O 点安置仪器,照准 A 点,读取定向点的方向值 L_0(通常配置为零),然后照准碎部点 P,读取碎部点的方向值 L_P,再测出 OP 之间的距离 D_{OP},则:

$$\begin{cases} x_P = x_O + D_{OP}\cos\alpha_{OP} \\ y_P = y_O + D_{OP}\sin\alpha_{OP} \end{cases} \tag{4-2}$$

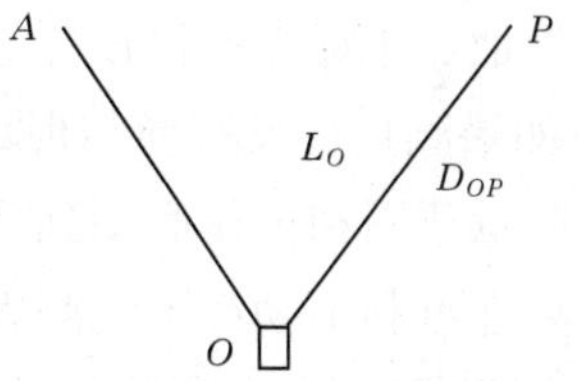

图 4-1　极坐标法

其中,$\alpha_{OP}=\alpha_{AO}+(L_P-L_O)-180°$为 OP 边的坐标方位角。

该法是测定界址点的主要方法。当使用不低于 5″全站仪测定界址点或建筑物角点坐标时,角度和距离均测一测回。用钢尺丈量界址间距时,钢尺要经过检定,钢尺精度应优于 1/10 000,当尺长改正和尺长温度改正大于 1/10 000 时,丈量结果应进行改正。

测站点附近的界址点、建筑物角点均应进行观测,观测困难时,可直接量取距离,以便于检查和比较。界址点和需要测定坐标的建筑物角点一般应有两个不同测站点测定的结果。对用两个不同测站点测定很困难的点,应通过一次独立的检核。

(二)图解法

图解法是指在不动产图或地形图上获取界址点坐标与界址点间距的方法。图解法测定界址点坐标一般适用于中小比例尺不动产要素测量,如进行 1∶10 000 土地利用现状调查中界址点坐标的确定。图解界址点坐标不能用于放样确定实地界址点的精确位置。界址点精度应符合表 4-4 的要求。

表 4-4　图解界址点的精度

序号	项目	图上中误差/mm	图上允许误差/mm
1	相邻界址点的间距误差	±0. 3	±0. 6
2	界址点相对于邻近控制点的点位误差	±0. 3	±0. 6
3	界址点相对于邻近地物点的间距误差	±0. 3	±0. 6

三、界址点测量要求

(一)界址点测量一般规定

(1)利用全站仪、GNSS 接收机和钢尺等测量工具野外实测界址点坐标。主要方法有极坐标法、直角坐标法、截距法、距离交会法、角度交会法等测量方法。可根据界址点的观测环境选用不同的方法。

当采用全站仪测量时,观测时应做测站检查,检查点可以是定向点、邻近控制点和已测设的界址点。

当采用钢尺量距时,宜丈量两次并进行尺长改正,两次较差的绝对值应小于 5 cm。

无论采用哪种方法测量界址点,都应进行有效检核。有两种检核界址点测量误差的方法,一是界址点坐标点位检核,二是界址点间距检核。检核结果应符合相应规范的规定。

(2)如果测量员没有参与现场指界,施测界址点之前应根据不动产权籍调查表、宗地草图、房产测量草图和工作底图到现场细致勘查界址点的位置及其周围的环境,为测量控制点的选取、界址点和不动产图施测方法的选择做好充分的准备。

(3)经不动产权属调查确认的已有界址点,现场核实界标未损坏、移动,并进行检测,若检测结果在表 4-1 规定的允许误差范围内,应使用原界址点坐标成果;如检测结果超过表 4-1 规定的允许误差,经相关不动产权利人同意后,采用检测的界址点坐标,并在不动产权籍调查表中的测量记事中说明。

(4)如果不动产权属来源资料中给定了满足精度要求的新增界址点几何条件或解析坐标等参数,可根据给定的参数计算放样参数,在实地放样埋设界桩。界址点放样的精度应符合表 4-1 的规定。

(5)测量界址点所使用的测量工具应检定合格并在有效期内才能用于作业。观测角度的仪器级别不低于 J_6 级。全站仪的对中、整平、观测等技术要求按照《城市测量规范》(CJJ/T 8—2011)执行。GNSS 接收机的架设、观测和计算按照《全球导航卫星系统连续运行基准站网技术规范》(GB/T 28588—2012)执行。

(6)界址点坐标取位至 0.001 m。

(二)界址点测量的方法

(1)极坐标法。界址点测量一般采用极坐标法。观测时应采取距离(纵向)和角度(横向)偏心等技术消除或减弱棱镜中心到界址点的偏差(棱镜对准误差)的影响。

(2)角度交会法。对于角度观测方便而距离测量有困难或放置棱镜不便的界址点,可采用角度交会法施测,但交会角应控制在 30°~150°。

(3)距离交会法。其他方法施测困难或不能施测的界址点,可采用距离交会法施测,但交会角应控制在 30°~150°。

(4)直角坐标法。其他方法施测困难或不能施测的界址点,可采用直角坐标法施测,但界址点到控制线的水平距离与控制线的水平长度之比不应超过 1/2。

(5)截距法。其他方法施测困难或不能施测的界址点,可采用截距法施测,但外分点到邻近起算点的距离应小于两个起算点之间的距离。

(6)全球卫星导航系统(GNSS)测量方法。能满足精度要求的 GNSS 定位方法主要有实时动态测量技术(RTK)、CORS 应用系统和网络 RTK。观测时,界址点周围的环境条件应符合 GNSS 接收机的观测条件。

四、界址点测量的外业实施

(一)准备工作

1. 界址点位的确定

一般是在进行权属调查时进行的。不动产权籍调查表中详细地说明了界址点实地位置的情况,并丈量了大量的界址边长,预编了宗地号,绘有详细的宗地草图。这些资料都是进行界址点测量所必需的。

2. 界址点位置野外踏勘

踏勘时应有参加不动产权籍调查的工作人员引导,实地查找界址点的位置,了解各不动产单元的用地范围,并在蓝图上(最好是现势性较强的大比例尺图件)用红笔清晰地标记出界址点位置和不动产单元的用地范围。如无参考图件,则要详细绘好踏勘草图,对于面积较小的不动产单元,最好能在一张纸上连续画上若干个相邻不动产单元的用地情况,并充分注意界址点的共用情况。在画好的草图上标记权属主的姓名和预编宗地号。在未定界线附近则可选择若干固定的地物点或埋设参考标志。测定时按界址点坐标的精度要求测定这些点的坐标值,待权属界线确定后,可据此来补测确认后的界址点坐标。这些辅助点也要在草图上标注。

3. 踏勘后的资料整理

这里主要指预编界址点号和制作界址点观测及面积计算草图。进行不动产权籍调查时,一般不知道各地不动产调查区内的界址点数量,只知道每宗地有多少界址点,其界址点编号只在本宗地内进行。因此,在不动产调查区内统一编制界址点观测草图,并统一编上预编界址点号,在草图上注记出与不动产权籍调查表中相一致的实量边长及预编宗地号或权属主姓名。这样就给外业观测记簿和内业计算带来方便。

4. 制作界址边长误差表

一般对界址点坐标的精度要求都比较高,在城镇的主要地区,要求界址点的相对中误差要达到±5 cm,限差为±10 cm。界址边长误差表可以反映出界址点的观测精度,误差表的形式见表 4-5。

表 4-5　界址点边长误差

界址边号	实量边长/m	反算边长/m	图解边长/m	Δ_1/cm	Δ_2/cm	说明

其中,界址边号由两个预编的界址点号组成,其形式如“×××—×××”,或由宗地草图上的界址点号构成,即“J××—J××”;Δ_1 = 实量边长-反算边长,Δ_2 = 实量边长-图解边长。

在误差表中,界址点观测前应根据不动产权籍调查表中宗地和房屋草图的勘丈结果把各界址边的实量边长填入相应的栏中,界址点观测完毕,则把坐标反算边长和图解边长填入相应栏中。

界址边长误差表给误差检验带来方便,使内外业的工作连接得清清楚楚,在整个界址点测定过程中起到了质量控制作用。

(二)野外界址点测量的实施

界址点坐标的测量可以单独进行作业,也可以和不动产图的测量同时进行。应有专用的界址点观测手簿。记录时,界址点的观测序号直接用观测草图上的预编界址点号。

测角时,仪器应照准界址点的实际位置,方可读数。角度采用一测回观测,距离读数至少两次,当用钢尺量距时,量距长度不超过一个尺段,钢尺必须经过检验并对丈量结果进行尺长改正。

(三)野外观测成果的内业整理

界址点的外业观测结束后,应及时计算出界址点坐标,并反算出相邻界址边长,填入界址点误差表中,计算出每条边的 Δ。如 Δ 的值超出限差,应按照坐标计算、野外勘丈、野外观测的顺序进行检查,发现错误,及时改正。

当一宗地的所有边长都在限差内才可以计算面积。

当一个不动产调查区内的所有界址点坐标都经过检查合格后,按界址点的编号方法编号,并计算出全部宗地面积,然后把界址点坐标和面积都填入标准的表格中,并整理成册。

当界址点坐标测量完成后,应按照表 4-6 的格式编制界址点坐标成果表,以地籍子区为单位装订成册。

填表说明:

千米网号指高斯-克吕格整千米格网的西南角坐标按一定的顺序进行的编号,具体编号见界址点编号中的编号区代码。

点号为该界址点在该编号区中的编号,自 00001~99999 依序编列。

标志类型为该界址点的埋设标志。

界址点坐标为该界址点的纵横坐标的实际值。

备注栏内填写有关的情况说明。

表 4-6　界址点坐标成果表

地籍子区

界址点编号		标志类型	界址点坐标/m		备注
千米网号	点号		X	Y	

填表者　　　　　　　　年　月　日　　　检查者　　　　　　　　年　月　日

五、界址点成果检核

界址点精度检查

(一)钢尺丈量检核

采用检定合格的钢尺,实地丈量若干相邻界址点间距,以此检核界址点测量精度,见表 4-7。

表 4-7　界址边长间距误差记录表(外业检查)

地籍子区号	宗地号	界址点号		原测距离/m	比较距离/m	较差 d/cm	d^2
检查结果		$[dd]=\sum d^2$				解析点位中误差 $m=\pm$	

检 查 者:　　　　　　　　　　　　　　　　年　月　日

注:$M=\sqrt{\frac{[dd]}{2n}}$,要求 $m\leq5$ cm (±7.5 cm)。

当 $D\leq50$ m,$d=D-S\leq\pm(m_j+0.02m_j\times D)$

当 $D>50$ m,$d=D-S\leq\pm2m_j$

S 为界址点坐标反算边长；
D 为实地丈量界址边长。

（二）全站仪实测检核

以不低于原测精度的全站仪检测若干界址点坐标，利用表 4-8 计算中误差。

表 4-8 中：原测坐标为 x, y，检测坐标为 x_1, y_1，$\Delta x=x-x_1$，$\Delta y=y-y_1$，$\Delta^2=\Delta x^2+\Delta y^2$。

表 4-8 界址点点位精度检查记录表

仪器设备：NTS-362RL 所在测区： 图幅号： 检查日期：

序号	原测坐标		检测坐标		坐标较差/cm		Δ^2/cm	备注
	x	y	x_1	y_1	Δx	Δy		
1	3 878 186.07	449 572.448	3 878 186.058	449 572.439	1.2	0.9	2.2	
2								
3								
4								
5								
6								
7								
8								
9								
10								
		使用公式 $m=\sqrt{\frac{\sum\Delta^2}{2n}}$		检查点位中误差（cm）=				

检查者： 计算者： 检核者：

（1）界址点按地籍子区时，宗地号可不填。

（2）高精度方法检测时，$[\Delta\Delta]$ 为 Δ^2 之和，中误差计算公式为：$m=\pm\sqrt{\frac{[\Delta\Delta]}{n}}$，$m\leqslant\pm5$ cm（±7.5 cm）。同精度方法检测时 $[dd]$ 为 d^2 之和，中误差计算公式为：$m=\pm\sqrt{\frac{[dd]}{2n}}$，$m\leqslant\pm5$ cm（±7.5 cm）。

（3）允许误差为 2 倍中误差。

解析界址点点位误差检查必须野外进行，尽量以原已知点为依据，利用高精度或同精度方法重新施测 20 个以上解析界址点的坐标进行比较，填写附表并计算中误差。

任务三　界线测绘

【任务目标】

1. 掌握界线测绘的概念。

2. 掌握界线测绘要求和内容。

【学习过程】

1. 教师讲授。

2. 课件展示。

【知识导航】

界线测绘一般是指行政区域界线测绘和权属界址线测绘。行政区域界线是指国务院或省、自治区、直辖市人民政府批准的行政区域毗邻的各有关人民政府行使行政区域管辖权的分界线。全国分为省、自治区、直辖市,省、自治区分为市、自治州、县、自治县。行政区域界线是国家依法实施分级行政管理的重要依据。权属界线是界线的一种,显示主权和支配的属性。权属界线主要有各类产权的用地界线。各类产权用地界线包括集体土地、建设用地、国家用地、事业单位用地界线等。权属界线通过每个界址点连接成界址线。权属界线测量方法和精度同不动产界址点。

边界点是指实地在界线上选取一定数量,能够确定边界线走向,有明确固定位置,可在边界地形图上准确判读平面位置的地物点。界桩点是指具有实测平面坐标和高程值,且在界线上或界线两侧的界线标志物。界桩按一定的规格和类型,用钢筋混凝土或其他石质材料制成。界桩点分为单立、同号双立和同号三立三种。

一、界线测绘的基本要求

界限测绘

(1)根据界线测绘的不同性质和要求,收集界线测绘区域的相关资料。已有地图资料、历史沿革资料、人文、地理情况资料、界线双方的不同主张、争议情况资料等;分析界线区域地理环境等综合因素,制定界线测绘的方法和原则。

(2)根据界线测绘技术方案,组织实施包括边界航空摄影、边界实地调查(踏勘)、勘定界线、联合检查、竖立碑桩、界桩测量和界线确认等工作。必要时须协助政府部门协调双方进行确权后再行实施测量。

(3)按照技术规定实施边界测绘。对实地竖立的界桩进行精确测量,确认界线在实地的确切走向和位置;将确认的界桩和界线标绘在工作底图上;编写边界线走向说明;填写《界桩登记表》等。最终形成界线的外业测绘成果。

(4)根据界线外业测绘成果在内业制作边界协议书(议定书)及其附图等图件和勘界(联合检查)成果表册,提交双方正式签署,作为该边界的法律性文件。

二、界线测绘的内容

界线测绘的依据是《行政区域界线测绘规范》(GB/T 17796—2009)。界线测绘的内容包括测绘准备、界桩埋设和测定、边界点测定、边界线与相关地形要素的调绘、边界协议书附图制作和印刷以及边界点位置和边界走向说明的编写。

界桩点的平面位置采用卫星定位、导线测量确定。同时采用 GNSS 大地水准面拟合、水准测量和三角高程测量测定界桩点高程。

(一)行政区划界线测绘

行政区域界线的测绘是指毗邻行政区人民政府在上一级人民政府的领导下,实地划定行政区域界线,树立界桩,形成准确反映行政区域界线走向的文件、资料和地形图,确定行政区域界线的测绘工作。

行政区域界线测绘的基本原则是,各省、自治区、直辖市(含各市县)之间签署的协议书,以及已经批准的行政区域界线,按照批准的行政区域界线进行;没有经过批准的行政区域界线,按照有关规定进行,即尚未正式划定过边界线,但已形成传统习惯边界线的,按照传统习惯边界线进行,双方有争议的,待争议解决后进行。

界桩位置一般选在地形不易辨别的边界线转折处,界线与道路、河流相交处,以线状地物为界的边界线起讫处等。界线测绘宜采用 2000 国家大地坐标系和 1985 国家高程基准。

(二)边界线标绘的内容和方法

确定了的边界线 、界桩点位置,都应准确地标绘在经调绘整理后的边界地形图上。边界线标绘一般要求在边界调绘的基础上进行 ,对地形要素变化不大的地区 ,也可与边界调绘内容一并进行。对有明显分界线(如分水线 、道路 、河流等)且地形要素变化不大的边界地段或以边界点连线作为边界线的地段,也可由界线测绘双方在室内直接将边界线标绘在边界地形图上。

(三)边界线标绘的技术要求和精度

边界线在图上用 0.3 mm 红色实线不间断表示,以线状地物中心线为界且地物符号宽度小于 1.0 mm 时,界线符号在线状地物符号两侧跳绘;界桩符号用直径 1.5 mm 红色小圆圈表示;界桩号用红色注出。

界桩点、界线转折点及界线经过的独立地物点相对于邻近固定地物点的平面位置中误差一般不应超过图上± 0.4 mm。

(四)土地权属界线协议书

土地权属界线协议书见表 4-9。

表 4-9 土地权属界线协议书

土地权属界线协议书

签订单位名称：____________________与

____

________年________月________日

1. 文字与签章

文字与签章见表 4-10。

表 4-10 文字与签章

________与________相邻的土地权属界线，根据历史上形成的权属界线和有关文件规定，在双方自愿的基础上，经友好协商，于______年______月______日，经相邻双方实地核实，确认土地权属界线正确无争议。 土地权属界线所涉及图幅号：____________________。 本协议书一式三份，界线双方和县（市、区）自然资源局各存一份。 本协议自双方签章之日起生效。 签订单位（盖章）： 法定代表人或负责人（签章）： 指界人（签章）： 年 月 日 签订单位（盖章）： 法定代表人或负责人（签章）： 指界人（签章）： 年 月 日 调查人员（签章）： 年 月 日

第 页 共 页

2. 土地权属界线附图示例

土地权属界线附图示例见图 4-2。

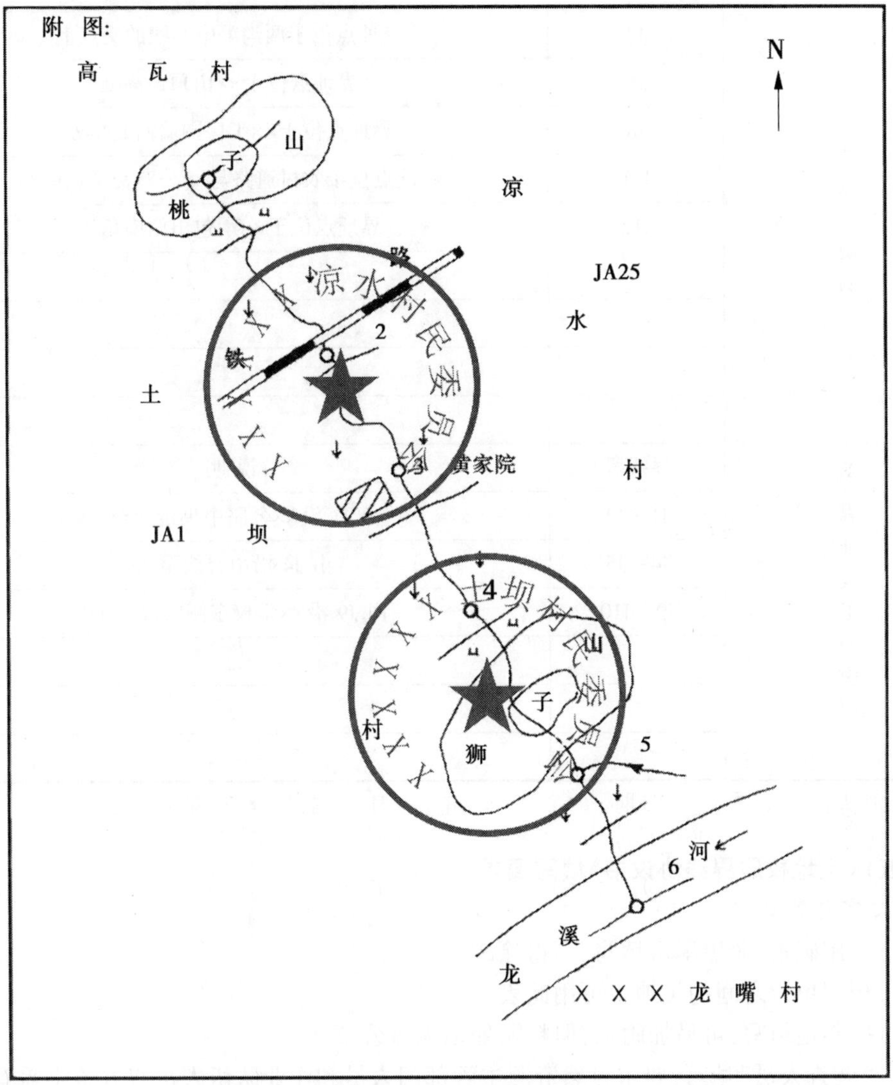

绘图员： 绘图日期： 检查员： 检查日期： 第 页 共 页

图 4-2 土地权属界线附图示例

3. 界址说明

(1) 如果界址标示无法说明清楚全部或部分界址点线的情况，则需要配合土地权属界线附图填写界址说明表(见表 4-11)。

(2) 界址点位说明。利用工作底图，结合土地权属界线附图，主要说明所依附标的物的类型及其位置(内、中、外)及其与周围明显地物地貌的关系。

(3) 主要权属界线走向说明：说明权属界线的具体走向。以两个相邻界址点为一节，叙述界线所依附的标的物的状况及其与周围宗地和地物地貌的关系。

表4-11　界址说明表

	点号	说 明
界址点位说明	J3	界址点位于两沟渠中心线的交点上
	J6	界址点位于××山顶最高处
	J8	界址点位于××工厂围墙西北角处
	J11	界址点位于农村道路与××公路交叉点中心
	J12	界址点位于××承包田西南角等
	界线段	说 明
界址线走向说明	J1—J2	由 J1 沿××公路中央走向至 J2
	J4—J5	由 J4 沿山脊线至 J5
	J9—J10	由 J9 沿××学校东侧围墙至 J10

文字叙述人：　　日期：　　年　　月　　日　　第　　页　　共　　页

(五)《土地权属界线协议书》填写要求

1. 文字与签章

(1)须用碳素、蓝黑墨水填写,不得涂改。

(2)相邻单位之间的飞地也可用此表。

(3)如不足填写,可另加附页,但粘贴处须加盖公章。

(4)“调查人员”填写,要求自然资源主管部门人员和作业队伍人员双方签字盖章。

2. 土地权属界线附图

1)绘制要求

(1)可利用土地利用现状图、地籍图、正射影像图、地形图等制作土地权属界线附图,也可以在白纸上绘制。

(2)可以在一张图上绘制一条界线,也可在一张图上绘制多条界线或绘制宗地的全部界线。

(3)按照界址签章表的说明要求,本宗地权利人或指界人和相邻宗地权利人或指界人,都应在附图上签字盖章。

(4)在工作底图上绘制土地权属界线附图,内容包括：

①土地权利人及相关权利人的名称及其印章。

②宗地代码、界址点及其编号、界址线。

③重要的地理名称和地理表示,如道路名称、山峰名称、山顶点的高程等。

(5)在白纸上绘制土地权属界线附图,内容包括:

①土地权利人及相关权利人的名称及其印章。

②宗地代码、界址点及其编号、界址线等。

③重要的地理名称和地理表示,如道路名称、山峰名称、山顶点的高程等。

④邻近界线的地类符号。

⑤地形示意线和地理特征线,如山脊线、山谷线等。

⑥界址线穿越或依附的沟、渠、路、河流、村庄等地物的符号和名称。

⑦其他能够突出界址点线的要素。

2)界址线标注方法

(1)如果沟、渠、路、河流、田坎、围墙、地类界等明显线性地物是界址线的标的物,按照地籍图、地形图等图式规定的界线符号,准确调绘其位置并标绘在附图上。

(2)如果山脊线(分水线)、山谷线(合水线)是界址线,则应准确判定其位置。在有森林等植被覆盖的山体上,判读山脊线或山谷线的准确位置有一定难度,则可借助立体观察或参照地形图将山脊线或山谷线准确标绘为界址线。

(3)如果界址线不依附于任何明显线性地物或地形特征线,则应准确调查界址点位置。

(4)如果界址点不依附于任何明显地物,应根据界址点附近的明显地物点,结合地形地貌做好界址点位说明。条件允许时,应埋设界桩。

(5)界址点用直径 0.1 mm 的点表示,并用半径为 1.0 mm 的圆圈圈定标注,界址点号用 J_n 表示,n 为 1、2、3…

三、界线测绘成果管理

(一)界线测绘成果

界线测绘成果包括界桩登记表、界桩成果表、边界点位置和边界走向说明、边界协议书附图以及测绘过程中用过的起始点成果、控制测量和界桩的计算成果,作业中产生的用图和文本资料等。

(二)界线测绘成果验收

界线测绘成果由各级测绘主管部门根据测绘法的要求验收。验收内容包括成果成图资料的完整性、正确性。

界线测绘成果要根据界线测绘的目的、内容和提供成果要求建立界线测绘资料档案。

小　结

本项目主要讲述了不动产要素测量的相关内容知识,如不动产要素测量内容、测量方法、精度要求、外业实施及界线测绘等,对学习者要求有一定的理解能力和仪器操作能力。通过本阶段的学习,以便更好地指导今后的不动产要素测量工作。

案　例

某不动产测绘公司承接了某小区的不动产测绘工程,建筑面积约 50 000 m^2,建筑包括独栋、住宅、多功能综合楼等。目前,不动产测绘公司已完成该小区的房产调查工作,即将对其进行不动产要素测量工作。

已有资料:本测区控制测量成果资料;项目房屋用地文件;各建筑的规划审批、验收文件等。

测绘单位现有仪器设备:GNSS 接收机、全站仪、手持测距仪、自动安平水准仪等。

不动产要素案例

问题:

1. 简述该项目界址点测量可采用的测量方法和使用的仪器设备。

2. 简述该项目不动产要素测量包括哪些内容。

案例小结:

通过该案例主要考查学生对本项目内容的掌握情况,增强其理解和应用能力。

思政小课堂

2006 年 10~11 月,河北某甲级测绘公司在河北某市进行不动产项目测绘。10 月 12 日,该公司员工在进行外业不动产要素测量时,把所使用的拓扑康全站仪的仪器箱丢失到工作现场,后经返回询问、寻找,未能找回。考虑到丢失仪器箱人为本公司员工,经该公司领导研究决定,给予该员工 200 元(所丢失仪器箱价格的一半)的处罚,并从当月工资中扣除。

习题演练

单选题　　判断题

项目五　不动产图测绘

知识目标

1. 理解不动产图的基本知识。
2. 掌握不动产图的测绘内容。
3. 掌握不动产图的绘制。
4. 了解不动产图的成图方法。

能力目标

1. 掌握不动产图的编制要求。
2. 能使用 CASS9.1 进行不动产图的编辑。

素质目标

1. 培养学生遵守良好的职业素养和工作责任。
2. 培养实践动手能力，有分析问题、解决问题的良好习惯。

项目重点

1. 不动产图的绘制。

项目难点

1. 地籍图的绘制。
2. 房产图的绘制。

不动产图包括地籍图、海籍图及不动产单元图等，其中不动产单元图主要包括宗地图、宗海图和房产分丘图、房产分层分户图（房产平面图）等。

不动产图的测绘是在不动产平面控制测量和不动产调查工作的基础上，对各不动产要素的信息进行采集和表述的一项不动产测绘工作。

地籍图是按照特定的投影方法比例关系和专用符号来反映地籍要素及相关地形要素的平面图，是地籍的基础资料之一。既要准确完整地表示基本的地籍要素，又要使图面简明清晰，便于用户根据图上表示的要素进行增补新的内容，加工成各用户所需的专用图。首先要反映包括行政界线、地籍区（子区）界线、界址点、界址线、地类、地籍号、面积、坐落、土地使用者或所有者及土地等级等地籍要素；其次要反映与地籍有密切关系的地物及文字注记，一般不反映地形要素。地籍图是制作宗地图的基础图件。

地籍图的概念

房产图是房产产权、产籍管理的基本资料,是一套与城镇实地房屋相符的总平面图,通过它可以全面掌握房屋建筑状况和土地使用情况,可以依据图形逐块土地、逐幢房屋清理房地产产权,计算和统计面积,并以房屋和房屋用地调查表来辅助不动产图图面显示的不足之处。

(1)宗地图的测制。以已有各种地籍图为工作底图测绘宗地内部及其周围变化的不动产权籍空间要素和地物地貌要素,并编制宗地图。测绘方法按照《地籍调查规程》(TD/T 1001—2012)执行。

(2)宗海图的测制。以已有海籍图为工作底图测绘宗海内部及其周围变化的不动产权籍空间要素和地物地貌要素,并编制宗海图。测绘方法和内容按照《海籍调查规范》(HY/T 124—2009)执行。

(3)房产分户图的编制。以地籍图、宗地图、房产图等为工作底图绘制房产分户图。房产分户图的编制要求和内容参照《房产测量规范》(GB/T 17986—2000)7. 3 的规定。

任务一　不动产图基础知识

【任务目标】

1. 掌握不动产图的精度指标。
2. 掌握不动产图的分幅与编号。

【学习过程】

1. 教师讲授。
2. 课件展示。
3. 分组讨论。

【知识导航】

在地籍图集合中,我国现在主要测绘制作的有城镇分幅地籍图、宗地图、土地利用现状图、土地权属界线图等。按房地产管理的需要,又可分为房地产分幅平面图(简称分幅图)、房地产分丘平面图(简称分丘图)和房地产分层分户平面图(简称分户图)。本任务主要介绍不动产图的测绘基础、不动产图的比例尺、不动产图的精度指标、不动产图的分幅与编号和不动产图的表示内容。

一、不动产图的测绘基础

根据《地籍调查规程》(TD/T 1001—2012)的规定,采用 2000 国家大地坐标系统、地方坐标系统或者独立坐标系统。对于 1∶10 000 或者 1∶5 000 图件或数据应选择高斯-克吕格投影统一 3°带的平面直角坐标系统;1∶50 000 图件或数据应选择高斯-克吕格投影统一 6°带的平面直接坐标系统;中央子午线按照地图投影分带的标准方法选定。

对于 1∶500、1∶1 000、1∶2 000 的图件或数据,当长度变形值不大于 2. 5 cm/km 时,应选择高斯-克吕格投影统一 3°带的平面直角坐标系统;当长度变形值大于 2. 5 cm/km 时,应根据具体情况依次选择:

(1)有抵偿高程面的高斯-克吕格投影统一 3°带平面直角坐标系统。

(2)高斯-克吕格投影任意带平面直角坐标系统。

(3)有抵偿高程面的任意带平面直角坐标系统。

高程系统采用1985国家高程基准。

二、不动产图的比例尺

不动产图与地形图区别

根据不动产图的不同分类,其采用的比例尺也不尽相同。

地籍图比例尺的选择应满足地籍管理的不同需要。地籍图需准确地表示土地权属界线和土地上附着物的细部位置,为地籍管理提供基础数据,特别是地籍测绘成果资料要提供给社会各行业、各部门使用,因此地籍图比例尺的选择有较大的灵活性。选取时主要依据测区的经济繁华程度、土地利用价值、测区建筑物的密度及其复杂程度、技术力量、设备、采用的测量方法及远近期需要。

目前,世界上各国地籍图的比例尺标准不一,选用的比例尺最大为1:250,最小为1:50 000。例如,日本规定城镇地区为1：250~1:5 000,农村地区为1:1 000~1:5 000;德国规定城镇地区为1：500~1:1 000,农村地区为1:2 000~1:50 000。

我国城镇地区城区地籍图比例尺一般可选用1:500,农村居民点地籍图可选用1:500或1:1 000的比例尺;土地利用现状调查可选用1:10 000地籍图。

房产分幅图一般采用1:500和1:1 000两种比例尺,主要视建筑物的密集稀疏程度而定。为了翔实地表示不动产要素,采用1:500比例尺的多一些,城镇建成区的分幅图一般采用1:500比例尺,远离城镇建成区的工矿企事业等单位及其相毗连的居民点也可采用1:1 000比例尺。

房产分丘图的比例尺是根据丘的大小选择,一般在1:100到1:1 000。分户图比例尺一般为1:200左右。

三、不动产图的精度指标

(一)地籍图的精度

地籍图的精度主要指界址点和地物点的精度。地籍图上坐标点的最大站点误差不超过图上±0.1 mm;其他地物点相对于邻近控制点的点位中误差不超过图上±0.5 mm,相邻地物点之间的间距中误差不超过图上±0.4 mm。

当采用全野外测量方法时,可以大大提高界址点和地物点的测量精度,同时可提高面积量算的精度。在外业中,如果使用全站仪、电磁波测距仪、GNSS接收机等测量仪器,则界址点和地物点的测量精度可达到厘米级,完全能满足地籍管理的需要。地籍图的基本精度应符合表5-1的规定。

(二)不动产单元图的精度

不动产单元图的精度主要考虑两部分:一是不动产单元图上的界址点和房角点相对于邻近控制点的点位中误差,二是不动产要素点与地物点相对于邻近控制点的点位中误差。

1. 不动产界址点和房角点的精度要求

不动产界址点和房角点的精度要求已经在前一项目中介绍过,见表4-3。根据界址点等级,其相对于邻近控制点的点位中误差分别为±0.02 m(一级)、±0.05 m(二级)、±0.10

m(三级)。房角点坐标的精度等级和限差执行界址点的标准。

2. 不动产要素点与地物点相对于邻近控制点的点位中误差

(1)全野外采集数据或野外解析测量等方法所测的不动产要素点与地物点,相对于邻近控制点的点位中误差应不超过±0.05 m。

表 5-1 地籍图平面位置精度

序号	项目	图上中误差/mm	图上允许误差/mm	说明
1	相邻界址点的间距误差	±0.3	±0.6	荒漠、高原、山地、森林及隐蔽地区等可放宽1.5倍
2	界址点相对于邻近控制点的点位误差	±0.3	±0.6	
3	界址点相对于邻近地物点的间距误差	±0.3	±0.6	
4	邻近地物点的间距误差	±0.4	±0.8	
5	地物点相对于邻近控制点的点位误差	±0.5	±1.0	

(2)模拟方法测绘的不动产分幅平面图上的地物点,相对于邻近控制点的点位中误差应不超过图上±0.5 mm。

(3)利用已有地籍图、地形图编绘不动产图时,地物点相对于邻近控制点的点位中误差应不超过图上±0.6 mm。

(4)采用已有坐标或有图件展绘成不动产分幅图时,展绘误差应不超过图上±0.1 mm。

四、不动产图的分幅与编号

不动产图编号方法

不动产图采用分幅图形式。1∶500、1∶1 000、1∶2 000 不动产图均采用 50 cm×50 cm 正方形分幅。不动产图的图廓以高斯-克吕格坐标格网线为界。

(一)以图幅西南角坐标千米值编号

图幅的编号一般采用坐标编号法。由图幅西南角纵坐标 x 和横坐标 y 组成编号, 其形式为 $X—Y$,X、Y 以千米为单位,保留至小数点后两位。1∶2 000、1∶5 000 取至 km, 1∶1 000 取至 0.1 km,1∶500 取至 0.01 km。例如,某幅 1∶1 000 不动产图的西南角坐标为 $x=3\ 230$ km、$y=10$ km,则其编号为 3 230.0—10.0。

(二)以编号区代码编号

1∶2 000 图幅以整千米格网线为图廓线,1∶1 000 和 1∶500 不动产图在 1∶2 000 不动产图中划分,划分方法如图 5-1 所示。

不动产图编号以高斯-克吕格坐标的整千米格网为编号区,由编号区代码加不动产图比例尺代码组成,编号形式如下:

	编号区代码	比例尺代码
完整编号:	×××××××××	××
简略编号:	××××	××

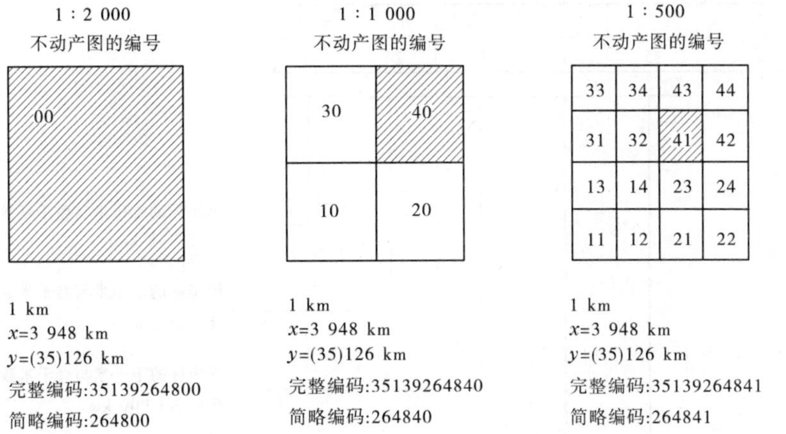

图 5-1　不动产图的分幅与编号

其中编号区代码由 9 位数组成。第 1、2 位数为高斯坐标投影带的带号;第 3 位数为横坐标的百千米值;第 4、5 位数为纵坐标的千、百千米值;第 6、7 位数为横坐标的十千米、整千米值;第 8、9 位数为纵坐标的十千米和整千米值。

不动产图比例尺代码由两位数组成,1:2 000 图比例尺代码为 00;1:1 000 图比例尺代码为 10、20、30、40;1:500 图比例尺为 11、12、13、14…44。

在不动产图上标注图幅编号时,既可采用完整编号(11 位数),也可采用简略编号(6 位数),省去前 5 位数。标注时,千米数用大号字,比例尺代码用小号字,如图 5-1 中 1:2 000 图幅编号为 264800,1:1 000 图幅编号为 264840,1:500 图幅编号为 264841。

省略前 5 位数,取最后 4 位数,即为编号区的简略编码。在一个城市(镇)实际工作中可使用简略编码,在数据库中使用完整编码。这样点的编码和图幅的编号都统一在千米格网框架之内,编号、方法也完全一致。

当分幅的比例尺为 1:2 000 时,一个分幅图的范围正好是一个千米格网,其长宽均为 1 km,此时分幅图的代码以“00”表示。将千米格网等分为 4 个格网,将“00”一分为 4,分为“10”“20”“30”“40”四个 1:1 000 比例尺分幅图的代码。再将 1:1 000 比例尺分幅图(0.5 km)格网各等分为 4 个格网,其格网边长均为 250 m,此时这些格网(0.25 km 格网)为 1:500 比例尺的分幅图,分别将它们一分为 4,将“10”分割成“11”“12”“13”“14”;将“20”分割成“21”“22”“23”“24”;将“30”分割成“31”“32”“33”“34”;将“40”分割成“41”“42”“43”“44”,共 16 幅 1 : 500 比例尺的分幅图。这样在 1 个千米格网范围内,这三种比例尺分幅图的代码都是固定不变的,第 1 位数表示 1:1 000 的比例尺及其在千米格网中的位置;第二位数表示 1:500 的分幅图的比例尺及其在 1:1 000 分幅图中的位置。这些代码的数值代表着不同分幅图的比例尺和所在的相对位置,它们都是固定不变的,而变化的是编号区,即千米格网的代码。举例说明如图 5-2 所示。

位数	1、2	3	4、5	6、7	8、9
代码	35	1	39	26	48

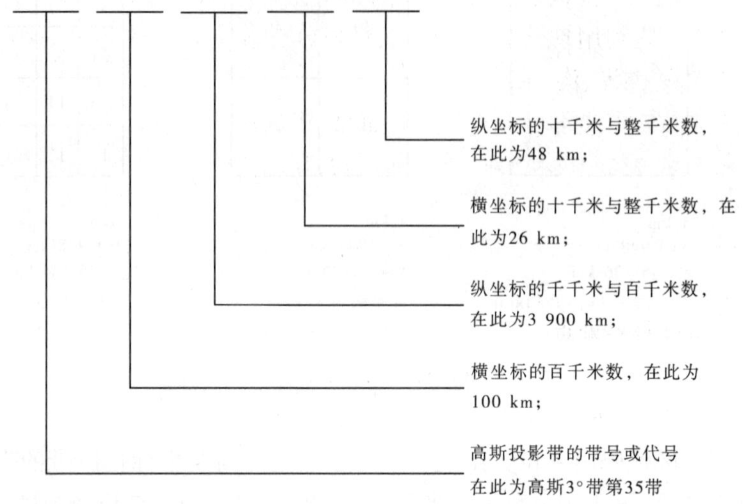

图 5-2　分幅图编号区的代码

任务二　不动产图测绘内容

【任务目标】

1. 掌握不动产图测绘内容。
2. 掌握不动产图的绘制。

【学习过程】

1. 教师讲授。
2. 课件展示。
3. 分组讨论。
4. 场地实训。
5. 上机实训。

【学习成果】

1. 绘制一份地籍图。
2. 绘制一份宗地图。

【知识导航】

一、地籍图内容

(一)地籍图内容选取的基本要求

(1)地籍图应以地籍要素为基本内容,突出表示界址点、线。

(2)地籍图作为基础图件应有严格的数学精度,因此应有必须的数学要素。

(3)地籍图应表示基本的地理要素,特别是与地籍有关的地物要素。

(4)地籍图图面应主次分明、清晰易懂,并便于用户添加专题图要素。

(二)地籍图内容选取的基本要点

地籍图内容选取的要点

(1)具有宗地划分或对划分有参考意义的各类自然或人工地物和地貌,即这些地物或地貌本身就是权属界线或在界线的附近,如围墙、沟、路、坎等。

(2)具有土地利用现状分类划分或对划分有参考意义的各种地物或地貌,如田埂、地类界、沟、渠等。

(3)土地上的重要附着物,如水系、道路、建筑物等。

(4)在土地表面下的各种管线及构筑物,在图上不表示,如下水道、地窖、井盖等。

(5)地面上的管线只表示重要的,如万伏以上高压线、裸露的大型管道(工厂内部的根据需要考虑)等。

(6)控制点及界址点。

(7)注记部分,如房屋结构、层数、地理名称、植被等。

(8)标识符,包括地籍区号、地籍子区号、宗地号、界址点号、房产编号、门牌号等。

(三)地籍图的基本内容

1. 行政区划要素

(1)行政区划要素主要指行政区界线和行政区名称。

(2)不同等级的行政区界线相重合时应遵循高级覆盖低级的原则,只表示高级行政区界线,行政区界线在拐角处不得间断,应在转角处绘出点或线。行政级别从高到低依次为省级界线、市级界线、县级界线和乡级界线。

(3)当按照标准分幅编制地籍图时,在乡(镇、街道办事处)的驻地注记名称外,还应在内外图廓线之间、行政区界线与内图廓线的交会处的两边注记乡(镇、街道办事处)的名称。

(4)地籍图上不注记行政区代码和邮政编码。

2. 地籍要素

(1)地籍要素包括地籍区界线、地籍子区界线、土地权属界址线、界址点、图斑界线、地籍区号、地籍子区号、宗地号(含土地权属类型代码和宗地顺序号)、地类代码、土地权利人名称、坐落地址等。

(2)界址线与行政区界线相重合时,只表示行政区界线,同时在行政区界线上标注土地权属界址点,行政区界线在拐角处不得间断,应在转角处绘出点或线。

(3)地籍区、地籍子区界线叠置于省级界线、市级界线、县级界线、乡级界线和土地权属界线之下。叠置后其界线仍清晰可见。

(4)地籍图上,对于土地使用权宗地,宗地号及其地类代码用分式的形式标注在宗地内,分子注宗地号,分母注地类代码。对于集体土地所有权宗地,只注记宗地号。宗地面积太小注记不下时,允许移注在空白处并以指示线标明。宗地的坐落地址可选择性注记。

(5)按照标准分幅编制地籍图时,若地籍区、地籍子区、宗地被图幅分割,其相应的编号应分别在各图幅内按照规定注记。如分割的面积太小注记不下时,允许移注在空白处并以指示线标明。

(6)地籍图上应注记集体土地所有权人名称、单位名称和住宅小区名称。个人用地的土地使用权人名称一般不需要注记。

(7)可根据需要在地籍图上绘出土地级别界线,注记土地级别。

3. 地形要素

(1)作为界标物的地物,如围墙、道路、房屋边线及各类垣栅等应表示。

(2)房屋及其附属设施:房屋以外墙勒角以上外围轮廓为准,并注记房屋层数及结构。装饰性的柱、垛、墙等不表示;临时性或已破坏的房屋不表示;墙体凹凸小于图上 0.2 mm 不表示;落地阳台、有柱走廊及雨篷、与房屋相连的大面积的台阶和室外楼梯要表示;悬空建筑,如水上房屋、骑楼等,应按实地轮廓线测绘其水平投影位置;农村的窑洞要表示;门牌号在图上可跳号注记。

(3)工矿企业露天构筑物、固定粮仓、公共设施、广场、空地等绘出其用地范围界线,内置相应符号。

(4)铁路公路及主要附属设施:如站台、桥梁、大的涵洞和地铁、隧道及人防工程的出入口应表示,铁路路轨密集时可适当取舍。对铁路、公路,除按地籍图图示规定表示外,还应测绘出其权属界线(征地界线)。

(5)建成区内街道两旁以宗地界址线为边线,道牙线可取舍。

(6)城镇街巷应表示。

(7)塔、亭、碑、像、楼等独立地物应择要表示,图上占地面积大于符号尺寸时应绘出用地范围界线,内置相应符号或注记。公园内一般的碑、亭、塔可不表示。

(8)电力线、通信线及一般架空管线不表示,但占地塔位的高压线及其塔位应表示。

(9)地下管线、地下室一般不表示,但面积较大的地下商场、地下停车场及与它项权利有关的地下建筑应表示。

(10)大面积的绿地、街心公园、园地等应表示,零星植被、街旁行树、街心小绿地及单位内部小绿地等可不表示。

(11)河流、水库等水系均应表示。对水系的测绘,无特殊要求时通常以岸边为准。当河流两岸不规则时,在保证精度的前提下,可对小的弯曲和岸边不明显的地段进行适当取舍。对于在图上只能以单线表示的沟渠,测定其中心位置。所有水系的宽度及流向均应在图上标注。对于宽度变化较大的,要分段量测并标注。

(12)平坦地区不表示地貌,起伏变化较大地区应适当注记高程点。

(13)地理名称注记。

4. 数学要素

数学要素包括内外图廓线、内图廓点坐标、坐标格网线、控制点、比例尺、坐标系统等。

5. 图廓要素

图廓要素包括分幅索引、密级、图名、图号、制作单位、测图时间、测图方法、图式版本、测量员、制图员、检查员等。

二、宗地图编制要求

(一)编制要求

(1)以地籍图为基础编绘宗地图。

(2)比例尺和幅面应根据宗地的大小和形状确定,比例尺分母以整百数为宜。

(二)主要内容

(1)宗地代码、所在图幅号、土地权利人、宗地面积。

(2)地类号、房屋的幢号。其中幢号用(1)、(2)、(3)…表示,并标注在房屋轮廓线内的左下角。

(3)本宗地界址点、界址点号、界址线、界址边长、门牌号码。其中门牌号码标注在宗地的大门处。

宗地图表示的内容

(4)用加粗黑线表示建筑物区分所有权专有部分所在房屋的轮廓线。如果宗地内的建筑物不存在区分所有权专有部分,则不表示。

(5)宗地内的地类界线、建筑物、构筑物及宗地外紧靠界址点线的定着物、邻宗地的宗地号及相邻宗地间的界址分隔线。

(6)相邻宗地权利人名称、道路、街巷名称。

(7)指北方向、比例尺、界址点测量方法、制图者、制图日期、审核者、审核日期、不动产登记机构等。

宗地图样见图 5-3。

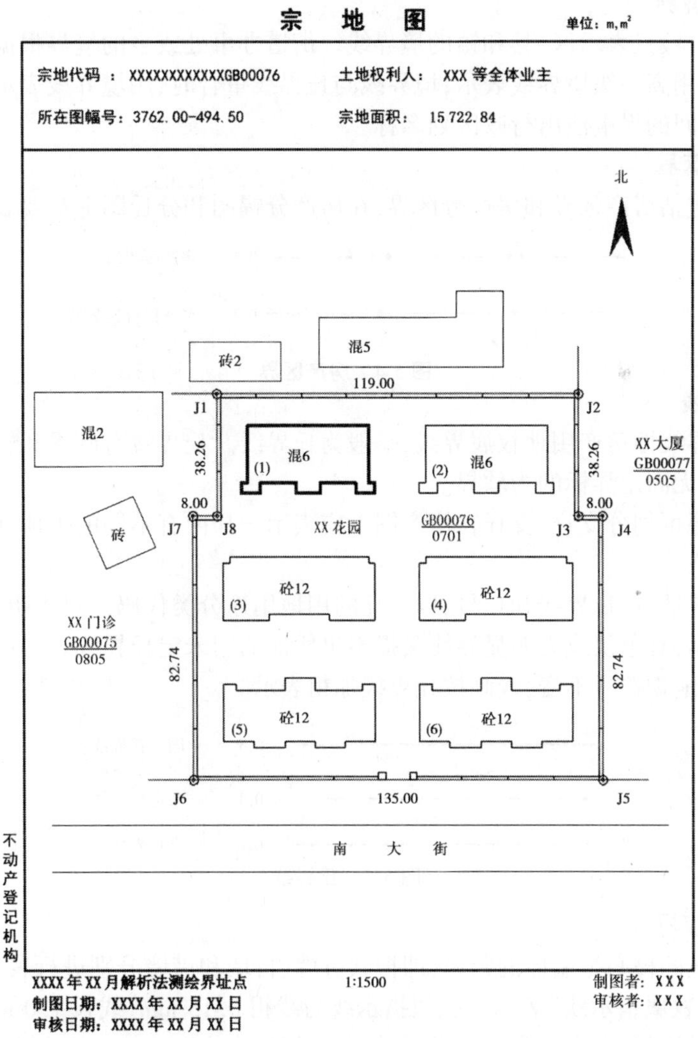

图 5-3 宗地图样

三、房产分幅图测绘的内容和表示方法

房产分幅图是全面反映房屋及其用地的位置和权属等状况的基本图,是测制分丘图和分户图的基础资料。

分幅图应表示的内容包括控制点、行政境界、丘界、房屋及附属设施和房屋围护物、丘号、幢号、房产权号、门牌号、房屋产别、结构、层数、房屋用途和用地分类等,以及与不动产有关的地形要素和注记等。

(一)控制点

控制点主要是平面控制点,包括基本控制点(一、二、三、四等国家平面控制网点,二、三、四等城市平面控制网点,二、三、四等城镇地籍控制网点,一、二级小三角测量网点,一、二级小三边测量网点,一、二级导线测量网点)和房产平面一、二、三级控制点。这些点都是测图的测站点,应精确地将其展绘在图上。

(二)行政境界

行政境界一般只表示区、县和镇的境界线。街道办事处或乡的境界根据需要表示;两级境界线重合时,用高一级境界线表示;境界线与丘界线重合时,用境界线表示;境界线跨越图幅时,应在图廓间的界端注出行政区划名称。

(三)房产区界

房产区界包括房产区界和房产分区界,在房产分幅图和分丘图上都要表示(见图5-4)。

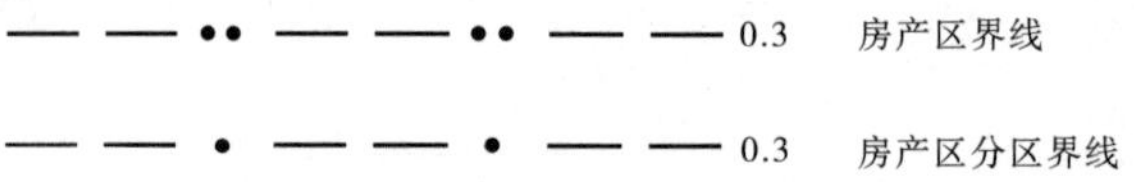

图5-4　房产区界

(四)丘界线

房屋用地界线即房产用地权属界线,一般为丘界线。丘界线有硬界和软界之分,有固定界标的为硬界,无固定界标的为软界。

组合丘内还可划分支丘,支丘在房产图上应表示。丘内有不同的土地利用类别的,用地类界区分表示。

丘界包括界址点、丘界线和丘号,以及丘的用地用途分类代码。对于明确又无争议的丘界线用实线表示,有争议或无明显界线又提不出凭证的用未定丘界线表示;丘界线与单线地物重合时,单线地物符号不变,线画按丘界线加粗表示。

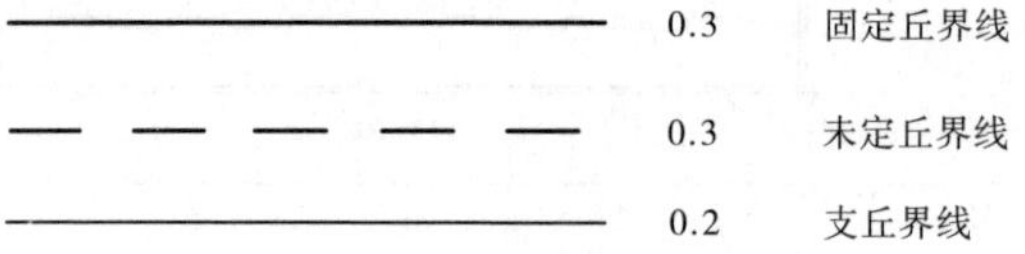

图5-5　丘界线

(五)房屋权界线

房屋权界线的核心是墙体的归属,即把共有墙、自墙和借墙分别进行表示。房屋权界线的产权归属以"权属指示线"表示。权属指示线为线粗0.15 mm、线长1.0 mm的一短直线。直线由房屋权界线起,垂直于房屋权界线,指向产权所有人一方,在房屋权界线上每隔1~2 cm画一"权属指示线"。有的也用一条边居中平均画三条短线表示。权属以栅栏、栏杆、篱

笆、铁丝网为界时,其产权归属亦在相应界线上用"权属指示线"表述。如图 5-6 所示。

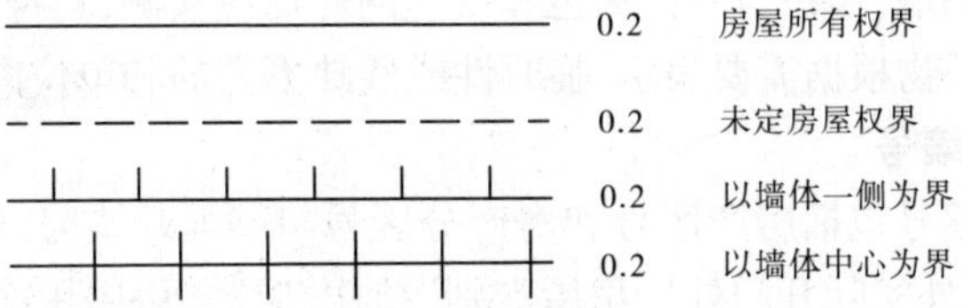

图 5-6　房屋权界线

(六)房屋

对房产图上的要素描述,最主要的房地产要素是房屋,描述时的规则是:地面的或与地面相交的地物,均以实线表示;悬空的一般用虚线表示,例如悬空的阳台、门顶、架空房屋、架空通廊、挑楼、高架路等悬空地物,都用虚线表示,而柱、墙、路、地面房屋则以实线表示。

房产分幅图房屋的表示方法

房屋包括幢号、房屋轮廓线、房屋性质的三个代码(产别、结构、层数)等。房屋包括一般房屋、架空房屋和窑洞等。房屋应分幢测绘,以外墙勒脚以上外围轮廓的水平投影为准,装饰性的柱和加固墙等一般不表示;临时性的过渡房屋及活动房屋不表示;同幢房屋层数不同的应测绘出分层线。

1. 一般房屋

一般房屋不分种类和特征,均以实线绘出,轮廓线内需注明产别、建筑结构、层数、幢号,如图 5-7 所示。

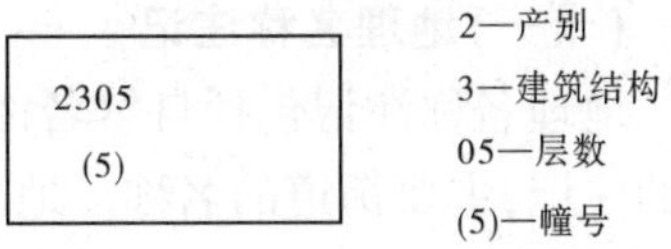

图 5-7　一般房屋的表示方法

2. 架空房屋

架空房屋是指底层架空,以支撑物作承重的房屋。其架空部位一般为通道、水域或斜坡,如廊房、骑楼、过街楼、吊脚楼、挑楼、水榭等。架空房屋以房屋外围轮廓投影为准,用虚线表示,虚线内四角加绘小圆圈表示支柱,轮廓线内注记与一般房屋注记规定的内容,如图 5-8 所示。

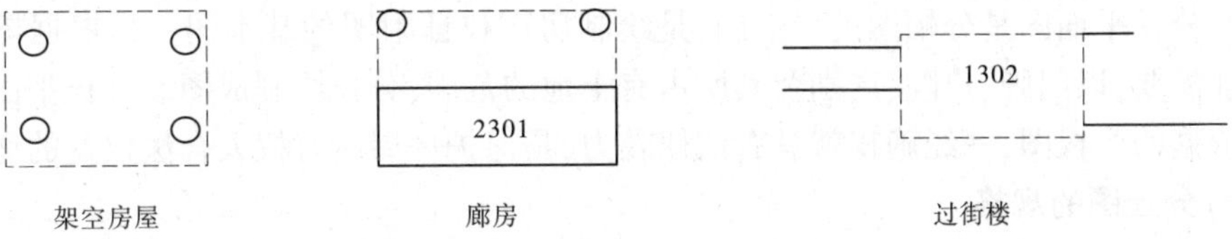

图 5-8　架空房屋的表示方法

(七)房屋附属设施

房屋附属设施包括柱廊、檐廊、架空通廊、底层阳台、门廊、门顶、门、门墩和室外楼梯,以及和房屋相连的台阶等均应实测。其阳台一层封闭的和不封闭的要分别用不同的符号表示。

(1)柱廊以柱的外围为准,图上只表示四角或转折处的支柱。

(2)底层阳台以底板投影为准。

(3)门廊以柱或围护物外围为准,独立柱的门廊以顶盖投影为准。

(4)门顶以顶盖投影为准。

(5)门墩以墩的外围为准。

(6)室外楼梯以水平投影为准,宽度小于图上 1 mm 的不表示。

(7)与房屋相连的台阶按水平投影表示,不足五阶的不表示。

（八）房屋围护物

房屋围护物包括围墙、栅栏、栏杆、篱笆和铁丝网等均应实测，其符号的中心线是实地物体的中心位置。其他围护物根据需要表示，临时性或残缺不齐的和单位内部的围护物不表示。

（九）房产要素和编号

房产要素和房产编号包括房产区号和房产分区号、丘号、丘支号、幢号、房产权号、门牌号（门牌号注在房屋轮廓外实际开门处）、房屋产别、结构、层数、房屋用途和用地分类，根据调查资料以相应的数字、文字和符号表示。当注记过密容纳不下时，除丘号、丘支号、幢号和房产权号必须注记，门牌号可首末两端注记或中间跳号注记方法，其他注记按上述顺序从后往前省略。

（十）地形要素

与房产管理有关的地形要素包括铁路、道路、桥梁、水系、独立地物、公共设施和绿化地等。亭、塔、烟囱、罐、水井、停车场、球场、花圃及草地等根据需要表示，并加绘相应符号或加简注。

（1）铁路以两轨外缘为准；道路以路缘为准；桥梁以外围投影为准；沟、渠、水塘、游泳池以坡顶为准；其中水塘、游泳池等应加简注。

（2）亭以柱的外围为准；塔、烟囱和罐以底部外围轮廓为准；水井以井的中心为准；停车场、球场、花圃、草地等以地类界表示，并加注相应符号或加简注。

（十一）地理名称注记

地理名称注记包括自然名称，镇以上人民政府各级行政机构名称，工矿、企事业单位名称的注记，主要街道的名称。地名的总名和分名应用不同的字级分别注记；同一地名被分割或面积较大、延伸较长的地域、地物，需分别标注。

（十二）图廓整饰

图廓整饰包括图名、图幅编号、测图日期、比例尺、起至丘号、施测单位等。

四、房产分丘图的测绘内容和表示方法

房产分丘平面图是分幅图的局部图，是绘制房产权证附图的基本图。是根据核发房屋所有权证需要，以门牌、户院、产别及其所占有土地的范围，分丘绘制成图。分丘平面图是作为权属依据的产权图，一经确权就具有法律效力，是保护房屋所有权人合法权益的凭证。

（一）分丘图的规格

（1）分丘图的坐标系统与分幅图的坐标系统一致。

（2）分丘图的比例尺，应根据丘面积的大小和需要在 1∶100～1∶1 000 选用。

（3）分丘图没有分幅编号问题。分丘图的幅面可在 787 mm×1 092 mm 的 1/32～1/4 选用，其编号按分幅图上的编号。

（4）图纸一般采用聚酯薄膜，也可选用其他图纸。

（5）分丘图以丘为单位实地测绘，也可选用分幅图结合房产调查表绘制。

（二）分丘图测绘的内容和表示方法

1. 测绘的内容

分丘图的内容除表示分幅图的内容外，还应表示以下内容：

（1）房屋权界线，包括房屋墙体的归属和四至关系。

（2）界址点的点位和点号，包括界址点间的边长。

(3)在房屋产别、房屋结构和房屋层数之后应加注房屋建成年份代码。

(4)房屋用地面积和房屋建筑面积。

(5)房屋各边长尺寸以及阳台、挑廊等有关轮廓尺寸。

2. 测绘方法

利用已有的房产分幅图,结合房地产调查资料,按本丘范围展绘界址点,描述房屋等地物,实地丈量界址边、房屋边等长度,修测、补测成图。

3. 表示方法

(1)房屋应分幢丈量边长,用地按丘丈量边长,边长标注至 0.01 m,也可由界址点的坐标计算边长,对不规则的弧形,可按折线分段丈量。

(2)在测绘本丘的房屋和用地时,应适当绘出与邻丘相连的地物。当与邻丘毗连墙体时,共有墙以墙体中间为界,量至墙体厚度的 1/2 处;借墙量至墙体的内侧;自有墙量至墙体外侧并用各自相应的符号表示。

(3)房屋权界线与丘界线重合时,用丘界线表示;房屋轮廓线与房屋权界线重合时,用房屋权界线表示。

(4)界址点点号应以图幅为单位,按丘号的顺序顺时针统一编立,图上分别用符号表示,并注记等级及点号,点号前冠以英文字母“J”。

(5)房屋建成年份是指房屋实际竣工年份(在分丘图上表示,在分幅图上不表示);拆除翻建者,应以翻建竣工年份为准。

房屋建成年份用并列的四位数字注记在房屋层数的后边,如图 5-9 所示。

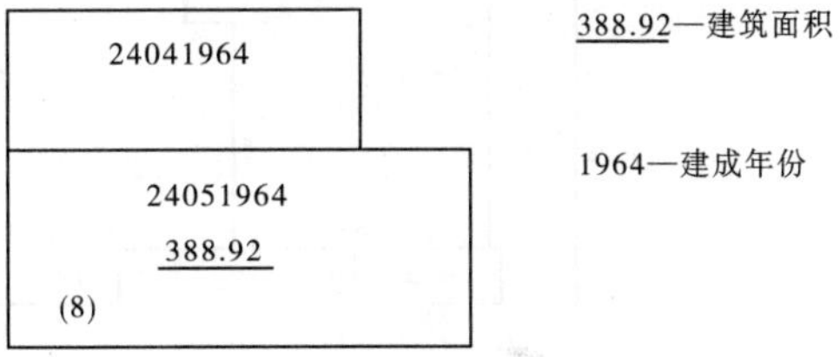

图 5-9　房屋建成年份表示

(6)丘面积(房屋)用地面积注记在丘号下方正中,下加两道横线。

(7)建筑面积以幢为单位,注记在房屋产别、结构、层数、建成年份等数下方正中,下加一道横线。

(8)注明所有周邻产权所有单位(或人)的名称,各种注记的字头应朝北或朝西。

五、房产分户图的测绘内容和表示方法

(一)绘制要求

(1)以地籍图、宗地图、房产分幅图、房产分丘图等为基础编绘房产分户图。可根据房屋的大小设计分户图的比例尺,比例尺分母以整百数为宜。

(2)分户图的幅面规格,宜采用 32 开或 16 开两种尺寸。

(3)分户图的方位应使房屋的主要边线与轮廓线平行,按房屋的朝向横放或竖放,分户图的方向应尽可能与分幅地籍图一致,如果不一致,须在适当位置加绘指北方向。

(二)主要内容

(1)宗地代码、幢号、户号、坐落、房屋结构、所在层次、总层数、专有建筑面积、分摊建筑面积、建筑面积。

(2)房屋轮廓线、房屋边长、分户专有房屋权属界线、比例尺、指北针等。

(3)电梯、楼梯等共有部分应标注“电梯共有”“楼梯共有”等字样。

(4)不动产登记机构、绘制日期。

房产分户图如图 5-10 所示。

房 产 分 户 图　　单位：m,m²

宗地代码	XXXXXXXXXXXXGB00076	结构	混合	专有建筑面积	61.10
幢号	F0001	总层数	06	分摊建筑面积	7.56
户号	0017	所在层次	5	建筑面积	68.66
坐落	XXXX街66号XX花园1期1栋1单元502室				

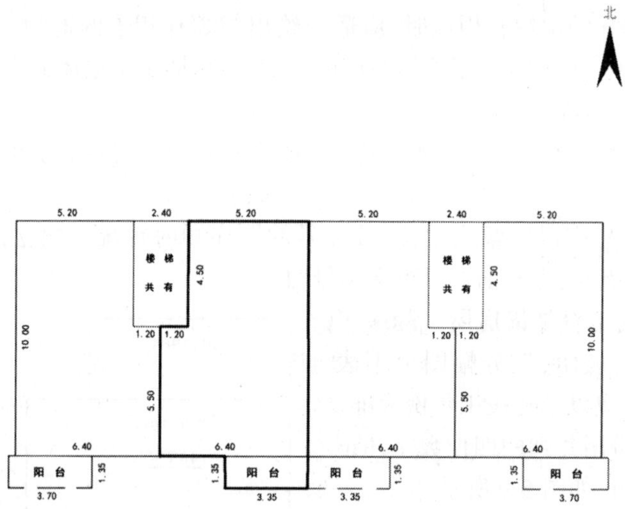

不动产登记机构

绘制日期：XXXX年XX月XX日

1:200

图 5-10　房产分户图

任务三　不动产图的成图方法

【任务目标】

1. 掌握不动产图的成图方法。

2. 理解不动产图的成图过程。

【学习过程】

1. 教师讲授。

2. 课件展示。

3. 分组讨论。

4. 视频观看。

【知识导航】

一、全野外数字测图

全野外数字测图是利用全站仪、GNSS 接收机等在野外采集各种点位信息、图形信息，通过通信接口与计算机连接，由测图软件自动处理获得不动产图的方法。在已知控制点上架设全站仪或 GNSS，同时采集测站点与界址点、地物点、其他细部点之间的距离、角度等数据或直接采集界址点坐标；将其自动传输到电子手簿、IC 卡或便携式微机记录，现场绘制草图。内业借助计算机及其配套的数字测图软件，通过数据处理和图形编辑生成数字不动产图。

目前，数字测图成图的硬件设备就是全站仪，无论哪种型号的全站仪，均可进行数据的通信和存储。因此，对数字测图成图方法的选择其实就是对成图软件的选择。衡量一个成图软件的标准，一是要看该软件是否适合本单位的实际情况；二是要看可操作性，是否界面友好、简便易学等；三是要看其提供的功能是否适合本单位。

二、航空摄影测量法

随着数字化技术的不断成熟，全数字摄影测量系统得到了普遍应用。具体技术方法是首先进行航空摄影，以航空摄影资料为信息源，利用数字摄影测量工作站（digital photogrammetric workstation，DPW）或其他航测数据处理软件，经数据采集、数据处理、地物测绘、图形编辑，生成符合不动产管理要求的数字线画图（DLG）及数字正射影像图（DOM）；然后在野外利用全站仪或 GNSS 实地测绘界址点及其他不动产要素，将解析界址点、界址线及其他不动产要素与数字线画图叠加，经调整和整饰，形成数字不动产图。同时制作标有界址点、界址线和主要不动产使用者名称的不动产数字正射影像图。

无人机倾斜摄影技术是国际测绘领域近些年发展起来的一项高新技术，颠覆了以往正射影像只能从垂直角度拍摄的局限，通过在同一飞行平台上搭载多台传感器，同时从一个垂直、四个倾斜等五个不同的角度采集影像，获取到丰富的建筑物顶面及侧视的高分辨率纹理。不仅能够真实地反映地物情况，高精度地获取物方纹理信息，还可通过先进的定位、融合、建模等技术，生成真实的三维城市模型。下面主要介绍无人机倾斜摄影流程。

（一）飞行外业

飞行及摄影设备、飞行任务规划、项目所需要的测量数据、像控点选取、像控点测量。

（二）倾斜摄影测量建模

航空相片外业数据获取完成后，首先要对获取的影像进行质量检查，对不合格的区域进行补飞，直到获取的影像质量满足要求；当相片数据符合要求后可在建模软件中导入所有的相片数据。倾斜摄影测量建模流程如图 5-11 所示。

（三）立体测图

采用 EPS 地理信息工作站基础平台进行裸眼 3D 立体测图，立体采集工作流程如图 5-12 所示。

（四）成果数据输出

地理信息工作站基础平台可以根据需要输出国家相关标准的 DWG 图形文件、SHP 地

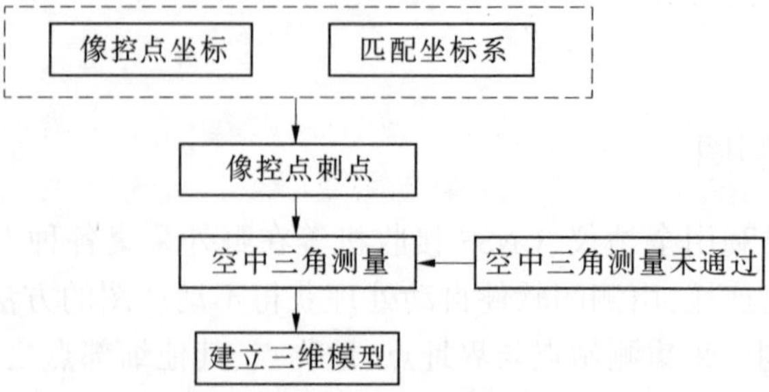

图 5-11　建模流程

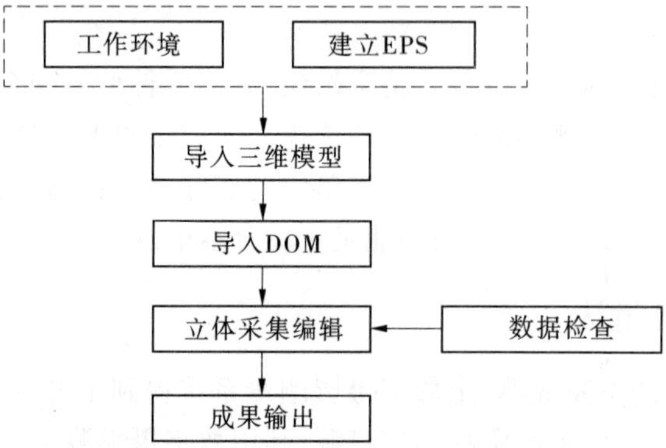

图 5-12　立体采集工作流程

理信息文件及制图文件。

三、数字化成图

所谓数字化成图,是指利用各种自动化绘图装置和以计算机为核心的外围设备,建立相应的自动化制图系统软件、功能软件、绘图软件和应用程序,借助计算机的分析、处理、编辑功能,实现地图制作。

数字化成图的特点:它可以更好地描述和显示不动产图中各要素的联系;可以存储更多的数据信息,从而能够根据用户的需求输出多种要素、任意比例尺的图件;可以方便地检索与更新;有利于不动产数据库和不动产信息系统的建立。

四、三维激光扫描成图

三维激光扫描基于激光测距的原理,记载大批被测物体表面密集的点的立体坐标、反射率和纹理等数据,能迅速复原建立出被测对象的立体模型及线、面、体等各种图形数据,相较于传统的单点测量,三维激光扫描技术又被称为从单点测量转变到面测量的革命性技术发展。

三维激光扫描系统包含采集数据的硬件部分和处理数据的软件部分。根据不同的载体,三维激光扫描系统又分为机载、车载、地面和手持型几类。本书主要介绍车载三维激光扫描的工作流程。SSW 车载激光建模测量系统由中国测绘科学研究院北京四维远见信息技术有限公司、首师大三维信息获取与应用教育部重点实验室,经 6 年的开发、研制,获得多项专利,于 2011 年 11 月通过国家测绘地理信息局组织的鉴定,是目前国内外水平较高的测量型面向全息三维建模的移动测量系统。

(一)外业数据采集

数据采集采用SSW车载激光建模测量系统完成。SSW系统由激光扫描仪、IMU、GNSS、里程计和相机等传感器通过严密的机械和数据集成形成。

(二)作业方案

根据要求,作业参数设定为:点频为500 kHz,车速为60 km/h,线频为200 Hz。

(三)组合导航计算

数据格式转换。根据后处理需求,对原始数据进行数据格式转换,主要有IMU、PC104及GNSS数据预处理。

将数据处理结果生成GNSS流动站和基准站进行差分计算,生成差分后的轨迹数据。初步查看轨迹精度。然后把处理结果和IMU、PC104的数据进行融合,生成组合后的车行扫描轨迹。

(四)点云数据生产

1.激光原始数据解码

激光数据预处理是将原始数据处理成需要的具有角度、距离、强度等信息的数据。

2.点云数据生产

利用自己开发的软件SSWCDCDPS点云生产软件将原始数据、轨迹数据进行融合,生成点云数据。

(五)基于自动提取的矢量编辑

在自动提取的基础上利用自主研发的点云工作站swdy进行矢量编辑。

(六)提交成果展示

提交“成果平面图.dwg”,如图5-13所示。

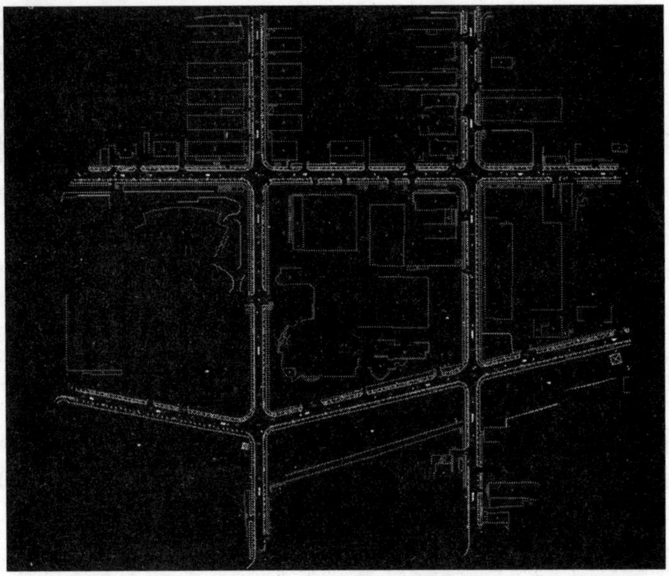

图5-13 成果平面图

小　结

本项目主要讲述了不动产图测绘的相关内容知识,如不动产图的基础知识、不动产图测绘内容及成图方法等,对学习者要求有一定的理解能力和相关软件的操作能力。通过不动产图测绘学习,以便能更好地指导今后不动产图测绘的工作。

案　例

不动产图测绘案例

【案例一】

某单位在紧邻其围墙的旁边征用了一块土地,新建了一幢三层办公楼和附属设施、单位内部道路、绿地等。建设完工后,因产权登记需要,某测绘单位承接了该单位地块地籍图测量任务。

已有的测绘资料:本测区控制成果资料;项目房屋用地文件;城市平面控制网 CORS 系统和高程控制网。

测绘单位现有测量仪器设备:GNSS 接收机、全站仪、手持测距仪、自动安平水准仪等。

【问题】

1. 简述该项目地籍图测量可采用的测量方法和使用的仪器设备。

2. 简述该项目中地籍要素和地形要素的主要内容。

案例小结:通过该案例主要考查学生对本项目内容的掌握情况,增强其理解能力和应用能力。

【案例二】

倾斜摄影测量案例

倾斜摄影测量案例

××县智慧城市创建,启动建设了数字××县地理空间框架项目。该项目整合更新了多尺度、多分辨率、多类型的基础地理信息数据体系,构建了该县地理信息公共服务平台。为进一步完善基础地理信息数据,更加直观的辅助决策,丰富该县自然资源"一张图"管理系统,决定实施该县自然资源资源"一张图"管理系统倾斜摄影与三维实景建模项目。

1. 作业区自然地理概况

该县位于××省××市西北部,介于东经××°××′××″~××°××′××″,北纬××°××′××″~××°××′××″。总面积 1 449.7 km^2,南北长约 59.2 km,东西宽约 46.6 km。

2. 作业区已有资料情况

(1)××省全球导航卫星连续运行参考站综合服务系统(以下简称 JSCORS)可为本项目提供高精度、现势性强的测绘基准服务;

(2)××省全省 2017 年 0.3 m 影像数据为本项目提供基础影像和航线设计;

(3)××省 B、C 级 GNSS 网共同构成的 CGCS2000 大地坐标框架,其成果为 2000 国家大地坐标系成果及 1985 国家高程基准的高程成果。2002 年施测的××省 C 级 GNSS 控制点,国家一、二、三、四等三角点,均可以提供 CGCS2000 坐标,该成果可用于像控点起算数据和已知成果点的数据检核；

(4)似大地水准面成果："十三五"期间完成的××省似大地水准面精化成果，成果精度优于 3 cm，成果可用于高程数据的转换；

(5) ××省"十三五"基础测绘成果数字高程模型（DEM）、数字正射影像（DOM）等资料作为其检校资料；

(6)近几年的像控测量历史成果、像控点库可作为本项目参考、检核及后期成果检校数据。

请根据以上案例资料，查询相关规范要求，简要描述本项目的作业过程。

思政小课堂

2008 年，某甲级测绘公司在南方某市进行不动产项目测绘。同年 4 月，甲方根据该公司提供的不动产图进行验收检查。甲方在检查验收过程中发现提交的某一不动产图上有建筑物表示错误和高程点错误。随后甲方对该测绘公司提交的不动产图不予认可，认为不合格。

虚拟仿真

三维激光扫描仪演示视频　　不动产要素采集　　全站仪对中整平　　无人机摄影

习题演练

单选题　　判断题

项目六 不动产面积测算

知识目标

1. 掌握不动产面积测算的主要内容。
2. 掌握坐标解析法面积量算方法。
3. 掌握实地量距法所适用的对象以及计算方法。
4. 掌握面积测算的精度要求。
5. 掌握常用土地面积分摊方法。
6. 掌握房产面积计算的一般要求。
7. 掌握建筑面积计算的基本原则。
8. 掌握各种房屋构件建筑面积计算类型。
9. 熟悉房屋共有面积包含项。
10. 掌握共有面积分摊原则。
11. 掌握住宅楼共有建筑面积的分摊方法。
12. 掌握多功能楼共有建筑面积的分摊方法。
13. 掌握房产面积测绘技术要求及技术报告撰写。

能力目标

1. 能够把坐标解析法和实地量距法应用于不动产面积量算的实际工作中。
2. 能够将不动产面积测算精度要求在实际工作中熟练运用。
3. 能够熟练掌握房产面积计算的一般要求和基本原则。
4. 能够根据房屋构件,判断建筑面积的计算方法。
5. 能够熟知房屋共有建筑面积分摊种类。
6. 掌握共有面积分摊原则。
7. 能够利用共有建筑面积分摊方法计算住宅楼共有建筑面积的分摊、多功能综合楼共有建筑面积的分摊。
8. 能够结合项目书写测绘成果报告。

素质目标

1. 培养学生责任意识、认真负责的敬业精神。
2. 强化学生动手能力、培养工匠精神、沟通交流能力。
3. 养成查阅各项规范、论文、文献等参考资料,并理论联系实际。
4. 培养学生数学思维能力。
5. 提高严谨细致、规范意识。
6. 强化学生动手能力。

项目重点

1. 坐标解析法量算不动产面积。
2. 建筑面积计算原则。
3. 掌握共有面积分摊原则。
4. 住宅楼共有建筑面积的分摊计算。
5. 商住楼共有建筑面积的分摊计算。

项目难点

1. 坐标解析法量算不动产面积。
2. 建筑面积计算原则。
3. 商住楼共有建筑面积的分摊计算。

不动产面积的测算主要包括土地面积测算和房产面积测算。土地面积测算的内容包括各级行政管辖区的面积、地块的面积,以及各种土地利用分类的面积测算等。房产面积测算的内容分为房屋面积和用地面积测算两类,其中房屋面积测算包括房屋建筑面积测算、产权面积测算、使用面积测算、共有建筑面积的测算与分摊;房屋用地面积测算包括房屋占地面积的测算、丘面积的测算、各项地类面积测算及共用土地面积的测算和分摊。

任务一 不动产面积测算方法

【任务目标】

1. 掌握不动产面积测算的主要内容。
2. 掌握坐标解析法面积量算方法。
3. 掌握实地量距法所适用的对象及计算方法。
4. 掌握面积测算的精度要求。

【学习过程】

1. 教师讲授。
2. 课件展示。
3. 案例实训。
4. 分组讨论。

【学习成果】

1. 利用坐标解析法计算宗地面积成果。

【知识导航】

一、面积测算方法

面积测算的方法根据数据资料的来源性质和测算手段的不同,可分为坐标解析法和实地量距法两种。

坐标解析法

(一)坐标解析法

根据实地测得被测算土地或建筑物周边各界址点、房角点的坐标,按坐标计算面积的公式,计算出土地或建筑物面积的方法称为坐标解析法。

某宗地形状如图6-1所示,现已测得各点界址点坐标,有了这些界址点的坐标,就可根据下面的公式计算出相应的宗地面积。

$$S = \frac{1}{2}\sum_{i=1}^{n} x_i(y_{i+1} - y_{i-1}) \tag{6-1}$$

或

$$S = \frac{1}{2}\sum_{i=1}^{n} y_i(x_{i-1} - x_{i+1}) \tag{6-2}$$

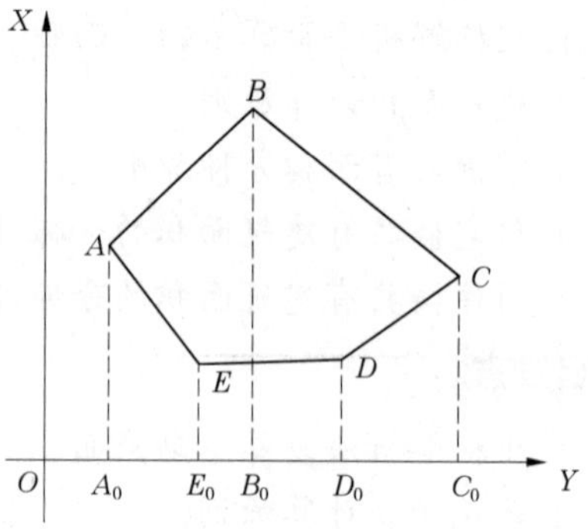

图6-1 坐标解析法

式中 S——面积,m^2;

x_i——界址点纵坐标,m;

y_i——界址点横坐标,m;

n——界址点个数;

i——界址点序号,按顺时针方向顺编。

坐标解析法计算面积时,可分别利用式(6-1)和式(6-2)对同一图形进行计算,以便进行检核。

利用坐标解析法求得面积后,可按式(6-3)计算面积测算中误差:

$$m_s = \pm m_j\sqrt{\frac{1}{8}\sum_{i=1}^{n} D_{i-1,i+1}^2} \tag{6-3}$$

式中 m_s——面积测算中误差,m^2;

m_j——界址点、房角点或边界点点位中误差,m;

$D_{i-1,i+1}$——多边形中对角线长度,m。

(二)实地量距法

实地量距法是根据直接在实地测得的被测算土地或建筑物的有关边、角元素,按一定几何公式计算出面积。一般适用于规则图形面积计算,是目前房产测绘中最普遍的面积测算方法。

房屋及其用地大都是由规则几何图形构成的,大多数可以直接量取其有关边长,计算出它们的面积;但也有一些房屋和用地的形状比较复杂不规则,对这些复杂的面积,一种方法是测定其特征点的坐标计算面积;另一种方法是将整个面积分解成若干简单的几何图形,分别量取这些图形的有关边长和角度,再计算出它们的面积。

二、面积测算的精度要求

依据我国现行国家标准《房产测量规范》(GB/T 17986—2000),房产面积精度分为三级,各级房产面积测算的精度要求如表6-1所示。对城市繁华地段、商业区以及某些特殊建筑物的房屋或者产权人自己的要求可使用一级房产面积精度标准,对城市的商品房或进入房地产市场的房产面积应达到二级精度要求,其他房屋应达到三级房产面积的精度要求。

(1)坐标解析法是利用图形上各顶点的坐标计算面积,其测算精度只与界址点坐标的测定精度有关。面积中误差按式(6-3)计算。

(2)实地量距法测算面积只受边长或角度的测量精度及计算方法的影响。其面积误差可按表6-1的规定计算,其精度等级的选用,由各城市的房地产行政主管部门根据当地实际情况决定。

表 6-1 房产面积的精度要求 单位：m^2

房产面积精度等级	房屋面积中误差	房屋面积误差的限差
一级	$\pm(0.01\sqrt{S}+0.0003S)$	$\pm(0.02\sqrt{S}+0.0006S)$
二级	$\pm(0.02\sqrt{S}+0.001S)$	$\pm(0.04\sqrt{S}+0.002S)$
三级	$\pm(0.04\sqrt{S}+0.003S)$	$\pm(0.08\sqrt{S}+0.006S)$

任务二 土地面积测算

【任务目标】

1. 掌握常用土地面积分摊方法。

【学习过程】

1. 教师讲授。
2. 课件展示。
3. 案例实训。
4. 分组讨论。

【学习成果】

1. 土地面积分摊计算成果。

【知识导航】

土地面积是指地面上某一范围内的土地，在高斯-克吕格投影面上的面积，对不动产测绘而言，其内容包括地块面积测算和土地利用面积测算。

土地面积测算工作是取得土地数量资料的重要步骤，是不动产测绘当中的一项重要工作内容，是土地管理中的一项基础性工作之一。土地面积测算工作是一项技术性很强的工作，主要根据界址点或地物点的坐标（或有关的边、角几何要素）计算求得。

面积测算的内容包括各级行政管辖区的面积、地块的面积、房屋面积、房屋用地面积，以及各种土地利用分类的面积等。面积的计算单位为平方米（m^2），计算取值到小数点后两位。

一、共有用地面积的分摊计算

近几年来，在城市的中心商业区，建筑物不仅多层、高层化，建筑物各层用途也呈多元化。人们的活动还向地下发展，出现了地下商场、地下停车库、地下人防等。同时，土地使用权面积、建筑面积以及土地面积分摊等方面的投诉与日俱增，不动产面积测绘越来越被人们所关注。整座建筑物占用的土地只有一块，在实物形态上是不可分的，当这座建筑物的开发商售出其中的某一部分，该块土地使用权的一个相应份额也随之转移，最后购得这座建筑物的众多所有者按份共有该块土地的使用权。土地面积分摊在土地有偿使用过程中是经常见到的一项工作，因此土地面积分摊计算是否公平合理，显得尤为重要。

在进行宗地面积的计算时，我们可以使用坐标解析法求得，在本项目任务一中有详细介绍，在此不再展开。还可以在计算机中用相应的软件计算，如在 AutoCAD 或 CASS 软件中就可用其自带的面积测算器进行宗地的面积测算。

不计入宗地面积的范围有:无明确使用权属的巷道或间隙地;市政管辖的道路、街道、巷道等公共用地;公共使用的河滩、水沟、排水沟;已征用、划拨或者属于原房地产记载范围,经规划部门核定需要作市政建设用地的;其他按规定不计入宗地面积的。

在土地面积计算时,往往会遇到分摊的问题,当各权利人在获得产权时已签订了合约,明确各权利人应拥有的房地产份额或面积,登记时,则按合约明确的份额或面积计算各权利人的用地面积;如果原没有明确各权利人的用地面积,则以各权利人拥有的房屋建筑面积按比例分摊土地面积。分摊时,先分摊基底面积,然后分摊公共面积。下面给出常见的土地面积分摊方法:

(1)分摊基底面积(建筑占地面积)的计算公式为

$$分摊基底面积=(本栋基底面积/本栋建筑面积)\times 权利人建筑面积$$

(2)分摊共用面积的计算公式为

$$分摊共用面积=[(共用使用权面积-宗地总基底面积)/宗地总建筑面积]\times 权利人建筑面积$$

当共用使用权宗地中部分权利人拥有自购花园时,则在计算分摊共用面积时须用下式:

$$分摊共用面积=[(共用使用权面积-宗地总基底面积-自购花园总面积)/宗地总建筑面积]\times 权利人建筑面积$$

一宗地中若具有不同土地类别且没有按类别划分宗地的,如需计算土地分类面积,可以现场丈量测算或利用软件在图件上测算,并按建筑面积分摊,各类用地面积之和应等于总用地面积。

当一宗地按用途批准建设时,对于为主要用途服务的配套设施用地可不分类计算。例如,住宅用地里的小花园、绿化地、通行道路等,工业用地里的道路、绿化地、职工食堂及单身宿舍等。

当只有一个权利人的宗地内房屋的用途不同时,如地面上能划清界限,则按上述方法处理;否则,按不同用途的房屋的建筑面积分摊土地面积,如综合性大楼(多为商业、办公、住宅混合型大楼),分摊方法同前。

二、土地面积的汇总

面积测算工作结束之后,要对测算的原始资料加以整理、汇总。整理、汇总后的面积才能为不动产登记、土地统计和土地规划等土地管理工作提供基础数据,提供社会服务。

面积汇总取决于社会对资料的需求。汇总工作可分两个阶段进行,第一阶段为村、乡、县土地总面积的汇总,它是第二阶段的控制基础;第二阶段为村、乡、县分类面积汇总,在宗地面积测算之后,按权属单位及行政单位汇总统计分类土地面积,它是第一阶段工作的继续。两个阶段的工作可以交叉进行,但两者汇总统计结果应相互校核,在出现较大误差时,应分析原因,及时处理。

任务三　房产面积测算

【任务目标】

1. 掌握房产面积计算的一般要求。
2. 掌握建筑面积计算的基本原则。

3. 掌握各类房屋构件建筑面积计算的类型。

【学习过程】

1. 教师讲授。

2. 课件展示。

3. 分组讨论。

【知识导航】

房产面积测算是不动产测绘中一项重要的工作。它为房地产产权产籍管理、核发不动产权证、房地产开发等提供必不可少的资料;同时也为房地产税费的征收、城镇规划和建设提供重要的依据。房产面积测算是一项技术性强和精确度要求高的工作,关系到国家、房地产权属单位、开发商和个人的切身利益,所以房产面积测算是整个不动产测绘中一个非常重要的组成部分。

房产面积测算是指房屋水平面积测算,分为房屋面积和用地面积测算两类,其中房屋面积测算包括房屋建筑面积测算、产权面积测算、使用面积测算、共有建筑面积的测算与分摊。房屋用地面积测算包括房屋占地面积的测算、丘面积的测算、各项地类面积测算及共用土地面积的测算和分摊。为了保证全国房产面积测算标准的统一,同时顾及全国各地对房地产面积测算方法的连续性,2000 年,国家颁布了《房产测量规范》,对面积测算提出了一些基本要求,做出了具体规定,这些要求和规定,保证了全国房地产面积测算标准的统一。房产面积测算的一般要求如下:

(1)房地产面积的测算,均指水平投影面积的测算。

(2)各类面积的测算,必须独立测算两次,其较差应在规定的限差以内,取中数作为最后结果。

(3)边长以米(m)为单位,取至 0.01 m;面积以平方米(m^2)为单位,取至 0.01 m^2;共有建筑面积分摊系数至少保留 5 位小数。

(4)量距应使用经鉴定合格的卷尺或其他能达到相应精度的仪器或工具。

房屋建筑面积是指房屋外墙勒脚以上的外围水平面积,包括房屋的附属结构,如室外楼梯、阳台、走廊等。房屋面积的测算以幢为单位,根据实地丈量的数据计算。依据国家标准计算建筑面积的房屋原则上应具备如下条件:

(1)应具有上盖。

(2)应有围护物。

(3)结构牢固、属永久性的建筑物。

(4)层高 2.20 m 以上(含 2.20 m)。

(5)可作为人民生产或生活的场所。

房屋附属结构

在计算面积时,针对房屋的构件不同,其计算方法要分别对待。有些要计算全部建筑面积,有些只计算一半建筑面积,还有些不计算建筑面积。

计算全部建筑面积的范围

一、计算全部建筑面积的范围

(1)永久性结构的单层房屋,按一层计算建筑面积;多层房屋按各层建筑面积的总和计算。对倾斜、弧状等非垂直墙体的房屋,层高(高度)

2. 20 m 以上的部位计算建筑面积;房屋墙体向外倾斜,超出底板外沿的,以底板投影计算建筑面积。

(2)房屋内的夹层、插层、技术层及其梯间、电梯间等其高度在 2. 20 m 以上的部位计算建筑面积。

夹层、插层、技术层也称附层,是安插于上下两个正式房屋中间的房屋,有的是技术层,有的是结构层,只要高于 2. 20 m 都可以计算建筑面积。梯间除了进出楼梯或电梯的房间,还包括突出房屋屋面、有顶盖、有围护结构、永久性的、层高不低于 2. 20 m 的供顶层维修或安全出口的房间。

(3)穿过房屋的通道、房屋内的门厅、大厅,不论其层高,均按一层计算建筑面积(见图 6-2)。门厅、大厅内的回廊部分按其水平投影面积计算。

图 6-2　大厅

(4)楼梯间、电梯(观光梯)井、提物井、垃圾道、管道井等均按房屋自然层计算建筑面积。

房屋的自然层数是指按房屋的楼板和地板结构分层的层数,一般按照室内地平线以上计算。地平线以下为地下室,按负层数计算;采光窗在室外地平线以上的半地下室,其室内层高不低于 2. 20 m 的计算自然层数。

(5)房屋天面上,属永久性建筑,层高在 2. 20 m 以上的楼梯间、水箱间、电梯机房及斜面结构屋顶高度在 2. 20 m 以上的部位,按其外围水平投影面积计算。

(6)挑楼、全封闭阳台按其外围水平投影面积计算。

挑楼是楼房向外悬挑出底层的封闭楼层房屋(见图 6-3)。新建住宅楼的阳台是否封闭一般参照建筑设计图纸判断。

图 6-3　挑楼

(7)属永久性结构有上盖的室外楼梯,按各层水平投影面积计算。

(8)与房屋相连的有柱走廊、封闭的架空通廊,按外围水平投影计算面积。

(9)地下室、半地下室、地下车间、仓库、商店、地下指挥部等及其相应出入口,层高在 2. 20 m 以上的,按其外墙(不包括采光井、防潮层及保护墙)外围水平投影面积计算。

(10)突出墙外的有柱或有围护结构的门廊、门斗,按其外围水平投影面积计算。

门廊和门斗是指房屋门前有顶盖,有支柱或围护结构的进出通道(见图6-4)。由柱支撑顶盖的称为门廊,由承重墙体支撑顶盖的称门斗。门廊和门斗必须具备与房屋相连的永久性的、结构牢固的顶盖。顶盖可以是独立的,也可以是房间或挑廊的底板,或是挑楼或阳台的底板,也可以是屋檐。

图6-4　门廊

(11)图书馆的书库、立体仓库、立体车库(见图6-5)按结构层计算建筑面积。

图6-5　立体车库

(12)玻璃幕墙(见图6-6)、金属板幕墙、石材幕墙或组合幕墙作为房屋外墙的,按其外围水平投影面积计算。

(13)坡地建筑物利用吊脚做架空层,层高超过2.20 m以上且有围护结构的,按其围护结构外围水平投影面积计算。

(14)有伸缩缝的房屋(见图6-7),若其与室内相通,应计算建筑面积。

(15)体育馆、影剧院等房屋按实际层数计算建筑面积。体育场(馆)看台下空间加以利用的,其净高超过2.20 m的,计算其建筑面积(多层按多层计算)。

(16)突出外墙的凸窗,进深大于0.60 m、高度大于2.20 m,且窗台高度小于0.40 m,凸窗计算建筑面积。

图 6-6 玻璃幕墙

图 6-7 有伸缩缝的房屋

二、计算一半建筑面积的范围

计算一半建筑面积和不计算面积的范围

(1)与房屋相连有上盖无柱的走廊、檐廊,按其围护结构外围水平投影面积的一半计算。无围护结构的或围护结构大于上盖宽度的,按其上盖水平投影面积的一半计算。

(2)独立柱、单排柱的门廊、车棚、货棚、站台等属永久性建筑的,按其上盖水平投影面积一半计算。

(3)未封闭的阳台、挑廊,按其围护结构外围水平投影面积的一半计算。

(4)无顶盖的室外楼梯(见图 6-8)按各层水平投影面积的一半计算。

图 6-8 无顶盖的室外楼梯

(5)有顶盖不封闭的永久性的架空通廊,按围护结构外围水平投影面积的一半计算。

三、不计算建筑面积的范围

(1)层高小于 2.20 m 的房屋及房屋附属部位。

(2)突出房屋墙面的构件、配件、装饰柱、垛、勒脚、台阶、无柱雨篷等,以及有主墙体的玻璃幕、金属幕及其他材料幕墙。

(3)房屋之间无上盖的架空通廊(见图6-9)。

图6-9　架空通廊

(4)房屋的天面、挑台(见图6-10),房屋天面上的花园、泳池。

图6-10　房屋的天面、挑台

(5)顶层挑台的底板局部是下层房屋的上盖时,挑台整体不计算建筑面积。

(6)房屋的平台、花台、晒台及与室内不相通的类似于阳台、挑廊、檐廊等。

(7)建筑物内的操作平台、上料平台及利用建筑物的空间安置箱、罐的平台。

(8)骑楼、过街楼的底层用作道路街巷通行的部分;临街楼房挑廊下用作社会公共通道的,不论其是否有柱,是否有围护结构,都不计算建筑面积。

(9)屋面上有柱有盖但无围护结构的一些观景建筑设施。

(10)利用引桥、高架路、高架桥路面作为顶盖的建筑。

(11)广场式室外楼梯。

(12)独立烟囱以及亭、塔、罐、池、地下人防干、支线。

(13)与房屋室内不相通的房屋间伸缩缝。

(14)活动房屋、临时房屋、简易房屋。

四、成套房屋套内建筑面积的测算

成套房屋的套内建筑面积由以下三部分组成:

(1)套内使用面积:套内使用面积为套内房屋使用空间的净面积,按水平投影面积计算。一般根据内墙面之间的水平距离计算,内墙面的装饰厚度计入使用面积。

(2)套内墙体面积:套内自由墙体面积,全部计入套内墙体面积。套与套之间的共有墙体,套与公共部位的共有墙体,套与外墙(包括山墙),均按墙体中线计算套内墙体面积。

房屋产权面积、套内建筑面积、套内使用面积

(3)套内阳台面积:套内阳台面积均按阳台外围与房屋外墙之间的水平投影面积计算,其中封闭阳台按水平投影计算全部建筑面积;不封闭阳台按水平投影面积的一半计算建筑面积;无顶盖的阳台不计算面积。

五、房屋的产权面积

房屋产权面积是指产权主依法拥有房屋所有权的房屋建筑面积。房屋产权面积由直辖市、市、县相关主管部门登记确权认定。大部分省份采用产权面积作为不动产权证书发证面积和交易面积,下一步将逐渐以套内使用面积代替进行交易。

六、房屋共有建筑面积

房屋共有建筑面积是指各产权主共同占有或共同使用的建筑面积。

七、房屋用地面积测算

房屋用地面积以宗地为单位进行测算,包括房屋占地面积、宗地面积,以及各项地类面积等。其中,房屋占地面积是指房屋底层外墙(柱)外围水平面积,一般与房屋底层建筑面积相同。凡未编宗地号的道路、河流等公共用地,不计算用地面积。

一宗地范围内的用地,按照不同的地类分别计算其用地面积,各地类面积总和应等于宗地面积。宗地面积的计算应尽可能利用界址点坐标采用坐标解析法计算;若地块为规则的几何图形,也可实地丈量,采用实地量距法计算。

任务四　房屋共有面积分摊计算

【任务目标】

1. 熟悉房屋共有面积包含项。
2. 掌握共有面积分摊原则。
3. 熟悉住宅楼共有建筑面积的分摊方法。
4. 熟悉多功能综合楼共有建筑面积的分摊方法。

【学习过程】

1. 教师讲授。
2. 课件展示。
3. 分组讨论。

【知识导航】

一、房屋共有面积

房屋共有面积包含项

房屋共有面积包括应分摊的共有面积和不应分摊的共有面积。应分摊的共有面积主要有室内外楼梯、电梯井、管道井、楼梯间、垃圾道、变电室、设备间、公共门厅、过道、值班警卫室等,以及为整幢房屋服务的公共用房和管理用房的建筑面积,以水平投影面积计算;还包括套与公共建筑之间的分隔墙,以及外墙(包括山墙)水平投影面积一半的建筑面积;多层房屋中突出屋面的梯间、有维护结构的水箱等。不应分摊的共有面积是除前所列外,建筑报建时未计入容积率(其中容积率是指一个小区的地上建筑总面积与净用地面积的比率,又称建筑面积毛密度)的共有面积和有关文件规定不进行分摊的共有面积,包括独立使用的机动车库、地下室、半地下室、车棚;人防工程的建筑面积;梁底标高不高于 2 m 的架空结构转换层和架空作为社会公众休息或交通的场所等。由于房地产市场交易、办理房屋抵押贷款等适应社会经济发展的需要,共有面积的分摊必须符合有关法律法规的要求,严格按照技术规程的要求进行分摊计算。

二、共有面积的分摊原则

(一)按文件或协议分摊

有面积分割文件或协议的,按其文件或协议分摊。这种情况一般是对一栋房屋有两个以上权利人而言,在实际情况中并不多见。

(二)按比例分摊

无面积分割文件或协议的,按其使用面积的比例分摊,即

$$各单元应分摊的共有面积=单元套内建筑面积\times分摊系数\ k$$

式中 k=应分摊的共有面积/各单元套内建筑面积之和。

(三)按功能区分摊

对有多种功能的房屋(如综合楼、商住楼),共有面积应参照其服务功能进行分摊,具体如下:

(1)对服务于整个建筑物的共有面积应共同分摊,否则按其服务的建筑功能分别进行分摊。

(2)仅服务于住宅的共有面积,计入住宅部分进行分摊;服务于住宅部分的电梯间、楼梯间,通过其他建筑功能的楼层,则按住宅部分面积和其他建筑面积的各自比例分配相应的分摊面积。

(3)建筑物报建时计入容积率的其他共有面积均应分摊。

(4)共有面积的分摊除有特殊规定外,一般按服务功能进行分摊,分摊时凡属本层的共有面积只在本层分摊,服务于整栋的共有面积整栋分摊,只为某部分建筑物服务的共有面积,只在该部分分摊。

(5)建筑物天顶部分的共有面积,如无特殊要求,则无条件由整栋建筑物分摊。

三、共有面积的分摊方法

(一)住宅楼共有建筑面积的分摊方法

住宅楼的共有建筑面积以幢为单位进行分摊,根据整幢的共有建筑面积和整幢套内建筑面积的总和求取整幢住宅楼的分摊系数,再根据各套房屋的套内建筑面积,求得各套房屋应分摊的共有建筑面积。

$$\delta_{S_i} = kS_i$$

$$k = \sum \delta_{S_i} / \sum S_i \tag{6-4}$$

式中 k——面积的分摊系数;

S_i——各单元参加分摊的建筑面积,m^2;

δ_{S_i}——各单元参加分摊所得的分摊面积,m^2;

$\sum\delta_{S_i}$——需要分摊的面积总和,m^2;

$\sum S_i$——参加分摊的各单元建筑面积总和,m^2。

整幢房屋的共有建筑面积是由整幢房屋的建筑面积扣除各套建筑面积之和,并扣除作为独立使用的地下室、车棚、车库等和为多幢房屋服务的警卫室、管理用房、设备用房,以及人防工程等,即为该幢房屋的共有建筑面积。

(二)多功能综合楼共有建筑面积的分摊方法

多功能综合楼是指具有多种用途的建筑物。按照谁使用谁分摊的原则,对各级共有建筑面积按照各自的功能和服务对象分别进行分摊,即进行多级分摊。参照国家标准《房产测量规范》的规定,采取由上而下的分摊模式,即首先分摊整幢的共有建筑面积,把它分摊至各功能区;功能区把分到的分摊面积和功能区原来自有的共有建筑面积加在一起,然后分摊到功能区各个层,再把分到的分摊面积和层的共有建筑面积加在一起,最后分摊至各套或各户。如果各功能区内各层结构相同,共有建筑面积也相同,则可免去这一级分摊,由功能区直接分摊至套或户。

(三)商住楼共有建筑面积的分摊方法

商住楼共有建筑面积的分摊可参照多功能综合楼的分摊方法。首先根据住宅和商业等的不同使用功能按各自的建筑面积将全幢的共有建筑面积分摊成住宅和商业两部分,即住宅部分分摊得到的全幢共有建筑面积和商业部分分摊得到的全幢共有建筑面积。然后住宅和商业部分将分摊所得的共有建筑面积再各自进行分摊。

(1)住宅部分:将分摊得到的幢共有建筑面积,加上住宅部分本身的共有建筑面积,按各套房屋的套内建筑面积计算各套房屋分摊的共有建筑面积。

(2)商业部分:将分摊得到的幢共有建筑面积,加上商业部分本身的共有建筑面积,按各层套内建筑面积依比例分摊至各层,作为各层共有建筑面积的一部分,加至各层的共有建筑面积中,得到各层总的共有建筑面积,然后根据层内各套房屋的套内建筑面积按比例分摊至各套,求出各套房屋分摊的共有建筑面积。

任务五 房产面积计算实例

【任务目标】

1. 掌握住宅楼共有建筑面积的分摊方法和计算。
2. 掌握商住楼共有建筑面积的分摊方法和计算。

【学习过程】

1. 教师讲授。
2. 课件展示。
3. 案例实训。
4. 分组讨论。

【学习成果】

1. 住宅楼共有建筑面积分摊计算成果。
2. 商住楼共有建筑面积分摊计算成果。

【知识导航】

一、住宅楼共有建筑面积的分摊方法

住宅楼的共有建筑面积以幢为单位进行分摊,根据整幢的共有建筑面积和整幢套内建筑面积的总和求取整幢住宅楼的分摊系数,再根据各套房屋的套内建筑面积,求得各套房屋应分摊的共有建筑面积。

例如,一普通住宅楼,全幢共 6 层,每层两个单元,每单元有两套住宅,全幢共 24 户住宅,户号从一层东边起顺编,从 1 号至 24 号,各层套型相同,具体尺寸见表 6-2。表中所注尺寸,除阳台尺寸为外尺寸外,其他尺寸均为中线尺寸,计算步骤如下:

(1)从房屋测量草图上把房屋的有关边长、墙厚等尺寸标注于图上。阳台尺寸标注外尺寸,其他都标注中线尺寸。

(2)为了保证房屋面积计算的准确可靠,在面积计算之前应对房屋的所有边长进行一次校核,保证各尺寸之间没有矛盾,相同户型的中线尺寸要保证一致,保证各房间边长与总边长完全符合一致,对不一致的应进行检查。如系多余观测的测量误差引出的矛盾(闭合差),在规定限差之内时,应进行平差配赋处理。如本幢房屋的边长有:

$6.40\times4=25.60(\mathrm{m})$

$5.20+2.40+5.20+5.20+2.40+5.20=25.60(\mathrm{m})$

(3)计算套内建筑面积:

$S'_{\mathrm{T17}}=5.20\times10.00+1.20\times5.50=58.60(\mathrm{m}^2)$

阳台(不封闭)面积:$S_{台17}=(3.70\times1.35)/2=2.50(\mathrm{m}^2)$

套内建筑面积:$S_{\mathrm{T17}}=58.60+2.50=61.10(\mathrm{m}^2)$

阳台(不封闭)面积:$S_{台18}=(3.55\times1.35)/2=2.40(\mathrm{m}^2)$

套内建筑面积:$S_{\mathrm{T18}}=58.60+2.40=61.00(\mathrm{m}^2)$

总套内建筑面积:

$$\sum S_{\mathrm{Ti}}=(61.10+61.00+61.00+61.10)\times6=1\,465.20(\mathrm{m}^2)$$

(4)幢的共有建筑面积:

层梯间面积:$S_{梯}=(2.40\times4.50)\times2=21.60(\mathrm{m}^2)$

层外墙墙体面积的一半:

$S_{半墙}=(0.15+25.60+0.15)\times(0.15+10.00+0.15)-(25.60\times10.00)=10.77(\mathrm{m}^2)$

层共有建筑面积:$\Delta S_C=21.60+10.77=32.37(\mathrm{m}^2)$

幢共有建筑面积:$\Delta S_Z=32.37\times6=194.22(\mathrm{m}^2)$

(5)计算幢共有建筑面积的分摊系数:

$k_{\mathrm{Z}}=194.22/1\,465.20=0.132\,555\,3$

(6)计算各套房屋的分摊面积:

$\delta_{\mathrm{S}_{17}}=S_{\mathrm{T17}}\times k_{\mathrm{Z}}=61.10\times0.132\,555\,3=8.10(\mathrm{m}^2)$

表 6-2　成套房屋的套内建筑面积和产权面积以及分摊面积的计算

丘号	0048-6	结构	混合	套内建筑面积, m^2	61. 10
幢号	6B	层数	06	共有分摊面积, m^2	8. 10
户号	1-20	层次	5	产权面积, m^2	69. 20
坐落	人民南路太平巷 3-8 号				

共有分摊面积计算(第五层,单位 m^2)

梯间面积=2. 40×4. 50×2=21. 6

共有外墙面积(1/2 外墙)=(0. 15+25. 60+0. 15)×(0. 15+10. 00+0. 15)-(25. 60×10. 00)=10. 77

本层应分摊面积=21. 60+10. 77 =32. 37　全幢应分摊面积=32. 37×6=194. 22

本层套内建筑面积=61. 10×2+61. 00×2=244. 20　全幢套内建筑面积=244. 20×6=1 465. 20

本幢共有面积分摊系数 k=194. 22/1 465. 20=0. 132 555 2

本户套内面积=(5. 20×10. 00+1. 20×5. 50)+(3. 70×1. 35)/2=61. 10

本户应分摊面积=61. 10×k=8. 10

本户产权面积=61. 10+8. 10=69. 20

注:本幢房屋墙厚 0. 30 m

除阳台为外尺寸外,其余为中线尺寸。

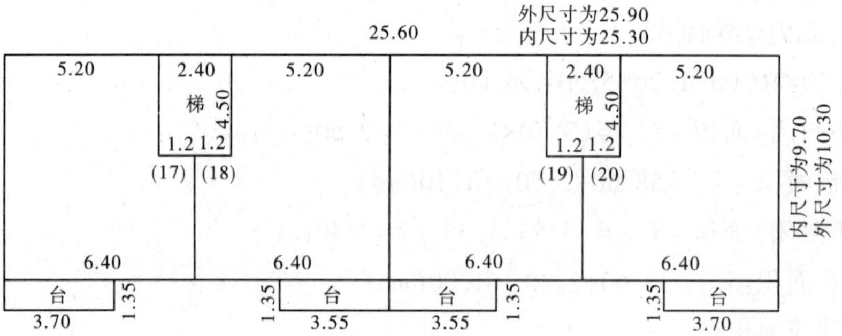

(7)计算各套房屋的产权面积:

$S_{E17}=S_{T17}+\delta_{S_{17}}$=61. 10+8. 10=69. 20($m^2$)

$S_{E18}=S_{T18}+\delta_{S_{18}}$=61. 00+8. 09=69. 09($m^2$)

(8)检查:最后计算的各户产权面积之和=本幢总建筑面积

房屋的建筑面积(层):

$\sum S_{T_i}$=(0. 15+25. 60+0. 15)×(0. 15+10. 00+0. 15)+2. 5×2+2. 4×2=276. 57(m^2)

房屋产权面积之和(层):

$\sum S_{Ei}$=69. 20+69. 09+69. 09+69. 20=276. 58(m^2)

成套房屋的套内面积和产权面积以及分摊面积的计算见表 6-2。

二、商住楼共有建筑面积的分摊方法

首先根据住宅和商业等的不同使用功能按各自的建筑面积将全幢的共有建筑面积分摊成住宅和商业两部分,即住宅部分分摊得到的全幢共有建筑面积和商业部分分摊得到的全幢共有建筑面积。然后住宅和商业部分将所得的分摊面积再各自进行分摊。

住宅部分:将分摊得到的幢共有建筑面积,加上住宅部分本身的共有建筑面积,依照共有共用面积的处理和分摊的方法和公式,按各套的建筑面积分摊计算各套房屋的分摊面积。

商业部分:将分摊得到的幢共有建筑面积,加上本身的共有建筑面积,按各层套内的建筑面积依比例分摊至各层,作为各层共有建筑面积的一部分,加至各层的共有建筑面积中,得到各层总的共有建筑面积,然后根据层内各套房屋的套内建筑面积按比例分摊至各套,求出各套房屋分摊得到的共有建筑面积。

例如,本幢建筑物为一商住楼,共六层,分为两个功能区,1~2 层为商业区,每层 8 户,两层共计 16 户,户号由一层西北角起从 1~16 顺编,户型相同;3~6 层是住宅区,共 4 层,每层两个单元,共 4 户,共计 16 户,户号从 3 层起顺编,17~32 号,为相同套型住宅。根据协议,门口警卫收发室属两区共有,两区各自备楼梯,分别使用,各自所有。结构上完全分离,互不相通。阳台均不封闭。具体尺寸见表 6-3。表中所注尺寸,除阳台尺寸和门卫用房尺寸为外尺寸外,其他尺寸均为中线尺寸,计算步骤如下:

(1)房屋各边长尺寸检核:

2.40+2.80+2.40+5.20+5.20+2.40+5.20=25.60(m)

6.40×4=25.60(m)

4.00+1.50+2.10+2.40=10.00(m)

5.20+2.40+5.20+5.20+2.40+5.20=25.60(m)

(2)套内面积计算。

成套房屋的套内建筑面积以 S_{Ti} 表示,i 为套号或户号。

商场部分 16 套:

$S_{T1}=S_{T9}=2.80\times2.40+2.10\times5.20=17.64(m^2)$

$S_{T2}=S_{T10}=S_{T3}=S_{T11}=S_{T4}=S_{T12}=5.20\times4.50=23.40(m^2)$

$S_{T5}=S_{T13}=S_{T6}=S_{T14}=S_{T7}=S_{T15}=S_{T8}=S_{T16}=6.40\times4.00=25.60(m^2)$

共计套内面积:$\sum S_{Ti}=380.48(m^2)$

住宅部分 16 套:

$$S_{T17}=S_{T21}=S_{T25}=S_{T29}=S_{T20}=S_{T24}=S_{T28}=S_{T32}$$
$$=10.00\times5.20+1.20\times5.50+\frac{1}{2}\times(1.35\times3.70)=61.10(m^2)$$

$$S_{T18}=S_{T22}=S_{T26}=S_{T30}=S_{T19}=S_{T23}=S_{T27}=S_{T31}$$
$$=10.00\times5.20+1.20\times5.50+\frac{1}{2}\times(1.35\times3.55)=61.00(m^2)$$

共计套内面积:$\sum S_{Ti}=976.80(m^2)$

(3)共有建筑面积的确定与计算。

①幢的共有建筑面积。

表 6-3　商住楼建筑面积计算与共有建筑面积分摊示例

丘号	0048-6	户号	1-32	结构	钢混
幢号	2B	层数	06	层次	
坐落	人民南路太平巷 3-8 号				

注:本幢房屋墙厚 0.30 m　单位 m^2

除阳台和门卫用房为外尺寸外,其余为中线尺寸。

一层与二层各户平面图

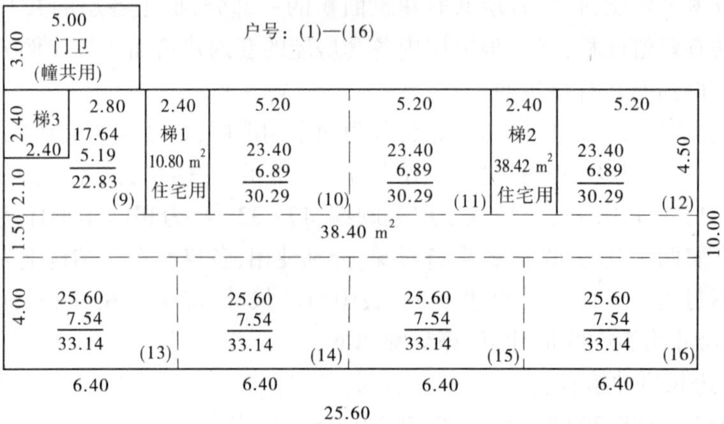

3~6层各户平面图

户号:(17)—(32)

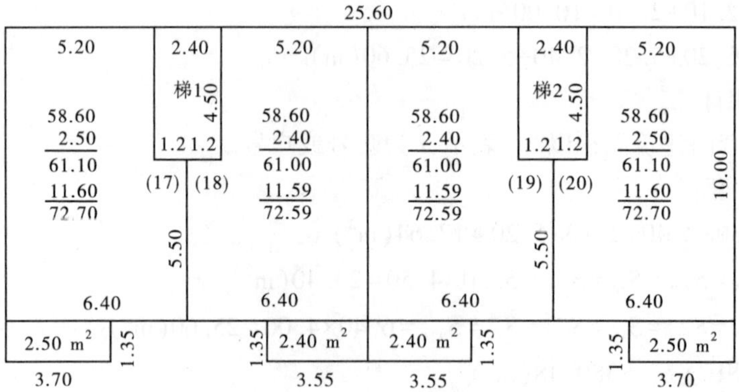

幢的外墙墙体 1/2 面积:

$\Delta S_{Z1}=[(25.60+10.00)\times0.30+0.30\times0.30]\times6=64.62(m^2)$

幢外门卫室面积:$\Delta S_{Z2}=5.00\times3.00=15.00(m^2)$

幢的共有建筑面积:$\Delta S_Z=64.62+15.00=79.62(m^2)$

②功能区的共有建筑面积:

分别以 $\Delta S_{宅}$ 和 $\Delta S_{商}$ 表示商场区的共有建筑面积(包括梯间和过道两部分):

$\Delta S_{商}=(2.40\times2.40+1.50\times25.60)\times2=88.32(m^2)$

$\Delta S_{宅}=(2.40\times4.50+2.40\times4.50)\times6=129.60(m^2)$

(4)各部分面积的计算。

商场区面积 = 380.48+88.32 = 468.80(m²)

住宅区面积 = 976.80+129.60 = 1 106.40(m²)

幢面积 = 468.80+1 106.40+79.62 = 1 654.82(m²)

(5)面积计算检核。

全幢面积应为 1 654.82 m²,经过核算无误后,才可以往下进行计算。

$S_Z=[(0.15+25.60+0.15)\times(0.15+10+0.15)]\times6+[(3.70\times1.35)\div2+(3.55\times1.35)\div2]\times4+3.00\times5.00=266.77\times6+4.89\times4+15.00=1\ 635.18(m^2)$

(6)共有建筑面积分摊。

①幢共有建筑面积分摊。

幢共有建筑面积分摊系数:

$k_Z=\Delta S_Z/\sum S_{gi}=79.62/1\ 575.20=0.050\ 546$

商场的分摊面积

$\delta_{Sg1}=k_Z S_{g1}=0.050\ 546\times468.80=23.70(m^2)$

住宅的分摊面积

$\delta_{Sg2}=k_Z S_{g2}=0.050\ 546\times1\ 106.40=55.92(m^2)$

商场总的共有建筑面积

$\Delta\delta_{Sg1}=\Delta S_{g1}+\delta_{Sg1}=88.32+23.70=112.02(m^2)$

住宅总的共有建筑面积

$\Delta\delta_{Sg2}=\Delta S_{g2}+\delta_{Sg2}=129.60+55.92=185.52(m^2)$

②功能区共有建筑面积分摊

商场部分分摊系数:

$k_{g1}=\Delta\delta_{Sg1}/\sum S_{T1}=112.02/380.48=0.294\ 418$

住宅部分分摊系数:

$k_{g2}=\Delta\delta_{Sg2}/\sum S_{T2}=185.52/976.80=0.189\ 926$

(7)各套产权面积计算。

各套产权面积:$S_{Ei}=S_{Ti}\times(1+K_{gi})$

例:$S_{E17}=61.10\times(1+0.189\ 926)=72.70(m^2)$

$S_{E9}=17.64\times(1+0.294\ 418)=22.83(m^2)$

(8)产权面积检核。

计算出各套产权面积后,各套产权面积之和$\sum S_E$应等于幢面积S_Z。

三、综合楼共有建筑面积的分摊方法

多功能综合楼是指具有多种用途的建筑物,即建筑物内有住宅、有商品用房,也有办公用房,各共有建筑面积的功能与服务对象也并不相同。所以,多功能综合楼共有建筑面积按照谁使用谁分摊的原则,按照各自的功能和服务对象分别进行分摊,即进行多级分摊。先分摊幢,然后分摊功能区,再分摊层,最后把共有建筑面积分摊至套或户。具体参照商住楼的分摊计算方法进行分摊。

任务六　房产面积测绘技术要求及技术报告

【任务目标】

1. 掌握房产面积测算技术要求及技术报告撰写。

【学习过程】

1. 教师讲授。

2. 课件展示。

3. 案例实训。

4. 分组讨论。

【学习成果】

1. 房产测绘成果报告书。

【知识导航】

一、房屋的实地勘丈要求

(一)房屋丈量工具及精度要求

房屋尺寸丈量采用经检定合格的仪器、工具独立丈量两次,两次测量读数之差 ΔD 应满足 $|\Delta D| \leqslant 0.005$ m。采用的仪器、工具主要有手持式测距仪、红外测距仪、全站仪、钢卷尺等。

(二)边长采集

进行房屋勘丈时,按下列不同情况进行边长采集。

(1)没有建筑设计图纸的旧房屋,其边长全部实测获取。

(2)有建筑设计图的住宅楼、写字楼、公寓楼和只需提供整层面积的厂房、仓库、商业楼的边长数据,按如下办法采集:

①使用经批准的房屋建筑设计图到现场与实际建筑物从形状、结构、层数上进行全面对照。若实际建筑物形状、结构、层数与图纸上相符,则抽查测量部分房屋的边长,实测边长与图纸上尺寸之差绝对值符合小于或等于 $0.003D$ 时(其中 D 为实测边长值,以 m 为单位,当 D 小于 10 m 时,以 10 m 计),则该房屋的边长可取用建筑设计图上的尺寸。

②抽查房屋边长应遵守选取具有代表性的和具有关键性的这一原则。具体是:房屋的总长度及总宽度,内外走廊的宽度,梯间面积中的两条边,住宅房每一套型中的两条边及阳台两条边,设备房两条边,消防避难层中非消防避难部分的两条边,屋面梯间及水箱间的两条边,写字楼的上、下层中各一单元中的两条边。此外,在对照过程中有疑问部分应实测。

③属下列情况的,整栋房屋边长全部实测:

全面对照后,房屋楼层的形状或结构与图纸不符的,应重新进行规划审批后;房屋的总长度或总宽度的实测值与图上尺寸之差超规定限值的。除总长度或总宽度外,个别抽查边长与图纸上尺寸之差超限时,应增加该边的测量次数,边长取用实测值计算面积。

二、房屋面积测绘技术报告

房屋建筑面积测绘和计算结果应形成包括封面、文字说明、数据表和平面图的“××市房屋建筑面积测绘报告”。报告书以每栋、每次为单位独立、完整地装订成册。报告书应形成两份,向外提供和存档各一份。

面积计算依据的图纸编号记录、实地测量记录、面积分割协议复印件、建设工程规划许可证(规划设计要点)复印件及其他被采用为面积计算依据的文件,须另外装订成册存档。封面为“房屋建筑面积测绘依据及记录”。每形成一份房屋建筑面积测绘报告须对应形成一份房屋建筑面积测绘依据及记录。

各省市在编制房屋面积测绘技术报告时内容及格式不尽相同,本项目选择的房屋面积测绘技术报告仅供大家参考,具体的内容及格式按各省市下发的标准执行。

房屋面积测绘技术报告

编号：__________

房产测绘成果报告书

(示范文本)

__________(测绘单位名称)

年　　月　　日

目 录

作业声明

一、本成果报告书中的成果是依据国家和省市有关规范及委托方与受托方合同约定完成。

二、竣工实(预)测项目作业人员________________对作业对象进行了实地勘测,并由____________________计算完成。

三、受托方与委托方没有利害关系或偏见,也与有关当事人没有利害关系或偏见。

四、受托方不对委托方提供的资料的准确性与合法性负责。

五、本成果报告书的成果仅作为该项目委托方与受托方合同约定目的下使用,不作为其他用途使用。

六、本成果报告经委托方____________________认可。

项目负责人(签字):　　　　　　　　年　　月　　日

复　核　人(签字):　　　　　　　　年　　月　　日

(单位资质签章)

作业说明

一、本成果报告书使用的长度单位为米，面积单位为平方米。
二、委托方情况：
1. 委托方名称：
2. 委托方地址：
3. 委托方经办人：
4. 委托方电话：
三、项目概况：
1. 项目名称：
2. 项目坐落：
3. 项目类别：
四、作业目的：
五、作业日期：
六、测绘仪器：
七、绘图及面积计算软件：
八、作业依据：
1. 国家和省市各项技术规范等文件。
2. 委托方依照双方合同约定向受托方提供的各项资料。
3. 其他依据（请文字说明）：

九、其他说明：

项目负责人：
年　　月　　日

作业成果

一、房屋建筑面积

表 1

<table>
<tr><td>建筑物名称</td><td colspan="4"></td></tr>
<tr><td>坐落</td><td colspan="4"></td></tr>
<tr><td rowspan="7">面积统计</td><td colspan="3">建筑总面积
（含人防）</td><td></td></tr>
<tr><td rowspan="3">其中</td><td colspan="2">地上主体面积</td><td></td></tr>
<tr><td colspan="2">地下室面积</td><td></td></tr>
<tr><td colspan="2">人防面积</td><td></td></tr>
<tr><td colspan="2" rowspan="2">附属物面积
（指层高不足 2.2 米的部位）</td><td>地下室</td><td></td></tr>
<tr><td>其他</td><td></td></tr>
<tr><td rowspan="2">层数统计</td><td colspan="3">地上层数</td><td></td></tr>
<tr><td colspan="3">地下室层数</td><td></td></tr>
<tr><td colspan="5">备注：</td></tr>
</table>

二、分功能区面积汇总表

表 2

建筑物名称：

功能区号	功能区名称	建筑面积	套内建筑面积	分摊面积	分摊系数

三、房屋建筑面积分层汇总表

表3　(样本1)

建筑物名称：

层次	建筑面积	备注
汇总		

表3　(样本2)

建筑物名称：

层次	建筑面积				备注
⋮					
	A栋	B栋	C栋	……	
汇总					

四、共有共用建筑面积分层汇总表

表 4

建筑物名称：

层次	共有共用面积名称（按名称列出）	面积		分摊范围	备注
		应分摊	不分摊		
汇总					

五、房屋分户建筑面积明细表

表 5

建筑物名称：

部位及房号	建筑面积	其中			备注
		套内建筑面积（含阳台）	阳台建筑面积	分摊的共有共用建筑面积	
小计					
合计					

六、房屋分层分户平面图

附件:共有共用建筑面积分摊说明

填写说明

一、封面

1. 编号:由测绘单位自行确定。主要用于反映该成果报告书在单位档案管理中的类别和次序。此编号应能同时反映出该成果报告书修订的次数。

2. 日期按照出具报告的日期填写。

二、作业声明

本声明主要阐述项目委托单位与测绘机构之间法律责任义务关系,说明完成该成果报告的项目负责人和复核人员。

人员签字及日期据实签署(严禁打印)。其中,复核人员有多位时,只填写主要人员。

三、作业说明

作业说明主要用来对项目委托方、测绘目标、测绘依据进行描述。并对测绘工作中和测绘成果中有关需要说明的内容进行表述。

委托方情况应据实填写清楚充分。

项目名称据实填写,实测项目以地名办批件为准,预测项目以测算依据标称为准。

实测项目的坐落以公安部门的批件为准。

项目类别应按照 1. 住宅用房　2. 商业楼用房　3. 多功能综合楼用房三类来填写。

作业目的分为商品房面积图纸预测、产权登记测绘。(其他作业目的的测绘成果报告应另作说明)

预测项目作业日期以开始作业为开始,实测项目以进入现场实际测量为开始,图纸预测项目和产权登记测绘项目以作业结束出具成果报告为结束。

作业依据中的其他依据是指在双方合同中没有约定而在实际过程中使用的依据。对于在双方合同中有约定但在实际工作中未能取得相关资料的,应在第九项“其他说明”项中填写未能取得资料原因和实际处理的结果。

其他说明项中,首先分类列出成果数据资料和图形资料的页数;其次,对本技术报告中一些技术概念进行说明;然后填写其他的相关说明。

四、作业成果

1. 房屋建筑面积总表

据实填写,无则空省。其中,对于表格中无法用数字表述的栏目,应在备注栏中文字说明清楚。

2. 分功能区面积汇总表

据实填写。

3. 房屋建筑面积分层汇总表

据实填写,依据房屋的不同结构采用不同的列表样本。平房测量的成果报告将房屋建筑面积分层汇总表填写完毕即可。

该表的“层次”栏应从地下层至屋面按自然层顺序逐层用数字(地下层在数字前加“-”号。如-01、-02 等)表示(结构上的设备用房层等汉字说明,不计入层次序列);各层建筑面积值为按房屋外墙外围水平投影面积计算的,包括阳台、外走廊、挑廊、檐廊、室外梯等的建筑面积。对于层高不大于 2.20 m 的结构楼层,也应填写其名称,建筑面积值为 0,并在备注栏中注明不计建筑面积原因。屋顶的建筑面积值为屋顶应计算建筑面积的数值总计,并在备注栏中注明其名称,如楼电梯间,水箱间等。

4. 共有共用建筑面积分层汇总表

据实填写。

5. 房屋分户建筑面积明细表

按照现有规定,据实填写。

6. 房屋分层分户平面图

按层打印,分层注明,完全相同的层次可只打印一页,但要注清层数。同时应注明:该层总建筑面积,该层总套内建筑面积,各局部部位名称(或房号)和各户套内建筑面积。注记满足计算总建筑面积的边长。

五、附件

本附件中,对于需分摊的项目,应将分摊原则附于其上。

小　结

本项目主要介绍了不动产面积测算相关内容,主要包括不动产面积测算方法、土地面积测算、房产面积测算、房屋共有面积分摊计算、房产面积计算实例及房产面积测绘技术要求和技术报告撰写。通过本项目的学习,学习者主要是掌握坐标解析法测算面积,房产面积计算的一般要求和条件,计算全部建筑面积的范围,计算一半建筑面积的范围,不计算建筑面积的范围,房屋共有面积分摊计算的原则及方法,并会写相关的房产面积测绘技术要求及技术报告。

案　例

房产面积量算案例

【案例一】

有一栋三层半钢筋混凝土结构的房屋,各边尺寸丈量结果已注记在图 6-11 中,所测尺寸均为外墙尺寸,阳台不封闭,其中 A4 指四层,A3 飘楼指 3 层飘楼,A3 骑楼指 3 层的骑楼,阳台 2 指的是 2 层阳台,余地是还未建房的用地。试计算该栋房屋的用地面积、房屋占地面积及总建筑面积。

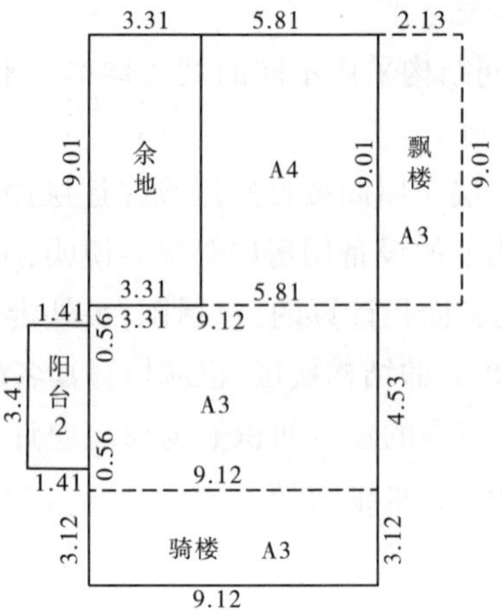

图 6-11　案例图

【案例二】

某市区一幢商住综合大楼,本幢楼地上 34 层、地下 3 层;地下储藏室、设备间、非机动车库,地上 1~2 层为商业网点、卫生服务用房、社区服务用房、部分住宅,总建筑面积为 32 224.26 m^2。其中,第-2 层局部及-3、-1 层为其他,建筑面积 2 379.01 m^2;第-2 层局部为居民配电室,建筑面积 139.55 m^2;第 1~2 层局部为商业服务,建筑面积 1 446.11 m^2;第 1~5 层局部为非住宅居住建筑,建筑面积 1 176.66 m^2;第 1~5 层局部及第 6~34 层为成套住宅,建筑面积 27 082.93 m^2。现已根据现场调查核实完成了面积计算底图。

房产面积量算综合案例

其他说明:(地下外墙厚度 250 mm 局部 300 mm,1 至顶层外墙 200 mm 局部 250 mm、300 mm,住宅保温层 70 mm,砂浆+涂料 20 mm,商业保温层 70 mm)。图上使用的长度单位为米,所示尺寸为墙(柱)中轴线尺寸,阳台为不封闭阳台,门廊为单排柱门廊,门斗由承重墙支撑。

根据以上资料和说明完成整幢综合大楼的面积计算。

思政小课堂

房产面积的大小对于我们来说事关重大,那么房产面积测算失误,造成重大损失的,要承担相应的民事责任。通过下面这个案例加强同学们工作认真、细致的态度,对测绘工作实事求是原则理解的更深刻透彻,也对测绘工作有敬畏之心。

"房产面积丈量错误 业主重大误解获赔偿"

2007 年,赵某经拍卖从甲单位取得县城一处房屋的所有权,当时的拍卖面积为 1 516.04 m^2,与该房产登记的面积一致。2009 年 3 月,赵某与某银行以该处房产为标的签订了《房屋租赁协议》,约定租赁期为 2009 年 3 月 23 日至 2014 年 3 月 23 日,共计 5 年;租金为 46.8 万元/年。双方一直按该协议履行相关义务。2010 年,经有关部门重新测量,确定该房产的实际面积为 2 207.45 m^2，与原拍卖公告和房产证载明的 1 516.04 m^2 相差 691.41 m^2。甲单位在获知此情况后，于 2012 年 2 月 13 日向法院提起以赵某为被告的不当得利之诉。该案以赵某补交购房款 39 万元的调解结果结案。赵某在补交购房款后向房产局申请补办了 691.41 m^2 的房产证。然后基于同样的理由，将某银行起诉至当地法院，要求其补缴从房屋租赁协议签订之日起至今少缴的 691.41 m^2 的租金。

法院在审理后认为，原告赵某对出租房屋的面积这一重要、关键内容存在错误认识，且错误认识的原因非原告本身的重大过失，故认定赵某在本案中存在重大误解，该房屋租赁协议为可撤销、可变更合同。根据赵某的诉求和有关法律规定，遂做出赵某可变更租赁协议的租金条款，并判决将租赁协议中“46.8 万元/年”自合同签订之日起变更为“681 431 元/年”，并判令被告某银行补缴租金 6 万余元。

习题演练

单选题

判断题

项目七　不动产数据库建设

知识目标

1. 理解数据库的基本概念。
2. 理解数据库的系统结构和数据模型。
3. 理解数据库管理系统的主要功能。
4. 理解不动产数据库的空间数据结构和属性数据结构。
5. 理解不动产数据库的元数据和数据字典。
6. 理解不动产数据库整个建库流程。
7. 理解不动产数据库更新的方法和要求。
8. 理解不动产数据库的管理功能。

能力目标

1. 掌握数据库的基本概念和主要特征。
2. 掌握数据库管理系统的主要功能。
3. 掌握不动产数据库的空间数据结构和属性数据结构。
4. 掌握不动产数据库的元数据和数据字典。
5. 掌握不动产数据库整个建库流程。
6. 掌握不动产数据库更新的方法和要求。
7. 掌握不动产数据库的管理功能。

素质目标

1. 培养具有自主学习精神,能自主完成工作,能遵守良好的职业道德,有责任心的工匠精神。

2. 强化实践动手能力,有分析问题、创新解决问题,善于总结问题的良好习惯。

3. 提升团队合作精神和管理协调能力,培养善于沟通、团结、乐于助人、具有良好心理素质的高技能复合型人才。

项目重点

1. 不动产数据库的空间数据结构和属性数据结构。
2. 不动产数据库整个建库流程。
3. 不动产数据库更新的方法和要求。

项目难点

1. 不动产数据库入库的数据处理。
2. 不动产数据库入库的数据检查。

3. 不动产数据库入库的质量控制。

任务一　数据库基础知识

【任务目标】

1. 理解数据库的基本概念。
2. 理解并掌握数据库的主要特征。
3. 理解并掌握数据库的系统结构。
4. 理解并掌握数据库的数据模型。
5. 理解并掌握数据库管理系统。

【学习过程】

1. 教师讲授。
2. 课件展示。
3. 视频观看。
4. 分组讨论。

【知识导航】

一、数据库的概念

数据库是近 20 多年来发展最迅速的一种计算机数据管理技术。数据库的应用领域相当广泛,从一般事务处理到各种专门化数据的存储与管理,都可以建立不同类型的数据库。地理信息系统中的数据库就是一种专门化的数据库。建立数据库不仅是为了保存数据,扩展人的记忆,更是为了帮助人们去管理和控制与这些数据相关联的事物。

目前,数据库还没有统一公认的定义,不同的定义是由于从不同的角度看待数据库而产生的。有两种比较普遍的定义:一种从应用的角度定义数据库为被存储起来的数据集合,这些数据被特定的组织(如公司、银行、大学、政府机关等)所利用。另一种定义是根据数据库内外特点描述数据库是存储在一起的相关数据的集合,它以最优的方式为一个或多个应用服务;数据的存储独立于使用它的程序;对数据库插入新的数据、检索和修改原有数据均能按一种公用的和可控制的方法进行;数据被结构化,为今后的应用研究提供基础。简言之,数据库就是为一定目的服务,以特定的结构存储的相关联的数据集合。

为了直观地理解数据库,可以把数据库与图书馆做如表 7-1 所示的比较。

数据库是数据管理的高级阶段,是从文件管理系统发展而来的。数据库与传统的文件系统有许多明显的差别,其中主要的有两点:一是数据独立于应用程序而集中管理,实现了数据共享,减少了数据冗余,提高了数据的利用效益;二是在数据间建立了联系,从而使数据库能反映出现实世界中信息的联系,这也是数据库与文件系统的根本区别。

二、数据库的主要特征

数据库方法与文件管理方法相比,具有更强的数据管理能力。数据库具有以下主要特征。

表 7-1　数据库与图书馆的比较

数据库	图书馆
数据	图书
数据模型	书卡编目
数据的物理组织	图书存放规则、书架
数据库管理系统	图书管理员
外存	书库
用户	读者
数据存取	图书借阅

(一)数据集中控制

在文件管理方法中,文件是分散的,每个用户或每种处理都有各自的文件,不同的用户或处理的文件一般是没有联系的,因而不能为多用户共享,也不能按照统一的方法来控制、维护和管理。数据库很好地克服了这一缺点,数据库集中控制和管理有关数据,以保证不同用户和应用可以共享数据。数据集中并不是把若干文件"拼凑"在一起,而是要把数据"集成"。因此,数据库的内容、结构必须合理,才能满足众多用户的要求。

(二)数据冗余度小

冗余是指数据的重复存储。在文件方式中,数据冗余大。冗余数据的存在有两个缺点:一是增加了存储空间;二是容易出现数据不一致。设计数据库的主要任务之一是识别冗余数据,并确定是否能够消除。在目前情况下,即使数据库方法也不能完全消除冗余数据。有时,为了提高数据处理效率,也应该有一定程度的数据冗余。但是,在数据库中应该严格控制数据的冗余度。在有冗余的情况下,数据更新、修改时,必须保证数据库内容的一致性。

(三)数据独立性

数据独立是数据库的关键性要求。数据独立是指数据库中的数据与应用程序相互独立,即应用程序不因数据性质的改变而改变,数据的性质也不因应用程序的改变而改变。数据独立分为两级:物理级和逻辑级。物理独立是指数据的物理结构变化不影响数据的逻辑结构,逻辑独立意味着数据库的逻辑结构的改变不影响应用程序。但是,逻辑结构的改变必然影响到数据的物理结构。目前,数据逻辑独立还没能完全实现。

(四)复杂的数据模型

数据模型能够表示现实世界中各种各样的数据组织以及数据间的联系。复杂的数据模型是实现数据集中控制、减少数据冗余的前提和保证。采用数据模型是数据库方法与文件方式的一个本质差别。

数据库常用的数据模型有四种:层次模型、网络模型、关系模型和面向对象模型。因此,根据使用的模型,可以把数据库分成层次型数据库、网络型数据库、关系型数据库和面向对象数据库。

(五)数据的安全保护性

数据保护对数据库来说是至关重要的,一旦数据库中的数据遭到破坏,就会影响数据的功能,甚至使整个数据库失去作用。对数据保护包含四个方面的内容:

(1)安全性控制。要防止数据丢失、错误更新和越权使用。数据库的用户通常只能使用和更新某些数据,只有数据库管理员才能对整个数据库进行操作。

(2)完整性控制。即保证数据正确、有效和相容。

(3)并发控制。就是既要能做到同一时间周期内允许对数据的多路存取,又要能防止用户之间不正常的交互作用。

(4)故障的发现和恢复。数据库管理系统提供了一套措施,警惕和发现故障,并在发生故障时,尽快自动恢复数据库的内容和运行。

三、数据库的系统结构

数据库是一个复杂的系统。数据库的基本结构可以分成三个层次:物理级、概念级和用户级。

(1)物理级。数据库最内的一层。它是物理设备上实际存储的数据集合(物理数据库)。它是由物理模式(也称内部模式)描述的。

(2)概念级。数据库的逻辑表示,包括每个数据的逻辑定义以及数据间的逻辑联系。它是由概念模式定义的,这一级也被称为概念模型。

(3)用户级。用户所使用的数据库,是一个或几个特定用户所使用的数据集合(外部模型),具有概念型的逻辑子集。它用外部模式定义。

数据库不同层级之间的联系是通过映射进行转换的。映射是实现数据独立的保证。当数据库结构(物理结构)发生变化时,只要改变相应的映射就可以保证应用的不变。

数据库不同层次之间的关系及它们在数据库系统中的地位如图 7-1 所示。

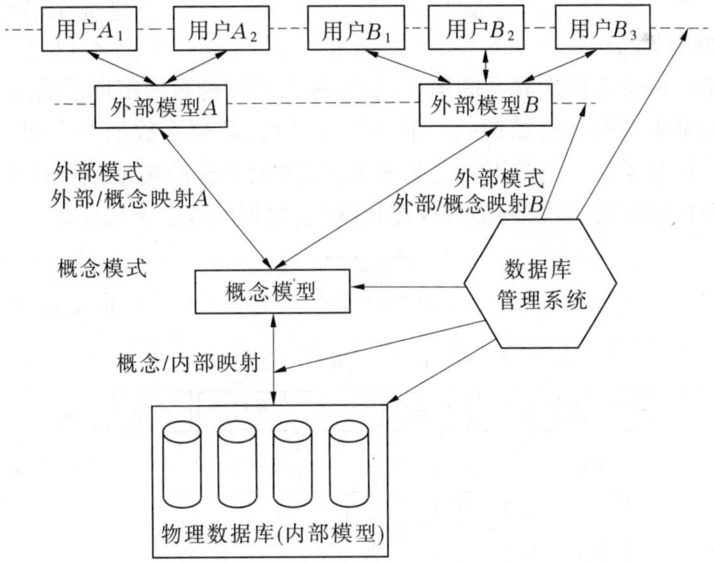

图 7-1　数据库的系统结构

四、数据模型

在数据库系统中,现实世界中的事物及联系是用数据模型来描述的,数据库中各种操作功能的实现是基于不同的数据模型的,因而数据库的核心问题是模型问题。

数据模型大体可以分为两种类型:一种是独立于计算机之外的,如实体联系模型、语义数据模型等,它们不涉及信息在计算机中如何表示,常称概念模型;另一种模型是直接面向计算机的,它们以记录为单位构造数据模型,如数据库中常用的层次模型、网状模型和关系模型等。

数据模型是数据特征的抽象,它不是描述个别数据,而是描述数据的共性。严格地说,一个数据库的数据模型应能描述数据的以下特征:

(1)静态特性。包括实体和实体具有的特性、实体间的联系等,通过构造基本数据结构类型来实现。

(2)动态特性。即现实世界中的实体及实体间的不断发展变化,通过对数据库的检索、插入、删除和修改等操作来实现。

(3)数据间的相互制约与依存关系。通过一组完整性规则来实现。

由此可见,一个数据模型实际上给出了在计算机系统中描述现实世界的信息结构及其变化的一种抽象方法。数据模型不同,描述和实现的方法也不相同,相应的支持软件——数据库管理系统也就不同。

数据模型反映了现实世界中的实体之间的各种联系。实体间的联系有两类:一类是实体内部属性间的联系,另一类是实体与实体之间的联系。

数据模型是描述数据内容和数据之间联系的工具,它是衡量数据库能力强弱的主要标志之一。数据库设计的核心问题之一就是设计一个好的数据模型。目前,在数据库领域常用的数据模型有传统的层次模型、网状模型、关系模型,以及最近兴起的面向目标或面向对象模型。

(一)层次模型

层次模型是一种基本层次联系的集合,它实际上是一种有根定向的有序树,如图7-2所示。层次模型的基本结构是树结构——根、枝、叶结构,数据存放的基本单位是片断(层),片断是内在有逻辑联系的一组数据。总的来说,层次模型按照树形结构以片断为单位存放数据。层次模型比较容易实现,但是查找比较麻烦,数据的冗余度也比较大。

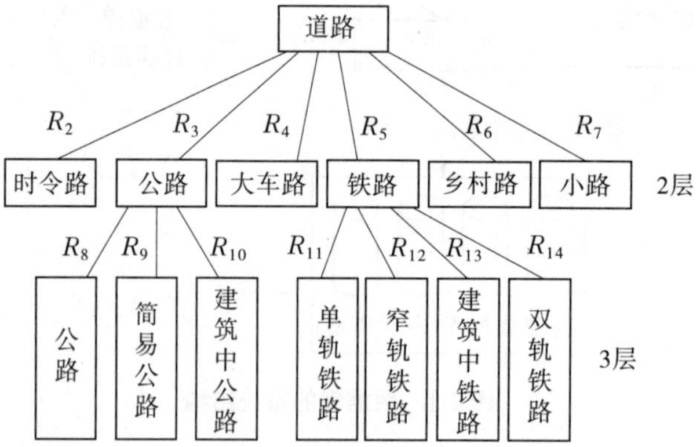

图7-2　数据库层次模型

(二)网状模型

网状模型是指一个连通的基本层次联系的集合,如图 7-3 所示。复杂的网总可以分解成若干个基本结构,即分解成系。系有系主(只有一个)和系属(可以有多个),系主和系属之间有关系,而且关系是双向的。

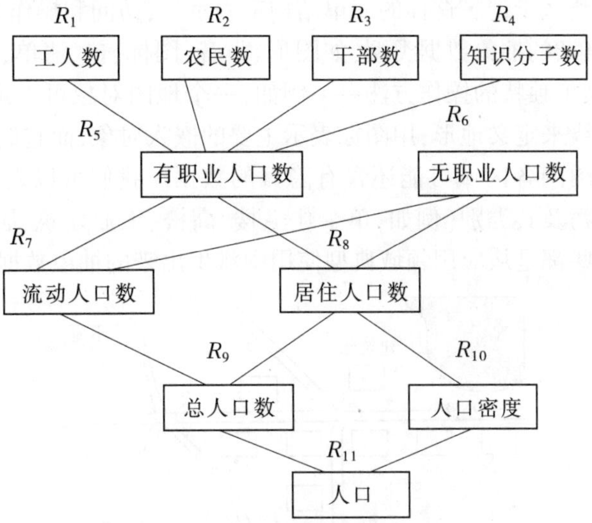

图 7-3　网状模型示例

网状模型存放的基本单位是记录,也就是按记录存放,查询时,从系(系主和系属)查起。网状模型查找时间较省,数据和冗余度比层次模型小,但比关系模型要大。

(三)关系模型

关系模型是目前最为流行的数据模型,它是由许多二维关系表组成的集合。例如表 7-2 就是一张关系表,R 是关系名,A_i 是属性名,关系和属性($R,A_1,A_2\cdots A_n$)组成了数据表的模式(Schema);V_{ij} 称为分量,表中的一列是一个属性,相当于一个数据项(或数据元素),一行称为一个元组(Tuple),相当于一条记录。

关系模型中所有数据都按表格存放,有关系的数据放在一张表上,表与表之间有连接。

表 7-2　关系表 R

A_1	A_2	…	A_j	…	A_n
V_{11}	V_{12}	…	V_{1j}	…	V_{1n}
⋮ V_{i1} ⋮	⋮ V_{i2} ⋮	⋮	⋮ V_{ij} ⋮	⋮	⋮ V_{in} ⋮
V_{m1}	V_{m2}	…	V_{mj}	…	V_{mn}

关系模型的特点是每一个分量必须是不可分割的数(数据元素),也就是不允许表中还有表。另外,表和表之间的联系要用关系表示,而不是用其他表示。

常用的关系模型数据库有 SQL、DB2、Oracle 等。

(四)面向对象数据库模型

网络和层次及关系模型都适合那些结构简单以及访问有规律的数据。这些模型的最佳应用领域有个人记录管理、清单控制、终端用户销售、商业记录等,所有这些应用领域都只有相当简单的数据结构、联系以及数据使用模式。但是,当试图把这三种模型应用于更高级的领域时,数据不能用类似于记录这样的简单结构来表示了,访问和操作方法也不再简单。这些应用领域需要更复杂的抽象数据类型,如图形、声音、图标、包、清单、队列以及地图,这些数据类型都各自定义了独特的操作方法——例如,一个地图对象可以定义为经度、纬度、地点的时间维;以等高线来定义地形;用图标表示主要的嵌入对象,而它们本身也可能是对象。除了这些定义,在地图的各区域可能还含有隐藏的数据。我们可以表示人口密度、动物密度、植物、水源、建筑物及其类别(例如,单个住宅楼、高楼、工业建筑、居民楼)、污染情况以及其他信息,所有这些都是从应用领域典型使用中派生出来的抽象数据类型(见图7-4)。

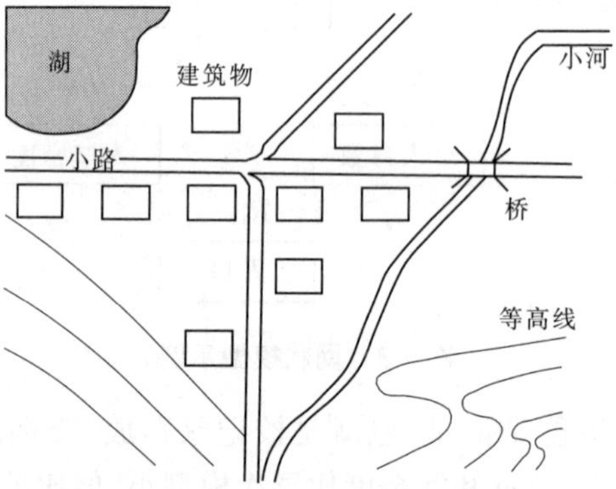

图7-4　地图抽象数据类型

面向对象数据库的引入就是为了满足一再出现的复杂信息的共享。在复杂数据进入数据库以后,数据库提供了存储信息的统一视图,与具体存储结构无关。把物理数据结构与逻辑数据结构分开,同时控制数据的共享及保持数据的正确性、完整性和一致性,大大方便了应用程序的开发和维护,减少了生命周期内的各种费用。通过一组优化的程序来管理数据,使得整体效果更优,性能更稳定。

五、数据库管理系统

数据库管理系统(DBMS)是处理数据库数据存取和各种管理控制的软件。它是数据库系统的中心枢纽,与各部分有密切的联系,应用程序对数据库的操作全部通过DBMS进行。数据库管理系统的功能因不同的系统而有所差异,但一般都具有以下主要功能:

(1)数据库定义功能。提供定义概念模型、外部模型和内部模型的能力,以及把各种源模式翻译成目标模式,并存储在系统中的能力。定义数据库是建立数据库的第一工作,它勾画出数据库的框架。

(2)数据库管理功能。包括整个数据库的运行控制、数据存取、更新管理、数据完整性及有效性控制,以及数据共享时的并发控制等。

(3)数据库维护功能。主要有数据库重定义、数据重新组织、性能监督和分析、数据库整理和发生故障时恢复运行等。

(4)数据库通信功能。包括与操作系统的接口处理、与各种语言的接口,以及与远程操作的接口处理等。

为了实现上述各项功能,每一项工作都有相应的程序,所以数据库管理系统实际上是许多系统程序组成的一个整体。它大体上可分成三大部分:

(1)语言处理程序。包括完成数据库定义、操作等功能的程序,主要有数据描述语言(DDL)的编译程序、数据操作语言(DML)的处理程序、终端命令解译程序和主语言的预编译程序等。

(2)系统运行控制程序。主要包括系统控制程序、数据存取程序、数据更新程序、并发控制程序、保密控制程序、数据完整性控制程序等。

(3)建立和维护程序。包括数据装入程序、性能监督程序、工作日志顺序、重新组织程序、转储程序和系统恢复程序等。

常用的几种数据库管理系统有文件与关系数据库混合管理系统、面向对象空间数据库管理系统、对象-关系数据库管理系统、全关系型空间数据库管理系统。

任务二 不动产数据库概述

【任务目标】

1. 理解并掌握不动产数据库的空间数据结构。
2. 理解并掌握不动产数据库的属性数据结构。
3. 理解并掌握不动产数据库的逻辑结构。
4. 理解并掌握不动产数据库的数据层。
5. 理解并掌握不动产数据库的元数据。
6. 理解并掌握不动产数据库的数据字典。

【学习过程】

1. 教师讲授。
2. 课件展示。
3. 视频观看。
4. 分组讨论。

【知识导航】

不动产数据库是用来存储和管理不动产数据的空间数据库。不动产数据主要是不动产调查得到的基础不动产数据、日常不动产管理所产生的变更不动产数据、不动产测绘的成果数据及与不动产管理密切相关的数据、规划与道路数据等。这些数据可分为空间数据与非空间数据两类,其中的用地数据与各种背景地理信息在空间上都以统一的地理坐标为基础,用地数据伴有大量的相关属性信息。本任务将介绍不动产数据库数据结构、数据分层和数据字典的相关知识。

一、不动产数据库的空间数据结构

不动产数据库的空间数据结构是组成空间数据结构的一部分,空间数据结构是指适合于计算机系统存储、管理和处理的地学图形的逻辑结构,是地理实体的空间排列方式和相互关系的抽象描述。它是对数据的一种理解和解释,不说明数据结构的数据是毫无用处的,不仅用户无法理解,计算机程序也不能正确地处理。对同样的一组数据,按不同的数据结构去处理,得到的可能是截然不同的内容。

空间数据结构基本上可分为两大类:矢量结构和栅格结构(也可以称为矢量模型和栅格模型)(见图 7-5)。两类结构都可用来描述地理实体的点、线、面三种基本类型。

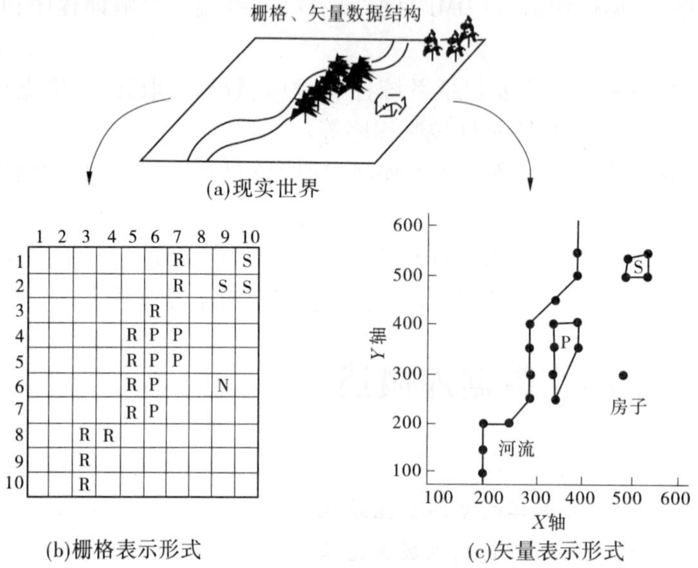

图 7-5　矢量数据结构和栅格数据结构

空间数据编码是空间数据结构的实现,即将根据地理信息系统的目的和任务所收集的、经过审核了的地形图、专题图和遥感影像等资料按特定的数据结构转换为适合于计算机存储和处理的数据的过程。由于地理信息系统数据量极大,一般采用压缩数据的编码方式以减少数据冗余。

在地理信息系统的空间数据结构中,栅格结构的编码方式主要有直接栅格编码、链码、游程长度编码、块码、四叉树码等;矢量结构主要有坐标序列编码、树状索引编码和二元拓扑编码等编码方法。

二、不动产数据库的属性数据结构

属性数据是用来描述空间数据特征性质的。不动产数据库中的属性数据主要用来描述不动产单元及其上附着物实体的,它们描述不动产单元的数量(面积)、质量、权属和利用状况及其上附着物的相关信息。例如,一不动产单元除需要记录它及其上附着物的位置坐标等空间数据外,还要存储它及其上附着物的属性信息,如权利人、权利人性质、权属来源、自然幢、层、户等。因此,这种非空间的属性数据也可称为空间实体的特征编码。很显然,属性数据是与空间实体相关的。通常可以采用公共识别符的办法建立属性数据与空间数据的有效联系,从而有效地存储和处理这些数据。

一般而言,属性数据较为规范,适应于用表格形式表示,因此可以采用关系数据库管理属性数据。关于关系数据库的相关内容这里不再赘述,可参阅相关书籍。表 7-3、表 7-4 为属性数据的结构表。

表 7-3　属性数据关系结构

类别码	属性 1	属性 2	属性 3	属性 4
N_1	A_{11}	A_{12}	A_{13}	A_{14}
N_2	A_{21}	A_{22}	A_{23}	A_{24}
N_3	A_{31}	A_{32}	A_{33}	A_{34}
N_4	A_{41}	A_{42}	A_{43}	A_{44}

表 7-4　属性数据文件结构

字段名	类型	长度	小数位
标识码	字符型	5	
面积	数字型	10	2
权利人	字符型	10	

三、不动产数据库的逻辑结构

按照不动产数据的特点及数据库的知识，可将不动产数据库分为主体数据库和元数据库，如图 7-6 所示。

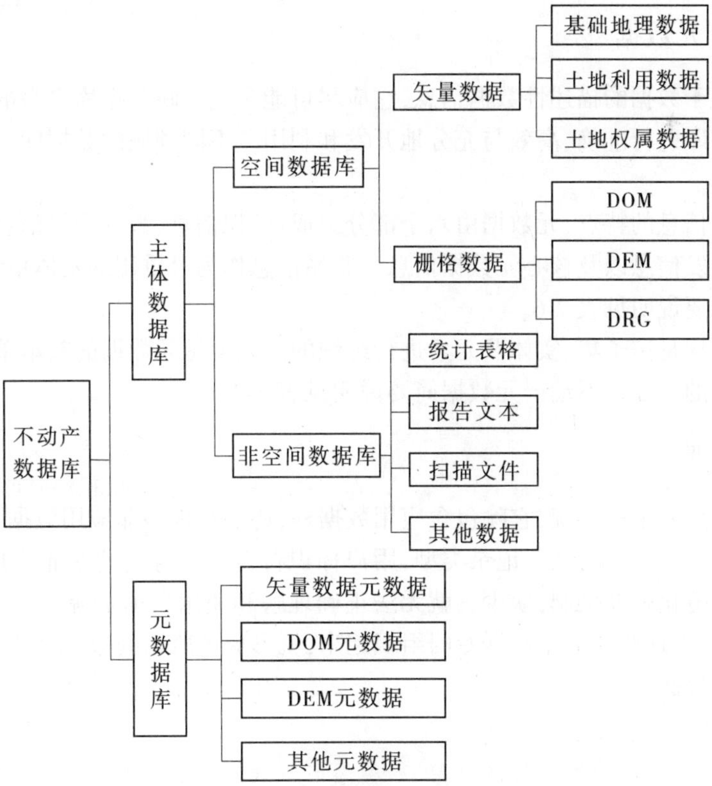

图 7-6　不动产数据库逻辑结构

四、不动产数据库的数据层

不动产数据库的数据层与大多数的空间数据库一样,都是按照逻辑类型分成不同的数据层进行组织数据。分层的概念是将空间数据按属性内容进行划分,不同内容的数据属于不同的层。分层将不同性质的数据分开存储管理,有助于更有效地组织和管理空间数据。不同层次数据的组合,则为我们提供了不同类型的空间信息。

数据层的划分一般按照数据的类型进行,它是数据分层的主要依据,同时还要考虑数据之间的关系,如考虑两类地物共享边界(道路和行政边界重合)等,数据之间的关系在数据分层时应体现出来。在进行数据分层时应考虑以下因素:

(1)具有同样的特性,即数据有相同的属性信息。

(2)比例尺的一致性。

(3)该层数据会有同样的使用目的和方式。

(4)不同部门的数据通常应该放入不同的层,便于维护。

(5)数据库中需要不同级别安全处理的数据。

(6)数据库中各类数据的更新可能使用各种不同的数据源,在分层中,使用不同数据源更新的数据也应分层进行存储,以便于更新。

(7)即使是同一类型的数据,有时其属性特征也不相同,所以也应该分层存储。

按照《不动产登记数据库标准》(试行),不动产数据库将数据分为 4 层,见表 7-5。

五、不动产元数据

元数据是关于数据的描述性数据信息,它应尽可能多地反映数据库自身的特征规律,以便于用户对数据库进行准确、高效与充分地开发和利用。不同领域的数据库,其元数据的内容会有很大差异。

根据不动产信息的特点,元数据由六个部分组成:标识信息、数据质量信息、参照系统信息、内容信息、分发信息以及核心元数据信息。联系信息作为可重用的实体单独列出。上述组成部分及其简要说明见表 7-6。

不动产元数据是按子集、实体及元素进行组织的。元素是元数据的基本单元,用于描述数据集某一具体的特征。不动产元数据简要说明见表 7-7。

六、数据字典

数据库是一个复杂的系统,它除包含应用数据外,还涉及很多非应用数据,如模式、子模式的内容,数据项的类型和长度,记录类型,用户标识符合口令等。这些非应用数据是整个数据库系统的规范化解释机制,缺少它就无法正确理解和使用数据资源。为了便于理解和使用数据库系统,将这些非应用数据专门组织起来,就形成了所谓的数据字典。图 7-7 为××软件的数据字典界面。

表 7-5 不动产数据库空间要素分层名称及各层要素

序号	层名	子层名	层要素	几何特征	属性表名	约束条件	说明
1	行政区划		行政区	Polygon	XZQ	M	
			行政区界线	Line	XZQJX	M	
			行政要素注记	Annotation	ZJ	M	
2	地籍分区	地籍区	地籍区	Polygon	DJQ	M	
		地籍子区	地籍子区	Polygon	DJZQ	M	
3	不动产单元	所有权宗地	所有权宗地	Polygon	ZDJBXX	M	
			宗地注记	Annotation	ZJ	O	
			界址线	Line	JZX	M	
			界址线注记	Annotation	ZJ	O	
			界址点	Point	JZD	M	
			界址点注记	Annotation	ZJ	O	
		使用权宗地	使用权宗地	Polygon	ZDJBXX	M	
			宗地注记	Annotation	ZJ	O	
			界址线	Line	JZX	M	
			界址线注记	Annotation	ZJ	O	
			界址点	Point	JZD	M	
			界址点注记	Annotation	ZJ	O	
		宗海（含无居民海岛）	宗海	Polygon	ZHJBXX	M	
			宗海注记	Annotation	ZJ	O	
			界址线	Line	JZX	M	
			界址线注记	Annotation	ZJ	O	
			界址点	Point	JZD	M	
			界址点注记	Annotation	ZJ	O	
		房屋	自然幢	Polygon	ZRZ	M	
			构筑物	Polygon	GZW	M	
		其他定着物	面状定着物	Polygon	MZDZW	O	
			线状定着物	Line	XZDZW	O	
			点状定着物	Point	DZDZW	O	
4	栅格数据	栅格数据	航空数字正射影像图	Image	SGSJ	O	
⋮	⋮	⋮	⋮				

表 7-6　元数据的组成部分及其简要说明

名称	简要说明
元数据信息	关于元数据的信息
标识信息	唯一标识数据集的信息
数据质量信息	数据集质量的总体评价
空间参照系统信息	数据集使用的空间参照系统的说明
内容信息	数据集内容的描述
分发信息	关于数据集的分发者及数据获取方式的信息
负责单位联系信息	负责单位及其联系的地址、电话、电子信箱地址、网址等信息

表 7-7　不动产元数据的简要说明

子集	实体	元素	简要说明
核心元数据信息		日期	元数据发布或最近更新的日期
	联系	(见负责单位联系信息)	元数据负责单位的联系信息
标识信息	数据集引用	名称	数据集的名称
		日期	数据集的发布或最近更新日期
		版本	数据集的版本
		语种	数据集使用的语种
		摘要	数据集内容的概要说明
		现状	数据集的现状
	地理范围	西边经度	数据集覆盖范围最西边的经度坐标
		东边经度	数据集覆盖范围最东边的经度坐标
		南边纬度	数据集覆盖范围最南边的纬度坐标
		北边纬度	数据集覆盖范围最北边的纬度坐标
	地理描述	地理标识符	说明数据集空间范围约定俗成的或众所周知的地点或区域名
	时间范围	起始时间	数据集原始数据生成或采集的起始时间
		终止时间	数据集原始数据生成或采集的终止时间
	垂向范围	最小垂向坐标值	数据集中最小高程或深度
		最大垂向坐标值	数据集中最大高程或深度
		计量单位	高程或深度值的计量单位

续表 7-7

子集	实体	元素	简要说明
标识信息		表示方式	表示信息的方法
		空间分辨率	数据集空间数据密度的参数
		类别	数据集专业或专题内容的类别代码
		影像轨道标识	影像覆盖的列和行标识
	数据集联系信息	(见负责单位联系信息)	与数据集有关的单位联系信息
	静态浏览图	文件名称	静态浏览图的文件名
	数据集限制	使用限制代码	使用数据集时涉及隐私权、知识产权的保护或任何特定的约束、限制或注意事项
		安全等级代码	数据集安全限制的等级名称
	数据集格式	名称	数据集分发者提供的数据交换格式名称
		版本	数据格式的版本号
数据质量信息		概述	数据集质量的定性和定量的概括说明
		数据志	从数据源到数据集现状的演变过程的说明
空间参照系统信息	SI_基于地理标识的空间参照系统	名称	基于地理标识的空间参照系统名称
	SC_基于坐标的空间参照系统	大地坐标参照系统名称	大地坐标参照系统名称
		坐标系统类型	坐标系统类型名称
		坐标系统名称	坐标系统名称
		投影参数	投影坐标系统的参数说明
		垂向坐标参照系统名称	垂向坐标参照系统名称
		图层名称	矢量数据集所包含的图层名称
		要素(实体)类型名称	具有同类属性的要素(实体)类名称
		属性列表	描述要素(实体)类主要属性内容的文字表述
		栅格/影像内容描述	栅格或影像数据集的内容(属性)描述
	数字传输选项	在线连接	网络的地址
	分发者	(见负责单位联系信息)	可以获取数据的单位联系信息
		负责单位名称	负责单位的名称

续表 7-7

子集	实体	元素	简要说明
空间参照系统信息	联系信息	联系人	联系人姓名
		职责	负责单位的职责
		电话	负责单位或联系人的电话号码
		传真	负责单位或联系人的传真号码
		通信地址	负责单位或联系人的通信地址
		邮政编码	邮政编码
		电子信箱地址	负责单位或联系人的电子信箱地址
		网址	网络的地址

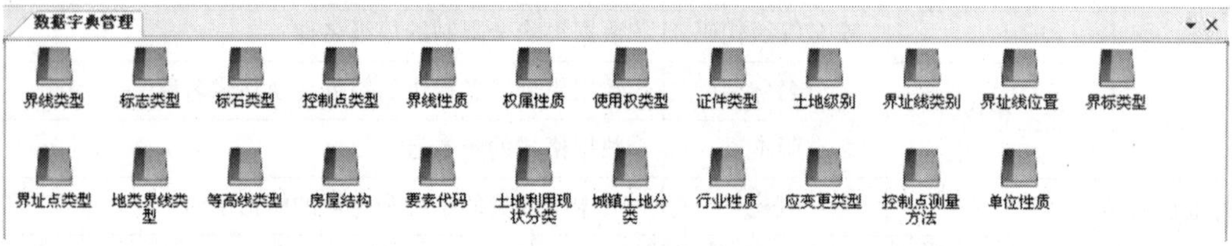

图 7-7　数据字典

数据字典也叫数据目录,它是数据库设计与管理的有力工具。在数据的收集、规范化和管理等方面都需要数据字典。虽然数据字典并非数据库所独有,但对于数据资源多、关系复杂和多用户共享的数据库来说,数据字典起着重要的作用。数据字典的主要内容是关于数据类型的登记表,给出数据的名称、定义、组成和属性等。数据库的活动将参照这些信息进行。由于数据字典的内容比较复杂,应对它进行严密地组织,也要用数据模型加以描述。这种描述分源形式和目标形式,包括模式表、子模式表、用户表、物理文件或区域表、内码与自然语言对照表、同义词的定义与表示等。

由此看来,需要为数据字典设立一个询问机制,对数据字典中的信息进行查询、插入、修改、删除等操作,从而给数据字典赋予“数据库”的本质,即它是关于数据描述信息的一种特殊的数据库。由于数据字典存储的主要是关于应用数据的定义数据,这种关于数据的数据称为元数据(meta data)。有关元数据的内容将在下节介绍。

任务三　不动产数据建库与检查

【任务目标】

1. 理解不动产数据库整个建库流程。
2. 理解并掌握不动产数据库整个建库前期数据分析及预处理阶段。
3. 理解并掌握不动产数据库整个建库的数据处理阶段。
4. 理解并掌握不动产数据库整个建库的数据检查阶段。
5. 理解并掌握不动产数据库整个建库的数据入库阶段。

6. 理解并掌握不动产数据库整个建库的质量控制阶段。

【学习过程】

1. 教师讲授。

2. 课件展示。

3. 视频观看。

4. 分组讨论。

5. 上机实训。

【学习成果】

1. 每人一份数据库建库成果。

2. 每人一份数据库建库报告。

【知识导航】

建立不动产数据库是一项复杂的工作,这项工作是将地面上的实体图形数据及其描述性属性数据输入到数据库中。其建库的内容主要包括:

(1)基础地理信息数据:包括测量控制点、行政区划、等高线、房屋等。

(2)不动产权属数据:包括宗地、界址线、界址点等。

(3)土地利用数据:包括地类图斑、地类界线、线状地物等。

(4)栅格数据:包括 DEM、DOM、DRG 和其他栅格数据。

(5)元数据:矢量数据元数据、DOM 元数据、DEM 元数据等。

(6)表格、报告文本、扫描文件等其他数据。

不动产数据库整个建设流程包括前期源数据分析、数据采集与处理、数据入库、成果汇交等。图 7-8 为不动产数据建库的流程。根据国内外的经验,建立一个一定规模的不动产信息系统,数据获取的工作量占整个系统建设的 3/4 左右。本任务将从前期源数据分析、数据的采集、数据检查、数据入库、数据库质量控制、数据库成果汇交进行介绍。

一、前期数据分析及预处理

不动产数据库入库前期数据分析及预处理

(一)数据收集

收集相关部门空间数据、登记信息、档案数据、影像数据和其他。

1. 空间数据收集

(1)最新农村土地利用现状年度更新数据库。

(2)城镇地籍数据库或更新数据库。

(3)农村集体土地所有权数据库等,以及相关元数据信息及空间坐标信息。

(4)宅基地使用权和集体建设用地使用权成果。

(5)还需收集地籍图、宗地图、测量范围线、建设用地批地范围线等,以及相应空间坐标信息及其数据说明;经过验收的城区地形图成果。

2. 影像数据收集

农村集体土地所有权和使用权确权工作底图、国情普查工作底图、农村土地经营权确权工作底图,以及其他大比例尺、时效性强的 DOM。

3. 登记信息收集

主要收集登记簿及与宗地相关联的权利人信息、登记业务信息、登记台账记录以及相应

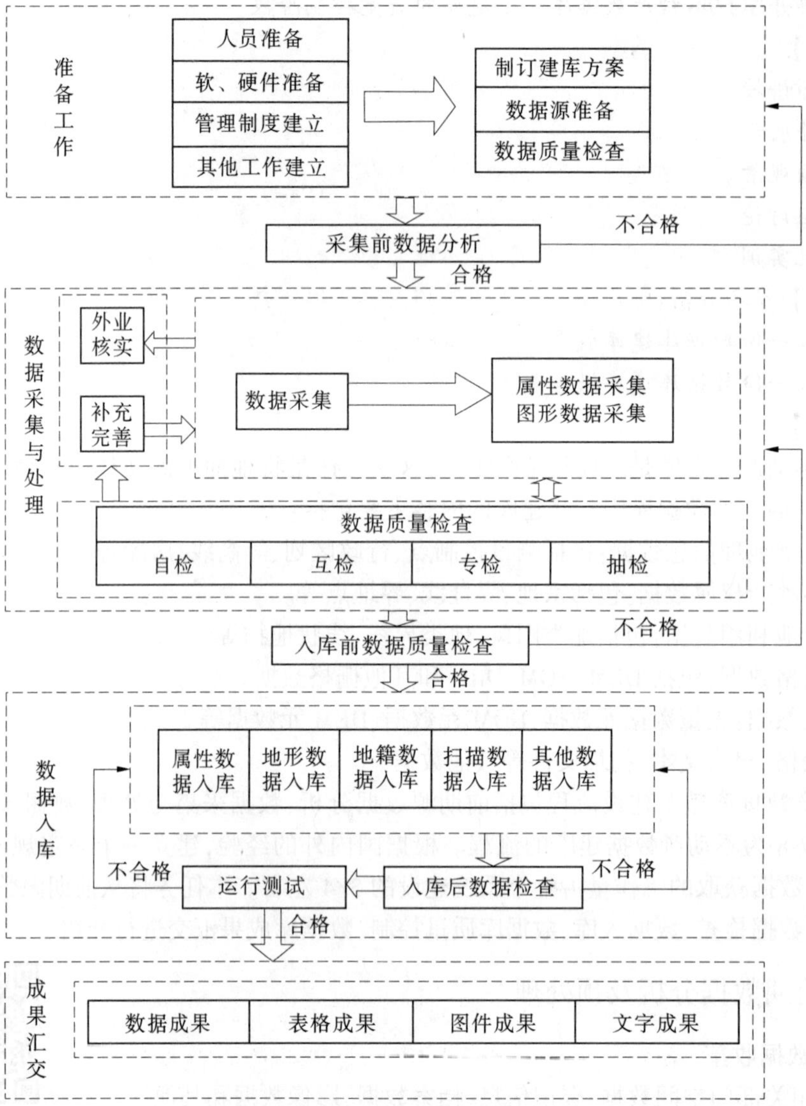

图 7-8　不动产数据库建设流程

关联的地役权、抵押权、查封登记、异议登记、预告登记等他项权利信息。

有登记信息系统的，需收集登记数据库。

4. 其他收集

(1) 土地登记工作有关的。

(2) 登记信息系统管理有关的，收集主管部门空间数据、楼盘表数据、登记簿数据、档案数据。

(二) 数据检查分析

检查、分析相关部门图形、属性、登记、档案源数据：

(1) 数据类型分析：确定数据源的存储形式和数据格式，选择数据采集融合方法。

(2) 现势性分析：确定数据源的现势性，分析其是否符合当前现状实际，与实际不一致的需剔除，并开展权籍调查或变更调查。

(3)完整性分析:判断数据源的空间覆盖范围、登记信息内容和档案数据是否完整,不完整的需找出原因并后期补充完善。

(4)一致性分析:判断数据源的面积单位、小数点位数等是否与《不动产登记数据库标准》(试行)一致,不一致的确定换算方法。

(5)规范性分析:用地籍、房产现行的技术标准对照不动产登记簿和《不动产登记数据库标准》(试行)进行分析,找出源数据与不动产登记簿之间的差异,确定同名异质、同质异名的转换规则。

(6)空间参考分析:确定是否需要投影转换,以及转换方式、方法。

(7)合法性分析:不动产数据库要求是经过验收(或审查)合格的资料(或数据),必须对数据源进行合法性分析。

(三)数据预处理

数据预处理主要是对空间要素部分的地形数据、宗地数据及其空间上的自然幢进行处理。根据不动产权籍调查形成的地形测量成果、宗地、自然幢进行处理。包括进行图层的整理提取(如房屋层、道路层等),并按图层(如行政区划层、房屋层、道路层、河流层、山体绿化等)进行分层管理,并给基础图中每幢房屋赋予属性信息。对图形进行拓扑构面等处理后形成空间要素数据库。

1. 宗地处理

宗地主要包括宗地编号处理、宗地界线信息处理、宗地属性信息录入和权籍调查信息录入。

1)宗地编号处理

根据预处理的宗地图形,利用建库软件自动提取宗地编号,建宗地编码。

选择好要进行编号的地籍子区,设置好地籍子区层名、子区代码字段、土地所有权类型、宗地特征码、编号顺序和编号规则后,对宗地号进行编排。

2)宗地界址提取

提取宗地界址点信息和宗地界址线信息,宗地界址信息根据权籍调查表处理。不动产数据中的宗地界址点是以宗地节点来构建,也就是宗地面积用界址点算面积,因此在宗地界址处理过程中,对宗地拓扑处理不能打破地块的界址点和地块节点关系,保证数据处理前后宗地的拓扑结构一致。

3)宗地地籍调查权属信息

依据权籍调查表信息完成宗地地籍权属调查信息的建库处理。

2. 房产数据处理

(1)幢、层及户属性信息处理。依据权籍调查表信息,逐幢、逐层、逐户录入房产相关的幢层户信息。

(2)以幢为单位,逐层根据权籍调查信息进行核对,修改补录。

(3)根据整理好后的楼盘表,逐户信息进行录入。

3. 房屋落宗处理

(1)房屋落宗处理包括自然幢构建和房屋与宗地信息关联处理。

(2)自然幢是空间上建立宗地与房产的枢纽,根据上述对自然幢数据的处理,以地籍数据的房屋面为基础构建自然幢。

(3)依据房屋面构建自然幢,进行房屋幢落宗处理。

(4)结合幢基层落宗和分层分户图平移旋转,建立幢和分户图中基层面的空间套合,从而构建自然幢。

(5)对于存在对应的幢的分户图,可以进行分摊项目和幢之间的挂接。从转换好后的数据中调用分摊信息,对分摊信息进行核对后,建立分摊信息与幢的关联。

(6)将调查形成的分层分户图成果转换成图片成果,以不动产单元号命名分层分户图,从而建立分层分户图的文件存储。

(7)房屋落宗后,形成唯一的不动产单元号。

二、数据处理

数据处理是对数据进行必要编码和输入数据库的操作过程,由于不动产数据源的多样性,要求对不同的数据格式进行转换,以保证数据格式的一致性。

不动产数据库入库数据处理

(一)矢量数据处理

1. 矢量数据处理的方法

根据数据源的情况主要有以下几种处理方法。

1)基于外业电子数据处理

当数据源为野外测量的控制点、界址点坐标及勘丈数据时,采用以下方法处理:

(1)采用 GNSS、全站仪、测距仪等测量设备处理数据。根据数据计算控制点、界址点坐标,导入转换成图。

(2)电子文档转换。将控制点、界址点坐标成果表录入,建立坐标文件,或将原始的电子文档,经过数据转换成图。

(3)测量数据编辑。将外业测量数据,如测量草图中不动产单元的边长、角度等,按其测量方法计算坐标,编辑成图。

2)矢量数据转换

当数据源为矢量数据或已建数据库时,应先进行数据格式、数学基础、数据精度、现势性、数据分层等方面的检查,然后进行数据转换和相应处理。

3)基于数字正射影像数据提取

当数据源为 DOM 时,依据影像特征,参照已有的收集资料进行内业解译处理。

4)扫描矢量化

当数据源是纸介质图件时,可对其进行预处理、扫描、纠正、矢量化等处理。

2. 矢量数据处理的要求

1)编辑处理原则

(1)图形编辑处理应严格以数据源为依据,数据编辑处理精度须在限差规定范围内。

(2)图形编辑处理可采用自动、半自动化、人工手动或几种方式相结合的处理方法。

(3)编辑处理过程因处理软件的不同而有所区别,实际操作时按软件要求进行。

2)矢量数据校正

矢量数据校正最少采用四个控制点,图纸变形较大时应适当增加控制点。

3)图形编辑

在数字化初步完成后,应对矢量图形进行检查和编辑,如图形要素移动、缩放、修改、复制、补注记等,以保证图形矢量化的准确性和完整性。

4)坐标系变换

对采用不同坐标系需要进行坐标系变换的图件数据,按要求进行坐标变换。

5)拓扑关系建立

对不动产单元、街坊、街道、行政区界线等应建立图形点、线、面间拓扑关系。

3. 逻辑一致性要求

(1)空间要素图层命名、结构描述、字段内容按照《不动产登记数据库标准》(试行)要求执行。

(2)有关联关系的不同要素间的属性内容应保持逻辑一致性。

(3)空间要素应建立完整正确的拓扑关系。各要素不存在线段自相交、两线相交、线段打折、悬挂点或伪节点;图层间不存在重叠、相交;图层内不存在重叠、相交、缝隙、碎片以及尖锐角多边形等。

(二)属性数据处理

1. 属性数据处理方法

属性数据处理可分为手工录入、分析计算和直接导入三种方式。

1)手工录入

对于从外业调查获得的纸介质属性值须手工输入,其录入方法有:依据外业调查底图、农村土地调查记录手簿等逐个图斑录入属性数据;利用数据库软件集中录入属性数据,并通过标识码与矢量数据关联。

2)分析计算

通过数值计算、空间分析等方法,对属性项进行计算赋值。

3)直接导入

依据《地籍调查规程》(TD/T 1001—2012)和《不动产登记数据库标准》(试行)等对已有不动产数据库的属性数据或外业处理的电子形式属性数据进行转换、编辑、完善,并直接导入数据库中。

2. 属性数据处理要求

(1)数据结构和编码方法符合《不动产登记数据库标准》(试行)要求。

(2)属性数据处理以数据源为依据。

(3)属性值应保证正确无误。

(4)属性数据与矢量数据应保持逻辑一致性。

(三)栅格数据的处理

1. 栅格数据处理方法

(1)DOM 获取方法主要是收集有关部门的 DOM 数据,统一数学基础,然后进行数据入库。

(2)DRG 处理是通过对纸介质图件进行扫描、栅格编辑、图幅定向、几何纠正等工艺处理生成 DRG 数据。

(3)对需要保存的审批文件、合同、土地权属界线协议书等相关文档资料,直接采用扫描仪、数码相机等设备进行扫描或拍照,生成存档数据文件。

2. 栅格数据处理要求

1) DOM 处理要求

(1)数学基础正确,覆盖范围完整,平面精度符合要求。

(2)无明显的拼接痕迹,影像镶嵌几何接边不出现重影或模糊。

(3)影像清晰,反差适中,色调均匀。

(4)数据格式采用 TIFF 加地理定位信息文件,或直接采用 GeoTIFF。

(5)元数据文件、附加信息文件内容无错漏。

2) DRG 处理要求

(1)图廓线、千米格网线等内容完整,图廓点、千米格网点坐标与理论值偏差不大于一个像元。

(2)分辨率不低于 300dpi,图像清晰、不粘连。

(3)色彩统一、RGB 值正确。

(4)与原图内容一致。

(5)数据格式采用 TIFF 加地理定位信息文件,或直接采用 GeoTIFF。

(6)具体要求参见《基础地理信息数字产品 1∶10 000、1∶50 000 数字栅格地图》。

3) 存档文件处理要求

(1)分辨率不低于 300 dpi,图像清晰、不粘连。

(2)色彩统一、RGB 值正确。

(3)与原资料内容完全一致。

(4)存储为 BMP 或 JPEG 格式文件。

(5)需要有说明文件,附加说明文件内容无错漏。

三、数据检查

数据检查主要包括数据完整性检查、矢量数据检查、属性数据检查、相关性检查、栅格数据检查。

不动产数据库入库
数据检查

(一)数据完整性检查

主要检查以下内容:

(1)必选图层齐全,基础地理、土地利用、土地权属、其他要素、独立要素等要素完整。

(2)矢量数据、栅格数据和元数据命名正确,格式内容符合要求。

(3)数学基础符合相应规程、规范的要求。

(二)矢量数据检查

1. 空间参考系检查

检查空间数据的坐标系统、高程基准、投影参数是否符合要求。

2. 逻辑一致性检查

(1)检查图层设置是否正确,包括多余或缺失图层及空图层检查。

(2)检查数据属性结构定义是否正确,即多余或缺失字段检查、字段类型、字段长度、字段顺序检查。

(3)检查数据中是否存在命名与类型不符的图层。

(4)相邻图幅自然接边,逻辑一致,同时其属性和拓扑关系保持一致。

3. 拓扑一致性检查

(1)检查同一图层内是否存在面与面重叠,包括完全重叠与部分重叠(面相交),一般来说容差设为 0.000 1 m。

(2)检查同一面层内不同面要素之间是否存在缝隙,面裂隙容差为 0.000 1 m,如图 7-9 所示为图形间有缝隙。

(3)检查同一图层内不同要素间线要素是否有重叠或与自身重叠的错误,如图 7-10 所示为图形间重叠。

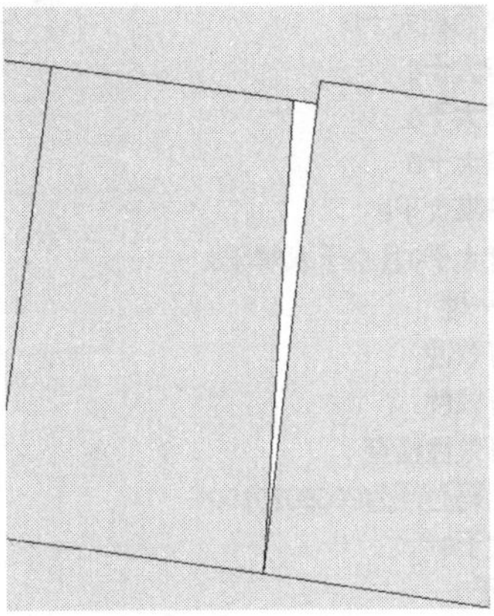

图 7-9 数据检查缝隙

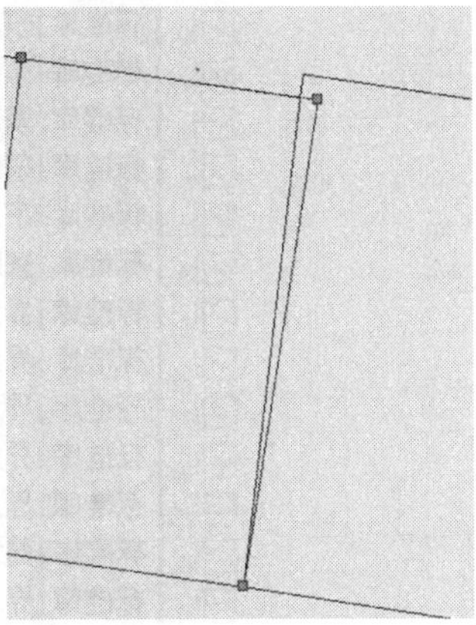

图 7-10 数据检查重叠

(4)检查同一图层内线要素是否有自身相交的错误。

(5)检查同一图层内线要素是否存在角度小于阈值的拐角,角度阈值一般设为 20°。

(6)检查同一图层内线要素是否存在悬挂。

(7)检查数据中存在的伪节点错误。

(8)检查数据中的碎片多边形错误。

4. 图形精度检查

采用计算机自动检查与人机交互检查相结合的方法进行检查:

(1)检查图形采集精度是否满足要求。图内各要素与数字正射影像图吻合,无图形错误和遗漏。

(2)明显要素位置精度一般不超过图上 0.3 mm。

(3)检查矢量数据节点精度是否符合要求。

(4)检查公共边采集是否满足规范要求。

(三)属性数据检查

按照《不动产登记数据库标准》(试行)要求,检查各图层、各字段的值是否存在错漏。如图 7-11 所示为属性数据检查界面。

(四)相关性检查

主要检查下列各相关要素层之间的逻辑关系是否正确:

(1)检查县级以上行政界线是否与国家下发界线一致,检查(乡)镇级及以下行政界线的调整是否按照县级以上人民政府批准文件执行。

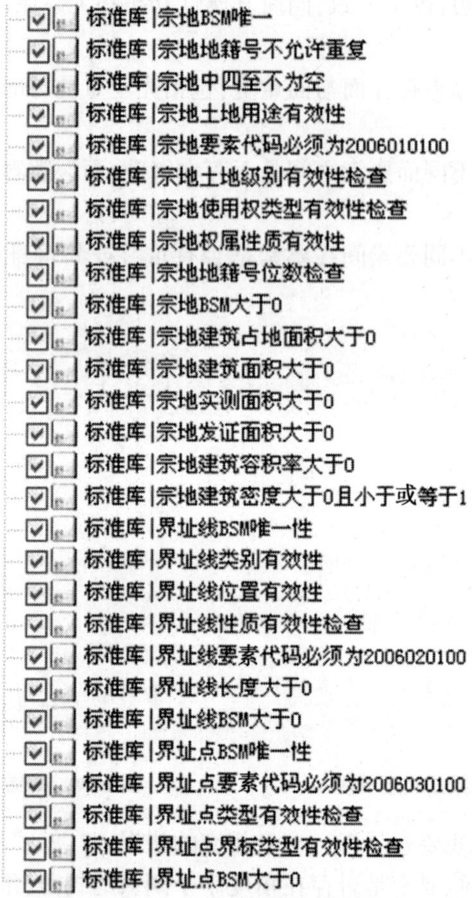

图 7-11　属性数据检查界面

(2)检查关联图层和核心图层空间范围与属性的一致性。

(3)面、线、面面、面线、线线等图形要素拓扑关系正确。

(4)地类图斑面积之和与控制面积保持一致。

(5)权利关系逻辑重复性检查,不动产单元号唯一性检查。

(6)图形要素与属性表记录对应关系正确。

(五)栅格数据检查

不动产数据库栅格数据主要包括 DOM、DEM、DRG。

1. 空间参考系检查

检查空间数据的坐标系统、高程基准、投影参数是否符合要求。

2. 位置精度检查

(1)DOM 数据检查影像的同名地物点位置中误差。

(2)DRG 数据检查图廓角点、千米网线交点、图廓与千米网线交点等处像素的坐标与理论位置偏移是否超限。

(3)DEM 数据要检查高程中误差、套合差以及同名格网高程值符合性。

3. 逻辑一致性检查

(1) 检查数据文件存储组织是否符合要求。

(2) 检查数据文件格式是否符合要求。

(3) 检查数据文件是否存在缺失、多余、数据无法读出。

(4) 检查数据文件名是否符合要求。

4. 现势性检查

检查原始资料、成果数据的现势性是否符合要求。

5. 影像/栅格质量检查

采用计算机自动检查与人机交互检查相结合的方法进行检查。

(1) DOM 数据检查地面分辨率是否符合要求。

(2) DOM、DRG 数据检查扫描分辨率是否符合要求。

(3) DEM 数据检查网格尺寸是否符合要求。

(4) DOM、DEM 数据检查格网/图幅范围是否符合要求。

(5) DOM、DRG 数据检查色彩模式是否符合要求。

(6) DOM 色彩特征是否符合要求。

(7) DOM 数据检查影像噪声、污点、划痕等的影响程度。

(8) DOM、DRG 数据检查因纹理不清、影像模糊、裂缝、漏洞等引起无法判读、信息丢失的程度。

(9) DRG 数据检查 RGB 值的正确程度及数字栅格地图杂色程度等。

四、数据入库

借助数据库管理系统,将图形和属性数据转入不动产数据库管理系统,步骤如下:

(1) 根据《不动产登记数据库标准》(试行)的要求,建立数据字典和图幅索引。

(2) 建立元数据库,其内容和格式要符合要求。

(3) 将经过质量检查合格的矢量、属性、栅格等数据转入应用数据库,具体入库内容包括:

①基础地理数据入库。

基础地理数据入库包括行政区、行政区界线、行政区注记、地籍区、地籍子区等空间数据入库,还包括属性表达的标准化。此部分数据入库后必须满足空间数据的质量要求,并生成标识码。

②宗地数据入库。

将不动产单元空间数据入库,根据《不动产登记数据库标准》(试行)的要求进行属性值代码化、表达标准化。此部分数据入库后必须满足空间数据的质量要求,并生成标识码。

包括集体土地所有权宗地、集体土地所有权宗地界址线、集体土地所有权宗地界址点、建设用地使用权宗地、建设用地使用权宗地界址线、建设用地使用权宗地界址点等类空间信息。

③自然幢数据入库。

将自然幢空间数据入库,根据《不动产登记数据库标准》(试行)的要求进行属性值代码化、表达标准化。此部分数据入库必须满足空间数据的质量要求,并生成标识码。

④权利数据入库。

将不动产登记数据库表信息进行标准化、代码化,并导入到不动产登记信息的权利数据库表中。此部分数据入库后必须满足数据完整性、逻辑关系一致性以及语义一致性的要求。

⑤权利人数据入库。

将权利人数据进行代码化,并导入到不动产登记信息的权利人数据库中。此部分数据入库后必须满足数据完整性、逻辑关系一致性的要求。

⑥登记业务数据入库。

将档案数据库,依据《不动产登记数据库标准》(试行)进行关联挂接或者转换成符合《不动产登记数据库标准》(试行)中登记业务类数据库。此部分数据入库后需要满足不动产登记对历史业务处理过程查询的要求。

⑦不动产登记信息元数据生成。

参照国家核心元数据标准,在信息入库后形成不动产登记信息元数据。

(4)根据软件功能进行系统运行测试,验收合格后由技术负责人签字认可。

五、质量控制

(一)质量控制原则

(1)统一标准原则:数据建库中数据内容、分层、结构、质量要求等要严格依据《地籍调查规程》(TD/T 1001—2012)、《不动产登记数据库标准》(试行)等规范的规定。

(2)过程控制原则:要对数据采集、数据入库等过程中的每一重要环节进行检查控制,以免环节出错造成误差传递、累加等,同时要保证建库过程的可逆性。

(3)持续改进原则:在数据采集、检查、入库等各环节中,不断优化各环节的数据处理流程和方法,保障数据质量。

(4)质量评定原则:对数据库数据进行质量评定,及时、准确地掌握数据的质量状况,及时发现建库中存在的问题,保证数据建库成果的质量。

(二)数据源质量控制要求

(1)根据数据源质量要求对其进行质量检查,并填写数据源质量检查表,见表7-8。

(2)检查不动产权籍调查表等记录表的规范性、完整性、逻辑一致性,并对照图件检查对应关系。

(3)检查数字形式数据源的数据格式和数学基础等。

表7-8　数据源质量检查表

项目名称			检查日期	
检查单位			负责人	
资料名称	检查内容	检查结果	检查及处理方法	
总体意见				

(三)数据处理质量控制

采用环节质量控制和交接检查的方法,对过程质量进行控制。

(1)作业员对其作业过程及重大问题应当记录。

(2)作业员对数据进行全面自查,技术负责人组织作业员互查。

(3)由专业质量检查员对重要环节进行重点检查，并填写质量控制检查及处理表，见表 7-9。

表 7-9　质量控制检查及处理表

图幅号		质量检查负责人		作业日期	
环节名称	质量控制项目	检查及处理结果			
图件扫描及纠正（作业员：　）	扫描仪型号和主要性能				
	扫描主要参数				
	纠正控制点数目和纠正方法				
	扫描影像清晰度和纠正精度检查结果				
矢量数据采集（作业员：　）	数字化精度屏幕套合及检查结果				
属性数据采集（作业员：　）	面积数据汇总检查结果				
	软件逻辑一致性检查结果				
	属性数据精度检查用图主要检查结果				
数据接边处理（作业员：　）	接边处理检查结果				
数据拓扑处理（作业员：　）	拓扑处理检查结果				
数据坐标变换和投影变换处理（作业员：　）	坐标变换检查结果				
	投影变换检查结果				

(4)不同作业员进行不同作业环节的数据交接时，进行数据交接检查，交接检查卡见表 7-10。

表 7-10　交接检查卡

环节名称					
操作工艺					
质量依据					
完成内容					
环节负责人		质量检查员		检查日期	
环节作业员					
环节质量检查记录					
交接检查结论	技术负责人：				
下道环节		环节负责人			

(四)数据入库质量控制

(1)数据入库前应对数据进行 100%的数据质量检查,其检查表如表 7-11 所示。

表 7-11　数据入库前检查表

检查项	检查内容	是否符合要求	备注
矢量数据几何精度和拓扑检查	数据基础		
	几何精度		
	完整性		
	拓扑关系		
属性数据的完整性和正确性检查	完整性		
	正确性		
	逻辑一致性		
图形和属性的一致性检查	图形要素与属性表记录对应		
	面状图层一致性检查		
	点状图层一致性检查		
	线状图层一致性检查		
接边完整性检查	各图幅是否进行接边处理		
	接边质量检查		

注:要求对检查出的错误进行全面修改更正,确实无法修改的在备注中写明原因。

(2)数据入库后要对计算机自动输出成果进行检查,其检查表如表 7-12 所示。

表 7-12　数据入库后检查表

检查项	检查内容	结果	备注
表格成果	输出表格是否完整		
	表格格式是否正确		
	表格的逻辑一致性是否正确		
图件成果	完整性		
	正确性		
	逻辑一致性		

注:要求对检查出的错误进行全面修改正确,确实无法修改的在备注中写明原因。

(3)数据运行过程中要对数据库做整体的安全运行检查,其检查表如表 7-13 所示。

表 7-13 数据库安全运行检查表

数据库名称			
数据库软、硬件情况			
数据库性能			
数据库安全性			
数据库运行情况			
存储空间占用率			
系统异常情况			
其他事宜			
数据库检查员签名		登记日期	
单位领导签名		签字日期	

任务四 不动产数据库更新与管理

【任务目标】

1. 理解并掌握不动产数据库更新的方法和要求。
2. 理解并掌握不动产数据库的管理功能。
3. 理解并掌握不动产数据库安全管理与维护。

【学习过程】

1. 教师讲授。
2. 课件展示。
3. 视频观看。
4. 分组讨论。
5. 场地实训。

【学习成果】

1. 每人一份数据库更新练习成果。

【知识导航】

一、不动产数据库更新

(一)数据库更新目的与依据

为保证不动产数据库的现势性和准确性,依据不动产变更登记要求,对于宗地的合并、分割、继承、赠与,不动产权利人的更名、更址以及不动产用途的变更等多种情况,应在不动产变更登记的基础上进行数据库更新。

(二)数据更新方法及要求

(1)应按照变更登记流程进行不动产变更资料录入。

(2)由于来源变更数据源类型和精度的差异,原则是精度低的数据服从精度高的数据。

(3)在进行数据变更时,须保证图形和属性同步变更,保持图属对应关系一致性。

(4)变更前数据作为历史数据存放,现状数据和历史数据间必须建立关系。

(5)变更数据与未变更数据间应保证严格的拓扑关系。

二、不动产数据库管理功能

不动产数据库管理功能

(一)数据采集与处理功能

(1)图像处理功能要求。能对图像进行配准处理,能对各种图像格式进行输入和输出转换,主要包括 TIFF、GeoTIFF、JPG、IMG 等图像格式的输入和输出。

(2)空间参考系转换功能要求。能进行坐标变换,主要包括 1954 北京坐标系、1980 西安坐标系转换成 2000 国家大地坐标系,CGCS2000 坐标系、地方坐标系等不同坐标系的相互转换;能进行投影变换,主要包括高斯-克吕格投影、墨卡托投影、彭纳投影等不同投影的相互转换。

(3)图层编辑功能要求。能进行图层编辑,主要包括增删图层、修改图层名称、图层状态编辑、修改图层次序等功能。

(4)矢量化采集功能要求。能进行图形数据的矢量化采集,主要包括点、线、面的增、删、改等,对点、线、面等多种对象的延伸、连接、旋转、合并、分解等编辑功能和对编辑对象的多种捕捉功能。

(5)电子数据采集功能要求。能进行电子数据采集,主要包括键盘输入坐标点和批量导入 GNSS、全站仪等测量仪器的电子数据等功能。

(6)属性数据采集功能要求。能进行属性数据的采集,主要包括数据结构的编辑与修改、属性值的编辑与修改、属性值批量分析计算录入、批量属性数据的导入等。

(7)检查与处理功能要求。能对数据进行检查并具有一定的错误处理功能,主要包括拓扑检查与处理、一致性检查与处理、完整性检查与处理等。

(8)数据格式转换功能要求。能按照《不动产登记数据库标准》(试行)中规定的交换格式进行数据交换;主要包括能够导入《不动产登记数据库标准》(试行)中规定的数据交换格式、能够按《不动产登记数据库标准》(试行)交换格式导出数据。

(二)数据管理与应用功能

(1)数据库维护与管理功能要求。应具有对数据库各种数据的管理与维护功能,主要包括各图层、数据结构、数据字典、元数据等的管理及维护。

(2)数据库安全管理功能要求。应满足不动产数据安全管理的需要,主要包括用户权限设置、密码设置、备份与恢复、出错处理等。

(3)信息查询功能要求。系统应提供多种查询功能,包括图形查属性、属性查图形、不动产登记信息查询、历史回溯查询等功能。

(4)专题图制作功能要求。具有不同专题图的制作功能,主要包括宗地图、不动产权籍图等各种专题图的制作。

(5)统计分析功能要求。具备不动产管理中常见报表统计分析功能,主要包括界址点成果表、宗地面积计算表、土地分类面积统计表等统计汇总,对全市或一个区(或街道、街坊)范围按权属性质、建筑容积率、建筑密度等的统计,并生成统计图和表等。

(6)不动产管理相关卡表生成功能要求。具有表、卡、证、册制作与输出功能,主要包括打印宗地的相关表卡证册、生成登记区域内的归户卡等。

(7)变更登记功能要求。具有变更登记功能,包括具有完整的变更流程、对流程进行调整与自定义、审查条件设定、能自动检查以前抵押登记资料、能完成各类图形变更等功能。

(8)历史数据管理功能要求。具有历史信息的存储、查询和追溯功能,主要包括图形与属性历史信息的保存、能对历史信息进行追溯查询等。

三、不动产数据库安全管理与维护

在不动产数据库的建设过程中,建设单位投入了大量的人力与资金,数据库的各种软、硬件是建设单位的重要资产;同时,由于不动产信息的特殊性,任何信息的泄漏都会带来不可估量的损失。因此,不动产数据库的安全管理与维护是一项必不可少的极其重要的工作。当前常见报道的病毒传播破坏和电脑"黑客"犯罪等现象很好地说明了信息安全与保密的必要性与紧迫性。

(一)安全管理与维护的基本要求

(1)系统安全性。应确保数据库硬件及软件安全可靠。

(2)数据安全性。不动产数据库应具有安全性,要确保数据不被破坏。一旦数据被破坏时,要能够及时恢复。

(3)数据保密性。不动产数据库要有足够的保密措施,保证数据不被窃取和流失。

(4)系统高效性。要进行日常维护与数据整理,保证数据库管理系统的高效运行。

(5)系统开放性。系统运行功能不应随系统的硬件、软件和网络的变化而改变系统的兼容性。

(二)管理制度

要建立安全保密机构,制定相应的管理制度。其内容主要包括技术文档管理、数据安全与保密制度、数据库的物理运行环境管理制度、数据库用户管理制度、数据库日志管理制度、数据备份制度、对建库承担单位的保密规定以及其他规章制度。

(三)数据库安全

数据库的安全包括数据库物理实体的安全、数据库的逻辑安全、数据访问权限控制、数据备份与媒体安全。

1. 数据库逻辑安全

数据库的逻辑安全包括软件安全、数据字典的安全、数据安全以及访问的权限控制。

2. 软件安全

(1)系统软件和应用软件,应可靠和稳定。

(2)软件安全管理要控制信息的流向和避免系统受到攻击。

(3)谨防计算机病毒和黑客的入侵。

3. 数据字典安全

(1)数据字典要定期进行安全的备份。

(2)数据字典的改变必须经过审批并在另外的计算机上独立试验,不能在数据库上试验。

4. 数据安全和保密

(1)加密保护:数据库中加入加密模块而对库内数据进行加密;在库外的文件系统内加

密,形成存储模块,再进行数据库存储管理。

(2)数据库不能与公共网络连接。

(3)文件和数据不用时应当妥善保管,和计算机有关的废弃物应该放在粉碎机上粉碎,然后进行最终处理。

(4)当存储媒体不用时在转交给别人使用前,必须将存储在上面的保密数据彻底删除,有保密记录的存储媒体不能送交国外修理;存储媒体有质量问题需要维修时,要确保数据不会丢失和失密。

5. 数据访问权限控制

对用户的访问权限进行检查,只有检查合格的用户才有权访问数据,执行其自身权限范围内的操作,否则将拒绝执行。在实际操作过程中,可采用用户识别、密钥识别、个人特征标识和用户权限控制等技术措施进行保护,以防止数据被非法存取和复制。

6. 数据备份

数据备份每天都要进行。数据备份后,一定要及时进行校验,并根据数据重要性的不同,制作多个备份。另外,还要定期检查与维护。数据存储媒体的种类有硬盘、U 盘、光盘、纸质记录等。保管时,要注意存储介质的温度、湿度、磁场强度等。

(四)数据库维护

1. 软件维护与升级

(1)系统软件的维护与升级要保证数据的安全性。

(2)应用软件要定期根据需要进行维护与升级来保证数据库的可用性和高效性。

(3)应及时处理软件安装并运行后出现的问题。

(4)应及时从 Internet 上下载软件的补丁程序或者升级版本。

2. 硬件维护与升级

(1)硬件系统的维护与升级要确保系统的兼容性和开放性。

(2)硬件系统出现故障,可用备件来替换或交维修公司处理。

(3)当发现设备性能不足时,应及时提出解决办法。

(4)对于一些外围设备,如打印机、绘图机、扫描仪等设备,应及时更换、清理和调校。

3. 数据库结构和数据字典的维护

(1)数据库结构和数据字典应保持相对稳定,并根据应用的变化和软件的升级及时更新。

(2)数据字典的升级和修改,须保证数据的自动安全迁移。

(3)数据库中数据更新后,数据物理存储位置和数据库的索引要及时维护并更新。

(4)用户界面要根据需要升级,以满足数据库系统各类用户的需要。

4. 数据维护

(1)数据库中数据变化后,原来的数据要妥善保存,不仅历史数据库中要保存,还要进行备份。

(2)更新的数据必须经过严格检查验收,数据更新在联网的工作站上进行,不能直接在数据库服务器上进行,在临时数据库验收后才能递交给数据库服务器。

(3)数据更新后要及时对数据库的索引进行更新,数据更新要进行日志更新。

案　例

不动产数据库建设
案例分析

某市按照国家第二次土地调查的技术规定和要求，完成了全区域的土地调查项目，调查范围涉及市政府所在地、区政府所在地、乡政府所在地、各类开发区、园区，调查面积约 350 km^2。

项目的主要内容包括权属调查、地籍控制测量、界址点测量、1∶500 地籍测绘、宗地图测绘、面积计算、城镇地籍数据库及管理系统建设等。

该市第二次土地调查领导小组办公室组织成立了验收组，依据《第二次土地调查成果检查验收办法》，对城镇地籍调查成果进行验收，在验收城镇地籍成果时，对数据库、元数据、地籍图、宗地图、统计表格、文字报告进行了检查；在验收地籍调查成果时，内业抽取50%，外业抽取5%进行了检查，其中地籍控制内业检查了：①平面坐标系统选择是否合理，长度变形是否超限；②规则记录是否齐全、规范；③高程基准选择是否正确，高程施测精度是否满足相关技术设计；④资料是否齐全，内容是否完整规范等。在细部测量外业检查时，验收组实地采集了 16 个地物特征点进行检查并评定了精度。

考点剖析：

地籍数据库的建设主要是将地面上的实体图形数据及其描述的属性数据输入数据库中。整个流程包括前期数据的采集、检查和入库等。其中，数据采集的工作量约占整个系统建设的 3/4。

地籍数据库主要包括地籍数据采集、地籍数据检查、数据入库。

1. 地籍数据采集

地籍数据采集包括矢量数据采集、栅格数据采集和属性数据采集。

(1) 矢量数据采集。

数据采集方法包括基于外业电子数据采集、矢量数据转换、基于数字正射影像数据提取和扫描矢量化。

①矢量数据校正：矢量数据校正最少采用 4 个控制点，图纸变形较大时应适当增加控制点。

②图形编辑：在数字化初步完成后，应对矢量图形进行检查和编辑，如图形要素移动。

③坐标系变换：对采用不同坐标系需要进行坐标系变换的图件数据，按要求进行坐标变换。

④拓扑关系建立：对宗地、街坊、街道、行政区界线等应建立图形点、线、面间拓扑关系。

(2) 栅格数据采集包括：

①DOM 数据采集。DOM 获取方法主要有数字摄影测量方法和单片数字微分纠正方法。

②DRG 数据采集。DRG 数据采集主要有转换法和扫描法。

③DEM 数据采集。DEM 数据采集主要有数字摄影测量方法和地形图扫描矢量化方法。

④其他栅格数据采集。需要保存的审批文件、合同、土地权属界线协议书等相关文档资料，直接扫描、数码拍照，生产存档数据文件。

(3)属性数据采集。

可采用手工录入、分析计算和直接导入三种方式。

2. 地籍数据检查

(1)矢量数据检查。

①位置精度检查,在屏幕上将检测要素逐一显示或绘出全要素图(或分要素图),并与地理要素分类代码表和矢量化原图对照,目视抽样检查各要素分层是否正确或遗漏,位置精度是否符合要求、多边形是否闭合等,形成检查记录。

②逻辑一致性检查。包括图形数据的一般性和拓扑关系检查。

(2)属性数据检查。

①检查属性文件是否建立,属性是否齐全,各要素层属性结构是否符合标准。

②检查属性值的正确性,主要内容包括非空性检查、值域检查等。

③将地类编码、地类面积等重要的属性数据标注在图上,检查属性值的正确性。

④检查分幅、行政区、权属区等的面积汇总数据是否正确。

(3)矢量数据与属性数据一致性检查。主要包括:①检查矢量数据与属性数据是否对应,是否存在个别图斑没有属性的情况;②如果使用软件统一录入属性,要检查属性与图形是否对应,是否存在多余属性记录。

其他数据检查:

①栅格数据检查:检查 DOM、DEM 等栅格数据的精度、色调等。

②元数据检查:检查元数据的完整性、正确性等。

3. 数据入库

(1)数据入库前的质量检查。

在数据入库前建库单位应根据《城镇地籍数据库标准》对数据成果质量进行全面检查,并记录检查结果,质量检查不合格的数据予以返工,合格的数据方可入库。

(2)数据入库的步骤。

①根据《城镇地籍数据库标准》的要求,建立数据字典和图幅索引。

②建立元数据库,其内容和格式符号要符合要求。

③将检查合格的矢量、属性、栅格等数据转入应用数据库。

④根据软件功能进行系统运行测试,验收合格后由技术负责人签字认可。

(3)数据质量检查分析。

①建库成果与原始资料进行对比检查,分析数据库质量。

②将数据库生成的界址点成果与原始坐标表对比,分析界址点输入精度。

③数据库计算的宗地面积与原始资料中的宗地面积进行对比,分析宗地面积准确性。

④数据库中的统计汇总与原始统计汇总表进行对比,分析建库汇总数据的地籍图数字化的整体精度。

⑤输出的地籍图与经过校正的扫描图像、原始地籍图进行叠加检查,分析地籍图数字化的整体精度。

思政小课堂

不动产登记原信息系统“有房无地”的问题如何解决

基本情况：2004 年，重庆市丰都县甲公司以出让方式取得三宗土地的国有土地使用权，随后办理了三本国有土地使用证。2005 年，甲公司正式更名为乙，并到国土部门申请房地合一和房屋名称变更登记。在登记时，其三宗土地信息连同建筑物一并登记在了一宗土地上并只办理了一本房地产权证。2009 年，乙公司将上述土地和房屋转让给丙公司，并办理了土地、房屋转移登记。2017 年，丙公司到不动产登记机构申请办理抵押注销登记，在按要求进行房屋落地业务时发现，有房屋存在“有房无地”问题。

解决办法：针对上述情况，不动产登记机构立即安排人员查阅历史档案，并结合从现场了解到的实际情况，提出了如下解决方案：对建筑物尚存在的，在无改扩建的前提下，经相邻权利人和邻近集体经济组织认定后，再结合历史档案记载的有关情况共同确定其界址范围，并为其补办土地、房屋的不动产登记；对建筑物灭失的，经由相邻权利人和邻近集体经济组织共同认定其范围，再结合历史档案记载的有关情况，为其补办土地的不动产登记。根据上述方案，对由信息系统导致的登记簿记载内容和实际权利状况不相符的问题进行了更正、完善，并为申请人办理了不动产登记。

经验总结：在不动产登记操作系统上线前，当时的信息系统没要求土地房屋图形入库，因而导致此类问题产生。对由于不动产登记系统的不完善而造成的漏办、错办，登记机构应当依法予以更正。丰都县不动产登记机构对此类问题的解决，既保证了不动产登记的公信力，也尊重历史，如实反映了权利真实状况。

习题演练

单选题

判断题

项目八　不动产变更测绘

知识目标

1. 熟练掌握不动产变更调查特点。
2. 熟练掌握不动产变更调查程序。
3. 熟练掌握不动产单元代码变更原则。
4. 掌握不动产变更测量的步骤。
5. 掌握不动产变更测量相应资料的归档要求。

能力目标

1. 能够根据不动产变更调查的特点和程序,顺利开展不动产变更调查。
2. 能够根据不同情况,进行不动产单元代码的变更。
3. 变更调查结束后,能够将变更调查资料进行整理。
4. 能够熟练分辨权属变更和现状变更。
5. 不动产变更测量之后,能够根据相关要求将相应资料进行变更。
6. 能够编制不动产变更测量报告。

素质目标

1. 培养学生责任意识、认真负责的敬业精神。
2. 养成查阅各项规范、论文、文献等参考资料的习惯。
3. 养成后期自学、主动学习能力。

项目重点

1. 不动产变更调查程序。
2. 不动产变更测量步骤。

项目难点

1. 不动产变更调查程序。
2. 不动产变更测量步骤。

不动产变更测绘包括变更调查和变更测量,是指在完成不动产总调查之后,为适应日常不动产管理工作的需要,使不动产资料保持现势性而对土地、海域的权属、位置、数量、质量和现状等发生变化以及房屋、林木等定着物涉及权界调整和面积增减变化而进行的更新测量。通过不动产变更调查与测量,从而实现动态的、规范的、科学的日常不动产管理。

任务一 不动产变更调查

【任务目标】

1. 熟练掌握不动产变更调查特点。
2. 熟练掌握不动产变更调查程序。
3. 熟练掌握不动产单元代码变更原则。

【学习过程】

1. 教师讲授。
2. 课件展示。
3. 案例实训。
4. 分组讨论。

【学习成果】

1. 不动产登记申请书。
2. 不动产权籍变更调查通知书。
3. 不动产权籍调查表。
4. 房屋基本信息调查表。
5. 宗地图。
6. 界址点成果表。

【知识导航】

一、不动产变更调查的特点

不动产变更调查的技术、方法与不动产总调查基本相同,但又有以下不同的特点:

(1)变更的地点与内容比较分散,发生频繁,调查的范围较小。

(2)变更时执行的政策性强,精度要求高。

(3)进行变更测量时,与本宗有关的表、卡、册、证、图均应进行变更,使其做到变更同步,手续要连续。

(4)变更时间不确定。只要使用者提出变更申请,就应立即进行变更调查,以满足使用者的需求。

二、不动产变更调查程序

不动产变更调查主要工作包括准备工作,不动产变更调查,不动产变更测量,成果资料的检查与整理、变更与归档等工作。

(一)准备工作

1. 资料准备

(1)根据不动产变更调查任务,做好土地权属来源等相关资料的收集、整理和分析工作。

(2)根据有关规定,制作发送不动产权籍调查资料协助查询单(见表8-1)到国土、房产、规划等行政主管部门的档案室或在数据库中查询、核对并获取被调查对象的档案资料和数据,并要求出具证明或在资料复印件上加盖档案资料专用章。

表 8-1　不动产权籍调查资料协助查询单

不动产权籍调查资料协助查询单
(查询单位名称): 根据___________________等有关规定,请贵单位按照以下信息协助查询土地权属情况,并出具查询结果: 1. 查询范围,详见《查询地块范围示意图》。 2. 查询内容: 申请查询联系人:　　　　　　　　联系电话: 不动产权籍调查承担单位(盖章) 年　月　日

注:1. 本协助查询单一式两份,一份连同查询结果反馈不动产权籍调查承担单位,一份由协助查询机构留存。
2. 协助查询单位应出具查询结果证明,经审定并加盖协助查询单位用章后反馈不动产权籍调查承担单位。
3. 档案查阅的类型如下:
①土地登记、抵押、查封、地役权和土地权利限制等情况。
②集体土地征收、转用和审批情况。
③土地供应情况。
④相邻土地权利人的情况。
⑤相关控制点、界址点坐标。
⑥其他需要了解的情况。

2. 技术准备

(1)档案资料、数据的分析与整理。

(2)发放指界通知书。

(3)计算测量放样数据。

(4)不动产权籍调查表、房屋调查表、绘图工具、测量仪器等。

(5)调查人员的身份证明等。

(二)不动产变更调查

不动产变更调查主要是对变更不动产要素进行调查,包括权属变更调查和现状变更调查。

(三)不动产变更测量

不动产变更测量是在不动产变更调查基础上进行的,包括权属变更测量和现状变更测量。

(四)成果资料的检查、整理与归档

(1)地籍数据的维护和管理单位应按照《地籍调查规程》(TD/T 1001—2012)检查验收的规定对纸质或电子的日常不动产权籍调查成果进行检查,并给出检查意见。

(2)地籍数据的维护和管理单位应按照《地籍调查规程》(TD/T 1001—2012)检查验收

的规定在地籍数据库中对日常不动产权籍调查成果进行检查,并给出检查意见。

(3)如果地籍数据的维护和管理单位检查认定成果资料正确,则更新地籍数据库,同时按照《地籍调查规程》(TD/T 1001—2012)中的要求整理调查资料,上交档案管理部门归档,并用于土地登记等相关工作;否则,责成任务承担单位检查修正成果资料,直到符合要求。

三、不动产单元代码变更规则

(一)宗地特征、界址未发生变化的不动产单元代码变更

1. 宗地代码的变更

宗地特征、界址未发生变化的,宗地代码不变。

2. 定着物代码的变更

(1)宗地内定着物特征和空间范围均未发生变化的,定着物代码不变。

(2)宗地内定着物特征发生变化的,先确定新的定着物特征码,定着物单元编号在新定着物特征码的最大定着物单元编号后续编。

(3)宗地内定着物特征未发生变化的,独幢、层、套、间房屋的定着物单元编号变更情形如下:

①整幢房屋内的层、套、间界线发生变化的,房屋幢号不变,房屋户号在该幢房屋的最大户号后续编。

②新增的整幢房屋,房屋幢号在宗地(或地籍子区)内最大幢顺序号后续编,房屋户号在该幢房屋内统一编号,码值为0001~9999。

③整幢房屋改建、扩建和翻建的,房屋幢号不变。该幢房屋内新增的层、套、间,房屋户号在该幢房屋内最大户号后续编。

(4)宗地内定着物特征未发生变化的,独立成片的林木等其他独立定着物的空间范围发生变化的,定着物单元编号在相应定着物特征码的最大定着物单元编号后续编。

(5)两个或两个以上的定着物组成一个定着物单元的,定着物代码变更情形如下:

①定着物全部转移给其他权利人的,定着物代码不变。

②定着物部分转移给其他权利人的,定着物代码按照《不动产权籍调查技术方案》(试行)编码。

③定着物发生新增、拆除、改造等变化的,不动产权利人未发生转移的,定着物代码不变。

(二)宗地特征发生变化、界址未发生变化的不动产单元代码变更

1. 宗地代码的变更

在地籍子区内,确定新的宗地特征码,宗地顺序号在新宗地特征码的最大宗地顺序号后续编,形成新的宗地代码。

2. 定着物代码的变更

定着物代码按照《不动产权籍调查技术方案》(试行)变更。

(三)宗地特征未发生变化、界址发生变化的不动产单元代码变更

1. 宗地代码的变更

在地籍子区内,新的宗地顺序号在相应宗地特征码的最大宗地顺序号后续编,形成新的宗地代码。

2. 定着物代码的变更

(1)定着物为房屋且房屋内定着物单元空间范围未发生变化,房屋幢号在地籍子区内统一编号的,则房屋幢号与房屋户号不变;房屋幢号在宗地内统一编号的,则在新宗地内,房屋幢号按照《不动产权籍调查技术方案》(试行)编码,房屋户号不变。

(2)定着物为房屋且房屋内定着物单元空间范围已发生变化,房屋幢号在地籍子区内统一编号的,房屋幢号不变,新的房屋户号在该幢房屋内的最大户号后续编;房屋幢号在宗地内统一编号的,在新宗地内,房屋幢号按照《不动产权籍调查技术方案》(试行)编码,新的房屋户号在该幢房屋内的最大户号后续编。

(3)定着物为其他类型的,在新宗地内,定着物代码按照《不动产权籍调查技术方案》(试行)编码。

(四)宗地特征、界址均发生变化的不动产单元代码变更

1. 宗地代码的变更

在地籍子区内,确定新的宗地特征码,宗地顺序号在新宗地特征码的最大宗地顺序号后续编,形成新的宗地代码。

2. 定着物代码的变更

定着物代码按照《不动产权籍调查技术方案》(试行)编码。

(五)县级行政区界线发生变化的不动产单元代码变更

1. 地籍区、地籍子区整体划入

(1)宗地代码的变更:在确定新的地籍区、地籍子区后,重编地籍区代码和地籍子区代码,宗地号不变,形成新的宗地代码。

(2)定着物代码的变更:定着物代码不变。

2. 地籍区、地籍子区部分划入

1)宗地代码的变更

(1)在确定新的地籍区、地籍子区后,重编地籍区代码和地籍子区代码。

(2)划入宗地的编号在新地籍子区内最大宗地号后续编。

2)定着物代码的变更

(1)定着物为房屋的,房屋幢号以地籍子区为编码单位的,房屋幢号在新地籍子区最大幢号后续编,房屋户号不变;房屋幢号以宗地为编码单位的,房屋幢号和房屋户号不变。

(2)定着物为其他类型的,定着物代码不变。

(六)不动产灭失的不动产单元代码变更

原不动产单元代码不再使用。

四、不动产变更调查

不动产变更调查包括权属变更调查和现状变更调查,核心是权属变更调查。权属变更调查应由县级以上人民政府不动产登记机构组织完成。权属变更调查工作的主要内容包括核实和调查不动产权属和界址状况、绘制不动产单元草图、填写不动产权籍调查表等。对界址线有争议、界标发生变化和新设界标等情况,宜现场记录并拍摄照片。

(一)一般规定

(1)核实指界人的身份。

(2)对照权属来源资料和档案资料、数据,现场核实土地权属状况。

(3)对界址线有争议、界标发生变化和新设界标等情况,应现场记录并拍摄照片。

(4)日常土地权属调查的具体方法和技术要求按《地籍调查规程》(TD/T 1001—2012)中地籍总调查中土地权属调查执行。

(5)县级行政区界线变化引起宗地代码变化的,在确定新移交宗地的地籍区和地籍子区后,重编宗地编码,并在原不动产权籍调查表复印件的宗地编码位置上加盖“变更”字样印章,在不动产权籍调查变更记事栏注明新的宗地编码。

(二)核实确认不动产的现状

根据申请调查的材料和档案资料查询结果,核实确认不动产的权属现状,确认其界址是否发生变化,然后确定权属调查的具体方法。界址是否发生变化的具体情形如下:

(1)新设界址和界址发生变化的情形有:①征收或征用土地;②城镇改造拆迁;③划拨、出让、转让国有土地使用权或海域使用权;④权属界址调整后的宗地或宗海,土地整理后的宗地重划;⑤宗地或宗海的界址因自然力作用而发生的变化等;⑥由于各种原因引起的宗地或宗海分割和合并。

(2)界址不发生变化的情形有:①转移、抵押、继承、交换、收回土地使用权或海域使用权;②违法不动产经处理后的变更;③宗地或宗海内地物地貌的改变,如新建建筑物、拆除建筑物、改变建筑物的用途及房屋的翻新、加层、扩建、修缮等;④精确测量界址点的坐标和不动产单元的面积;⑤权利人名称、不动产位置名称、不动产用途等的变更;⑥不动产所属行政管理区的区划变动,即县市区、街道、街坊、乡镇等边界和名称的变动;⑦权利取得方式、权利性质或权利类型发生变化。

(三)新设界址与界址发生变化的不动产权属调查

根据不动产现状确认的结果,针对新设界址与界址发生变化的情形,依不动产的类型,其权属调查方法如下:

(1)房屋的权属调查方法按照《房产测量规范》(GB/T 17986.1—2000)执行,并填写新的不动产权籍调查表。

(2)耕地、海域以外的其他土地的权属调查根据土地登记申请书,查询档案资料、数据,按《地籍调查规程》(TD/T 1001—2012)土地权属状况调查、界址调查、宗地草图绘制、不动产权籍调查表填写的规定进行权属调查,并填写新的不动产权籍调查表。

(四)界址未变化的不动产权属调查

根据不动产现状确认的结果,针对界址未发生变化的情形,首先确定是否需要进行实地核实调查,然后按照下列方法开展权属调查:

(1)如不需要到实地核实调查,则在复印后的原不动产权籍调查表内变更部分加盖“变更”字样印章,并填写新的不动产权籍调查表,不重新绘制草图。

(2)如需要到实地调查,则经实地核实调查后,依不同情形,其处理的方法如下:

①发现不动产权属状况与相关资料完全一致的,按(1)的规定处理。

②发现不动产权属状况与相关资料不一致的,应在原不动产权籍调查表上用红线划去错误内容,标注正确内容,并填写新的不动产权籍调查表。

③发现原界址边长或房屋边长数据错误的,应在原草图的复制件上用红线画去错误数据,标注检测数据,重新绘制草图,并填写新的不动产权籍调查表。

④土地权属类型发生变化的宗地,原宗地代码不再使用,新代码按照《地籍调查规程》(TD/T 1001—2012)宗地代码的规定编制。

(五)实地调查

实地调查时,不动产调查员携带好有关资料和仪器到现场进行实地调查勘丈。在权属调查中应注意做好以下几方面的工作:

(1)核对申请宗地及邻宗地指界人的身份,检查变更原因是否与申请书上一致。

(2)对宗地合并、分割或边界调整等需增设界址点时,检查申请者事先设定的界标是否符合要求,或直接在实地设置界标。设置界标时,必须经变更宗地申请者及相邻宗地使用者或委托代理人到场共同认定,并在新不动产权籍调查表上签名盖章。

(3)全面复核原不动产权籍调查表中的内容是否与实地情况一致,如:①土地使用者名称、单位法人代表或户主姓名、身份证号码、电话号码等;②土地坐落、四邻宗地号或四邻使用者姓名;③实际土地用途;④建筑物、构筑物及其他附着物的情况等,填写新不动产权籍调查表。

(4)绘制变更宗地草图。

以上各项内容若有不符的,必须在调查记事栏中记录清楚,遇到疑难或重大事件时,留待以后调查研究处理,待有了处理结果再修改相关资料。

(5)进行房产变更调查,包括现状变更调查、权属变更调查。

①现状变更调查:即对房屋的自然状况变化的调查,自然状况是指房产的位置(地名、门牌号)、建筑结构类别、层数、建成年份、房屋用途及其用地分类等情况变化的调查。利用调查表,对照房产图进行调查与核实。

②权属变更调查:即对房产登记权利的调查,包括权利种类、权利人、他项权利人、权利范围、墙体归属、权源等的调查与核实。

(六)变更调查资料处理

变更调查结束后,应按照《地籍调查规程》(TD/T 1001—2012)、《房产测量规范》(GB/T 17986—2000)的要求,对调查资料进行整理。

1. 宗地代码和界址点号的变更

(1)新设宗地、界址发生变化的宗地,原宗地代码不再使用,新代码按照《不动产单元设定与代码编制规则》(试行)的规定编制。

(2)新增界址点点号,在地籍子区内的最大界址点号后续编;已废弃的界址点在街坊内的统一编号永远消失,不得再用;无变化的,保留原编号。

不动产变更
调查资料处理

2. 宗地草图变更

(1)新设宗地,按照《地籍调查规程》(TD/T 1001—2012)的规定绘制宗地草图。

(2)界址发生变化的宗地,根据实际情况可按照《地籍调查规程》(TD/T 1001—2012)的规定重新绘制宗地草图,原宗地草图复印件一并归档;也可在原宗地草图复印件上修改制作成变更后的宗地草图。

(3)在原宗地草图复印件上修改制作宗地草图的方法如下:

①废弃的界址点、界址线打上“×”,变化的数据用单红线划去,废弃的界址线用“×”

标记。

②新增的界址点用界址点符号表示,新增的界址线用单实线表示,注明相应的丈量距离。

③变化和新增部分使用红色标记。

3. 调整幢号和户号等有关的房产编码

幢号、房角点号、房产权号、房屋共有权号都是房产产籍管理常用的编号,不能重号。变更测量后,相关的房产编号须及时调整。

(1)房产权号。房屋共有权号除了整幢房屋拆除须注销其权号,一般不予调整。

(2)房角点号。按需要测定的房角点,其新增的房角点点号按续编号区内最大房角点点号续编。

(3)幢号。毗连房屋合并或同幢房屋的分析(设立房屋共有权的商品房除外),重新编幢号,新增的幢号按宗地内最大的幢号续编;房屋部分拆除,原幢号保留,整幢房屋灭失,幢号注销;宗地内新建房屋,按宗地内最大幢号续编。

4. 不动产权籍调查表变更

根据变更调查内容填写新的不动产权籍调查表。

1)不动产权籍调查表变更

(1)新的不动产权籍调查表,应在现场填写,要求与不动产权籍总调查基本相同,并经有关人员签名盖章认可,以代替旧不动产权籍调查表,原不动产权籍调查表归档保存。

(2)按要求填写变更后的宗地代码,说明栏内注明原土地使用者、坐落、宗地代码、变更原因以及纠正原地籍调查中错误的依据。

(3)原勘丈数据与检查数据在限差内按原数据填写,有错误的则填写新值。

(4)在相邻宗地的原不动产权籍调查表复制件上用红色改正有关变更内容(如四至、邻宗地变更后的地籍号)后与原件一起存档。

2)房屋调查表变更

根据房屋变更调查相关的现状变更和权属变更内容对房屋调查表进行动态变更。

任务二　不动产变更测量

不动产变更测量概念

【目标任务】

1. 掌握不动产变更测量步骤。

2. 掌握不动产变更相应资料的归档要求。

3. 能够编制不动产变更测量报告。

【学习过程】

1. 教师讲授。

2. 课件展示。

3. 分组讨论。

4. 案例实训。

【学习成果】

1. 编制一份不动产变更测量报告。

【知识导航】

不动产变更测量指变更不动产调查过程中,对于确定依法变更后的权属界址、宗地形状以及房屋发生买卖、交换、继承、分析(割)、新建、拆除等涉及权界调整和面积增减变化而进行的更新测量工作。不动产变更测量包括权属变更测量和现状变更测量,其主要任务是为了保持不动产图和不动产资料的现势性和准确完整性,使其满足产权登记与变更登记的需要。

不动产变更测量具体步骤包括界址检查、界址放样与测量、房屋及房屋附属测量、地形要素测量、宗地面积计算、房产面积计算、共有面积分摊计算和不动产变更测量报告编制等工作。

一、界址检查

变更地籍测量方法一般采用解析法,暂不具备条件的,可采用不低于原勘丈精度的方法。无论采用何种方法,在认定变更界址点和用解析法更新前,均须以原不动产权籍调查表、宗地图、界址点坐标为依据,检查尚有标志的界址点实地位置的正确性,纠正原勘丈和测量数据的错误,恢复仍需保留的界址点上丢失或移位的界标,然后依据经检查证实实地位置正确的界址点、图根点进行变更地籍测量。

(1)解析法测量的界址点,如检查值与原值的差数在界址点和控制点测量成果(见表8-2)规定的允许误差范围内,则不修改原来数据,并做检查说明;如检查值与原值的误差超过界址点和控制点测量成果表规定的允许误差,经分析确是原有技术原因造成的,经相关土地权利人同意后,应按照《地籍调查规程》(TD/T 1001—2012)界址点测量的规定,重新进行界址测量,并说明原因。

表8-2 界址点和控制点测量成果表

点号	*X*/m	*Y*/m	标志类型	备注

(2)如界标丢失、损坏或移位,应恢复原界址点位置,并说明原因。有解析坐标且精度满足表8-2规定要求的,应按照原解析界址点精度的要求进行界址放样,并重新设立界标;只有图解坐标的,不得通过界址放样恢复界址点位置,应根据宗地草图、土地权属界线协议书、土地权属争议原由书等资料,采用放样、勘丈等方法放样复位,重新设立界标。

二、界址放样与界址测量

(1)新设界址点按照《地籍调查规程》(TD/T 1001—2012)界址点测量的规定进行界址测量。

(2)界址发生变化的,经现场指界后,按照《地籍调查规程》(TD/T 1001—2012)界址点测量的规定进行界址测量。

(3)宗地分割或界址调整的,可根据给定的分割或调整几何参数,计算界址点放样元素,实地放样测设新界址点的位置并埋设界标;也可在权利人的同意下,预先设置界标,然后测量界标的坐标。

三、房屋及房屋附属测量

对房屋及房屋附属的变化部分按照项目四相关内容进行变更测量。

四、地形要素变更测量

对地貌、地物的变化部分按照项目四相关内容进行变更测量。

五、不动产变更测量后,应将有关的资料进行变更

(一)解析界址点坐标册的变更

如果原地籍资料中没有该点的坐标(如用栓距等勘丈值确定的界址点或是分割中新设置的界址点),则用新测的坐标直接作为重要的地籍资料保存备用。

如果新测坐标值与原坐标值的差数在限差以内,则保留原坐标值,新测资料归档备查。

如果旧坐标精度较低,则用新坐标取代原有资料,在界址点坐标册中,用红色细线划去废弃或错误的界址点坐标,用红色数字注出新增或正确的坐标值。改动之处注变更日期、作业员姓名。

(二)地籍图的变更

地籍原图作为原始档案,不做改动。地籍图的内容变更在二底图上进行。发生变更时,先将二底图复制一份,用红色标明变更内容,将其作为历史档案保存备查。然后根据变更测量成果及新的宗地草图修改二底图的有关内容,刮去废弃的或错误的界址点位、线和注记,着墨绘出新界址点、线和注记。

(三)宗地图的变更

按新的宗地草图和地籍图绘制变更宗地的宗地图,当变更涉及邻宗地时,邻宗地的宗地图也应重新制作。在原宗地图的复制件上,用红色修改变更地籍号等内容,与宗地图的原件一起归档保存;当变更涉及邻宗地但不影响该邻宗地的权属、界址范围时,邻宗地的宗地图无须重新制作。

(四)宗地面积及房产面积计算与变更

(1)根据实际情况可采用坐标法或几何要素法计算宗地面积。

(2)面积变更采取高精度代替低精度的原则,即用高精度的面积值取代低精度的面积值;原面积计算有误的,在确认重新量算的面积值正确后,须以新面积取代原面积值。

(3)变更前后均为解析法量算的宗地面积,如原界址点坐标或界址间距满足精度要求,则保持原宗地面积不变。

(4)变更前为图解法量算的宗地面积,变更后为解析法量算的宗地面积,用解析法量算的宗地面积取代原宗地面积。

(5)变更前后均为图解法量算的宗地面积,两次面积量算差值满足《城镇地籍调查规程》规定限差要求的,保持原宗地面积不变;两次面积差值超限的,应查明原因,取正确值。

(6)对宗地进行分割,分割后宗地面积之和与原宗地面积的差值满足规定限差要求的,将差值按分割宗地面积比例配赋到变更后的宗地面积,如差值超限,则应查明原因,取正确值。

(五)房产图的处理

(1)房屋的合并或分割是权属变更,根据权属变更方案,通过变更测量后的数据和权界

认定,经审查确权后标注在宗地图上,重新调整房产编号,做出权属变更测量记录和宗地号异动单,再相应修正分幅图,重新绘制分户图。

(2)房产图形位置等现状变更时,首先修补测分幅图原图或二底图,然后由外业人员做出现状变更测量记录,并通知内业人员修正宗地图。

(3)与房产有关的地形要素的变化,只需修正分幅图,做出变更测量记录。

(4)对已建立数字房产图的单位,可根据现在的硬件与软件配置,根据变更后的房产数据进行图形编辑、注记、修改分幅图,宗地图则可根据需要由分幅图派生。

(六)房产卡的处理

(1)权属变更和现状变更时,要根据权属变更测量记录修正卡片或重新制卡和销卡。

(2)图形位置和与房产有关的地形要素的变化,不必修正卡片。

(3)修正卡片时,涉及房产资料统计分类面积的变动,要做出改卡记录,作为面积增减变化的原始凭证。

(4)房屋产权人和使用户的改变,除更改房产卡片外,还要更改已建的人名索引卡。

(5)地名、门牌号的变动,除更改房产卡片外,还要更改已建的地名索引卡。

(七)档案的处理

(1)要根据权属变更档案和现状变更测量记录,对已建档的资料进行异动变更和补充。

(2)变更的图件和文件证明材料,以及变更测量记录按宗地归档。

(3)界址线的调整,房产编号调整记录与原宗地图形和面积增减变化等资料一并归入相应档卷内。

(4)对已建立微机管理系统的单位,对存储于磁盘或光盘内的档案资料进行异动处理。

(八)册的处理

根据房产登记、发证成果和分类管理的需要编制的簿册、有登记收件簿、发证记录簿、房屋总册、房产登记簿册、档案清册、房产交易清册等。此外,产业管理上需要的经营公房手册、异动台账、异动单和统计报表等。

上述各种簿册也要随着房产变更做出相应的动态变更。变更依据是,对权属变更要根据相对性变更案和有关凭证;现状变更要根据变更单或异动单。

六、不动产变更测量报告的编制

不动产变更测量应编制不动产变更测量报告,编制内容和格式参考《地籍调查规程》(TD/T 1001—2012)中的附录 K 日常地籍测量报告。

小 结

本项目主要介绍了不动产变更测绘相关内容,包括不动产变更调查和不动产变更测量。通过本项目的学习,学习者掌握不动产变更调查的程序:准备工作,不动产变更调查,不动产变更测量,成果资料的检查与整理,变更与归档等;不动产单元代码的变更规则;不动产变更测量的流程;不动产变更测量后,有关资料的变更整理等工作及不动产变更测量报告的编写。

案 例

不动产变更测量案例

2016年某市完成了城镇地籍总调查工作,总调查工作以“权属合法、界址清楚、面积准确”为原则,充分利用了现有成果,以高分辨率航空正射影像为基础,查清了每宗地的权属、界址、面积和用途,测绘了全市地籍图,建立了地籍数据库。其中某处宗地发生了变化,由地块一和地块二合并形成了一个新地块(见图8-1),有相应的合法手续。调查时采用全站仪按照一类界址点要求测量了界址点坐标(见表8-3)。

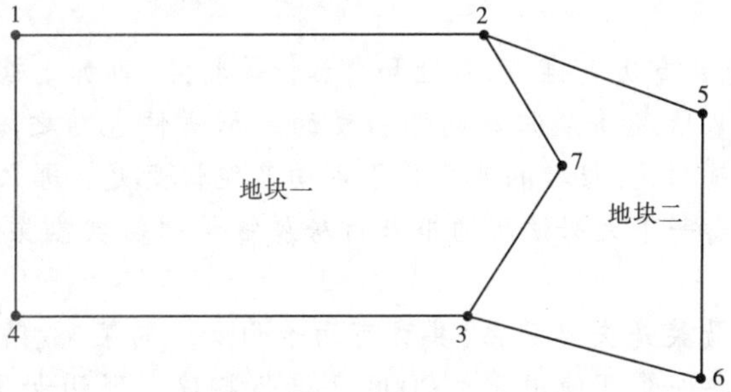

图8-1 地块示意图

表8-3 界址点新旧坐标比较

界址点号	原 X	原 Y	新测 X	新测 Y	D_X	D_Y	D_S
1	47 567.371	95 366.546	47 567.382	95 366.559	0.011	0.013	0.017
2	47 568.434	95 976.095	47 568.421	95 976.111	0.013	0.016	0.021
3	47 184.699	95 988.861	47 184.729	95 988.859	0.030	0.002	0.030
4	47 182.573	95 370.801	47 182.569	95 370.825	−0.004	0.024	0.024
5	47 444.065	96 239.914	47 444.081	96 239.351	0.016	−0.563	0.563
6	47 137.928	96 238.850	47 137.901	96 238.858	−0.027	0.008	0.028
7	47 359.027	96 020.774	47 359.031	96 020.764	0.004	−0.010	0.011

答案解析:

根据题意,列表所示,一类界址点对临近图根点点位误差不大于5 cm,6号界址点超限,需要重新测定,采用新界址点坐标,其他界址点精度均符合要求,采用原坐标。其中,7号界址点废止。界址点以宗地为单位,统一自西向东,自北向南,由“1”开始顺时针编号;未废弃的界址点使用原编号,废弃的界址点编号不重复使用。新增界址点编号在最大界址点后续编。无新增界址点,保留原界址点编号为126534。合宗后地块界址点点号及坐标如表8-4所示。

表 8-4 合宗后地块界址点点号及坐标

界址点号	X	Y
1	47 567. 371	95 366. 546
2	47 568. 434	95 976. 095
5	47 444. 081	96 239. 351
6	47 137. 928	96 238. 850
3	47 184. 699	95 988. 861
4	47 182. 573	95 370. 801

思政小课堂

农村房屋和宅基地具有历史性、限制性和自然性等特点,再加之辖区城镇化快速发展和农村土地加倍升值,宅基地及房屋归属问题引发的继承案件也随之增加。房屋的新建、拆迁、改建、扩建、房屋建筑结构、层数的变化属于不动产现状变更。那么房屋翻建之后对继承有什么影响呢,我们来看一下大兴法院通报农村房屋继承纠纷典型案例之一翻建房屋不影响遗产的性质和继承。

基本案情:周某与聂某是夫妻关系,共育有两子两女。周某、聂某分别于 2000 年、2007 年去世后,房屋由两子共同管理使用并于 2008 年进行翻建。现两女儿起诉两儿子,要求对父母留下的房屋进行继承分割。两子认为在父母去世之后,因老房年久失修,经二人全资翻建成新,故现在的房屋权属性质及物理状态均发生了改变,与被继承人所遗留的房屋存在明显的区别,现在的房屋不应被认定为遗产。

判决结果:针对两子在 2008 年将涉案房屋进行翻建的问题,因院内老房属于被继承人的遗产,两个儿子未能提供证据证明其他继承人放弃了对该房产的继承权,故两子在未得到其他继承人明确同意的情况下,对房屋进行翻建的行为并不能取得房屋所有权,即翻建行为不影响已确定的该宅基地上房屋遗产份额划分。据此,法院支持了两女儿要求继承分割父母遗留房屋的诉讼请求。

法官后语:与普通标的物灭失的“彻底性”不同,农村房屋被拆除后宅基地依然存在,而非“整体性”的彻底灭失。新房的形成是拆除原有旧房并在原宅内建设而成,不宜简单认定新房仅为翻建人所有,而应将翻建成的新房仍认定为被继承人的遗产。通过这个案例,一方面让同学们更加明确认识了不动产变更的内容,另一方面也鼓励同学们知法懂法,引起学生学习法律知识的兴趣,从而在日常生活工作学习中依法行事,规范自己的行为,并学会当自己的合法权益受到侵犯时,要懂得用法律的武器来维护。

习题演练

单选题

判断题

项目九　不动产测绘成果管理

知识目标

1. 掌握不动产测绘成果检查验收术语和定义。

2. 掌握不动产测绘成果检验和评价依据、检验内容、检验方法、二级检查一级验收、验收工作流程、质量等级、记录报告、质量问题处理等基本规定。

3. 掌握不动产测绘成果检查验收程序。

4. 掌握不动产测绘成果检查验收质量元素、权重及错漏分类，包括房地一体登记测绘、宗海测绘、林权测绘、草原测绘、自然资源统一确权测绘、农村土地承包经营权测绘。

5. 掌握不动产测绘成果质量检验与评价。

6. 掌握不动产测绘成果外业检查方法与要求。

7. 掌握房屋不动产测绘成果审核的法律依据和文献依据。

8. 掌握房屋不动产测绘成果审核的成果类型。

9. 掌握房屋不动产测绘成果审核的要求。

10. 掌握房屋不动产测绘成果审核的内容。

11. 掌握房屋不动产测绘成果审核的程序。

12. 掌握房屋不动产测绘成果审核提交资料及异议处理。

13. 掌握房屋不动产测绘成果的整理与归档。

能力目标

1. 能够将不动产测绘成果检查验收理论知识应用到实践工作中。

2. 能够将6种类型的不动产测绘成果检查验收质量元素、权重及错漏分类应用到检验工作中。

3. 具有独立进行不动产外业成果界址点、宗地草图、不动产图检查验收能力。

4. 具有不动产测绘成果质量检验的计算及评价能力。

5. 掌握房屋不动产测绘成果审核的各项能力。

6. 掌握房屋不动产测绘成果的整理与归档能力。

素质目标

1. 培养学生责任意识、认真负责的敬业精神。

2. 强化学生动手能力、提高团队合作能力、培养工匠精神、沟通交流能力、增强安全意识。

3. 培养职业标准和规范意识、职业敬畏感。

4. 培养敢于担当奉献的人生理想。

5. 提高严谨细致、规范操作的意识。

6. 养成查阅各项规范、论文、文献等参考资料的习惯,并理论联系实际。

7. 养成后期自学、主动学习能力。

项目重点

1. 不动产测绘成果检查验收术语和定义。

2. 不动产测绘成果检验和评价依据、检验内容、检验方法、二级检查一级验收、验收工作流程、质量等级、记录报告、质量问题处理等基本规定。

3. 不动产测绘成果检查验收程序。

4. 不动产测绘成果检查验收质量元素、权重及错漏分类,包括房地一体登记测绘、宗海测绘、林权测绘、草原测绘、自然资源统一确权测绘、农村土地承包经营权测绘。

5. 不动产测绘成果质量检验与评价。

6. 不动产测绘成果外业检查方法与要求。

7. 掌握房屋不动产测绘成果审核的要求、内容及程序。

8. 掌握房屋不动产测绘成果的整理与归档。

项目难点

1. 不动产测绘成果二级检查一级验收制度。

2. 不动产测绘成果检查验收程序。

3. 不动产测绘成果检查验收质量元素、权重及错漏分类,包括房地一体登记测绘、宗海测绘、林权测绘、草原测绘、自然资源统一确权测绘、农村土地承包经营权测绘。

4. 不动产测绘成果质量检验与评价。

任务一　不动产成果检查与验收

【任务目标】

1. 掌握不动产测绘成果检查验收术语和定义。

2. 掌握不动产测绘成果检验和评价依据、检验内容、检验方法、二级检查一级验收及验收工作流程、质量等级、记录报告、质量问题处理等基本规定。

3. 掌握不动产测绘成果检查验收程序。

4. 掌握不动产测绘成果检查验收质量元素、权重及错漏分类,包括房地一体登记测绘、宗海测绘、林权测绘、草原测绘、自然资源统一确权测绘、农村土地承包经营权测绘。

5. 掌握不动产测绘成果质量检验与评价。

6. 掌握不动产测绘成果外业检查方法与要求。

7. 能够将不动产测绘成果检查验收理论知识应用到实践工作中。

8. 能够将 6 种类型的不动产测绘成果检查验收质量元素、权重及错漏分类应用到检验工作中。

9. 具有独立进行不动产外业成果界址点、宗地草图、不动产图检查验收能力。

10. 具有不动产测绘成果质量检验的计算及评价能力。

【学习过程】

1. 教师讲授。

2. 课件展示。

3. 视频观看。

4. 分组讨论。

5. 场地实训。

【学习成果】

1. 解析界址点点位精度检查记录表。

2. 界址边长间距误差记录表。

3. 界址点与邻近地物点关系距离检查记录表。

4. 不动产图精度检查记录表。

5. 地物点点位精度检查记录表。

【知识导航】

不动产测绘是在不动产调查的基础上,对每一宗土地及其上房屋、林木等定着物的权属、位置、数量、质量和用途运用科学的、可靠的测量方法进行测定,精度要求高。近年来,全国统一开展了农村土地承包经营权调查、农村不动产权籍调查、建筑工程综合测绘等工作,根据不动产统一登记规定,要求以宗地(海)内的每个独立的定着物单元与其所在的宗地(海)构成的基本单元统一登记,打破了以往各类不动产分开登记现象,对提高不动产权籍测绘成果质量,保障不动产登记工作、不动产权籍测绘成果质量检验意义重大。不动产测绘是一个由多人参与的、多工序的工作,其成果不但用于经济建设,而且具有一定的法律效力,所有成果不只局限于专业检查,还要在千家万户中接受检查和使用。这就要求不动产成果既要准确无误,还要经得起群众的检查。除要求调查、测绘人员认真、仔细、严格按规范作业外,关键则是把好检查验收这一关。

一、术语和定义

(1)不动产单元:权属界线固定封闭且具有独立使用价值的空间,由定着物单元和其所在宗地(宗海)共同组成,是不动产登记基本单位。

(2)不动产测绘:测定和调查土地及其定着物的权属、位置、质量(等级)、数量(面积)和利用现状等基本状况的测绘工作。

(3)不动产测绘成果:不动产测绘所形成的各种数据、图件、表格、簿册等成果及技术设计书、测绘报告等文档资料。

(4)批量:批成果中单位成果的数量。

(5)样本量:样本中单位成果数量。

(6)单位成果:为实施检查从检验批中抽取的基本单位。

(7)检验批:按同一生产条件或按规定的方式汇总起来的同一测区的、相同规格的单位成果集合。

(8)样本:从检验批中抽取的用于判定批成果质量的单位成果集合。

(9)抽样:从批成果中抽取一定数量样本用于检查的活动。

(10)全数检查:对批成果中全部单位成果逐一进行的检查。

(11)抽样检查:从批成果中抽取一定数量样本进行的检查。

(12)详查:对单位成果质量要求的所有检查项的检查。

(13)概查:对单位成果质量要求的特定检查项的检查。

(14)接受数:可接收的批成果的最大不合格品个数。

(15)质量元素:说明质量的定量、定性组成部分,即成果满足规定要求和使用目的基本特性。

(16)质量子元素:质量元素的组成部分,描述质量元素的一个特定方面。

(17)检查项:质量子元素的检查内容,说明质量的最小单位,质量检查和评定的最小实施对象。

(18)错漏:检查项的检查结果与要求存在的差异。

(19)质量评定:依据质量检验结果对不动产测绘成果质量进行评分并确定其等级的活动。

二、基本规定

(一)检验和评价依据

检查验收工作的主要依据如下:

(1)项目委托书、合同书、任务书。

(2)经批准的技术设计书及补充技术文件。

(3)项目检查验收委托文件。

(4)项目依据的标准、规范和行政文件。

(二)不动产测绘成果质量检验的内容

(1)项目的范围和内容是否符合合同或任务书的要求。

(2)成果资料是否齐全完整。

(3)采用的技术路线是否正确。

(4)采用的仪器设备及软件是否有效。

(5)项目实施及质量检查是否规范。

(6)成果质量是否符合要求。

(三)质量检验方法

1. 检验方式

采用概查与详查相结合的方式进行。首先对成果进行概查,对影响成果质量的主要项目和测绘合同、技术设计中倾向性的问题重点检查,一般只记录A类和B类错漏,当概查中发现A类错漏或3个及以上B类错漏时,可判定成果质量概查不合格。详查主要针对样本,对样本中各单位成果的质量元素及检查项,按有关规范、技术标准和设计的要求逐个检查,统计存在的各类差错数量,评定单位成果及样本质量。

2. 检验方法

1)核查分析

核查起算数据、观测数据、数据处理等成果资料及相关附件,分析仪器设备精度检定的符合性及检定资料的合法性,测图范围、区域的符合性,坐标系统和高程基准正确性,计算过程或数据处理过程参数设置正确性,矢量数据的拓扑一致性,检查报告、技术总结、成果数据等资料齐全性、规范性和完整性。

2)对比分析

重新计算生成结果或其他已有成果,计算成果较差,分析计算方法及精度指标符合性。当成果较差不大于规范及设计要求时,则认定被检成果精度符合要求,否则应分析查找差异较大原因,必要时实地检查。

3)实地检查

采用不低于原测成果精度的技术要求和方法实地检测成果数学精度,巡查要素完整性、正确性。统计成果错漏个数,按成果质量错漏扣分标准评分。

(四)二级检查一级验收

1. 基本要求

测绘成果质量通过二级检查一级验收方式进行控制,包括过程检查、最终检查和验收检验,各阶段应独立按顺序进行,不得省略、代替或颠倒顺序。

2. 过程检查

过程检查要求如下:

(1)过程检查由测绘单位作业部门承担。

(2)过程检查应实施全数检查。

(3)过程检查完成,并确认修改无误的成果方可提交最终检查。

3. 最终检查

最终检查要求如下:

(1)最终检查由测绘单位质检部门承担。

(2)最终检查内业应实施全数检查,野外检查项可采用抽样检查。

(3)最终检查应评定单位成果质量和批成果质量等级。

(4)最终检查应编写检查报告。

(5)最终检查完成,并确认修改无误的成果方可提交验收。

4. 验收检验

验收检验要求如下:

(1)验收检验由项目管理单位组织或委托具有资质的质量检验机构承担。

(2)验收检验可采用抽样检验。

(3)验收检验应评定单位成果质量和批成果质量等级。

(4)验收检验应编制检验报告。

(五)验收工作流程

不动产测绘成果质量检查或验收工作应包括检验前准备、抽样、成果质量检验(包括详查与概查）、质量评定、报告编制和资料整理，验收工作流程见图 9-1。

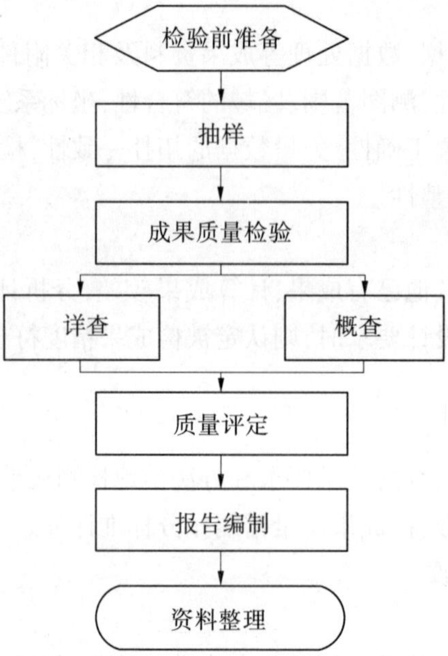

图 9-1　验收工作流程

（六）质量等级

样本及单位成果质量等级应采用优、良、合格和不合格四级评定。遥感影像获取单位成果质量等级采用合格和不合格两级评定。

批成果质量等级采用合格、不合格两级判定。

（七）记录及报告

1. 记录

检查记录应符合下列要求：

（1）检查、验收记录包括质量问题及其处理记录、质量统计记录等。

（2）记录填写应及时、完整、规范、清晰。经检查者、复查者签字后，可以更改、增删，但要签字。

2. 报告

检查报告和检验报告应内容完整，随测绘成果一并归档。

（八）质量问题处理

（1）过程检查、最终检查中发现的质量问题应改正。过程检查、最终检查工作中，当对质量问题的判定存在分歧时，由测绘单位质量负责人裁定。

（2）最终检查判定为不合格的单位成果应退回处理，处理后重新进行检查，直至合格。

（3）经验收检验判为合格的检验批，应及时返回修改完善。经验收检验判为不合格的检验批，应将检验批退回处理，再次申请验收时应重新抽样。验收检验工作中，当对质量问题的判定存在有分歧时，由委托方或项目管理单位裁定。

三、检查验收程序

不动产测绘检查验收程序

过程检查、最终检查和验收检验，各阶段应独立按顺序进行，不得省略、代替或颠倒顺序。监理应贯穿整个作业过程。

（一）过程检查

过程检查包括自检和互检。

自检是作业员在作业过程中或作业阶段结束时对作业质量的检查。作业员自检应随时进行，自检中发现问题应及时改正，在每一道工序阶段结束时，再做比较系统的自检。自检人员在记录及成果上签字，提交作业组互检。

互检是下一工序的作业队（组）对上一工序的作业成果进行的全面检查。作业组互检在作业员自检的基础上，按工序或工作阶段进行。互检中发现问题应及时交作业员改正合格后，互检人在作业记录及成果上签名，并将互检记录及成果提交作业队专检。

（二）最终检查

最终检查是由作业单位质量管理机构组织的对成果质量进行的检查。在完成自检、互检的基础上，以村或图幅为单元逐一进行。发现问题应立即返工改正，合格后，专职检查员在专检记录及成果上签名。作业队将成果与“检查记录”提交监理单位进行监理。

（三）监理

（1）监理应本着公平公正、科学真实、准确可靠、按时保质保量的原则，依据规程、规范和有关规定，在作业队提交的“检查记录”和阶段成果基础上随时进行监理，并提交“阶段监理”“阶段监理报告”等。

（2）测绘工作完成后，监理单位应对成果进行监理、记录、汇总和评价，同时提交“监理记录”“监理报告”“专项监理分析报告”，以及是否提交预检和验收的建议等，并作为申请预检、验收的条件和成果资料之一。

（3）在完成二级检查和监理的基础上，对测区全部成果进行预检和验收。预检和验收工作可一次进行或按内外业分别进行，如果需要，也可分阶段或分区域进行。

（四）验收检验

经各项检查合格后，调查成果的验收由省级自然资源主管部门负责组织实施。检查、验收人员应认真做好检查、验收记录，并将记录随产品移交，供分级存档。

验收组应出具验收报告和存在问题的书面处理意见。要求内容具体、表述清晰、数据准确、结论可靠。验收报告一份交被检单位，一份由自然资源主管部门存档。检查报告经生产单位领导审核后，随产品一并提交验收。验收报告经验收单位主管领导审核（委托验收的验收报告送委托单位领导审核）后，随产品归档，并送生产单位一份。

四、单位成果质量元素、权重及错漏分类

（一）房地一体登记测绘

房地一体测绘指以宗地为基础，对宗地及其所附房屋进行权籍调查、测量及数据入库等工作，包括调查质量、测量质量、入库数据质量和资料质量，其单位成果按房屋不动产单位划分。成果质量元素、权、错漏分类按表 9-1、表 9-2 的规定执行。

表9-1 房地一体登记测绘成果质量元素及权重

单位:房屋不动产登记单元

<table>
<tr><th>质量元素</th><th>权</th><th>质量子元素</th><th>权</th><th>检查项</th></tr>
<tr><td rowspan="4">调查质量</td><td rowspan="4">0.30</td><td>宗地调查工作底图</td><td>0.20</td><td>1. 现势性;
2. 正确性、完整性</td></tr>
<tr><td>调查草图编制</td><td>0.20</td><td>1. 绘制的正确性、完整性、规整性;
2. 权籍要素的正确性、完整性</td></tr>
<tr><td>权籍调查</td><td>0.30</td><td>1. 权源资料的齐全性、有效性;
2. 权籍要素调查的正确性、完整性;
3. 相关要素调查的正确性、完整性;
4. 调查程序的规范性</td></tr>
<tr><td>界址设定</td><td>0.30</td><td>1. 界址设定的合法性;
2. 界址点、线设置的正确性、完整性</td></tr>
<tr><td rowspan="4">测量质量</td><td rowspan="4">0.30</td><td>界址测量</td><td>0.40</td><td>1. 测量方法正确性、规范性;
2. 位置精度符合性</td></tr>
<tr><td>地形测量</td><td>0.20</td><td>1. 地形要素正确性、完整性;
2. 其他相关要素正确性、完整性</td></tr>
<tr><td>图件编制</td><td>0.20</td><td>1. 权籍要素完整性、正确性;
2. 符号、注记的正确性、完整性</td></tr>
<tr><td>面积计算</td><td>0.20</td><td>1. 计算方法正确性;
2. 面积分类正确性、齐全性;
3. 面积精度符合性</td></tr>
<tr><td>入库数据</td><td>0.20</td><td colspan="3">1. 空间参考系的正确性;
2. 数据要素的完整性;
3. 要素分层的正确性、完整性;
4. 数据结构的正确性、逻辑一致性;
5. 要素属性的正确性;
6. 属性接边的正确性、逻辑一致性</td></tr>
<tr><td rowspan="2">资料质量</td><td rowspan="2">0.20</td><td>数据文件</td><td>0.50</td><td>1. 文件名、数据格式正确性;
2. 电子数据成果与纸质成果一致性</td></tr>
<tr><td>文档资料</td><td>0.50</td><td>1. 提交资料的齐全性;
2. 资料内容的完整性;
3. 资料内容的正确性;
4. 资料装帧的规范性</td></tr>
</table>

表 9-2 房地一体登记测绘成果质量错漏分类

质量元素	A 类	B 类	C 类	D 类
宗地调查工作底图	1. 使用的主要(局部)资料现势性,不符合合同书或技术设计书要求,导致无法开展权籍调查; 2. 工作底图错漏重要权籍要素错漏 1 处及以上或普通错漏 20%; 3. 其他严重的错漏	1. 使用的主要(局部)资料现势性,不符合合同书或技术设计书要求,对开展权籍调查有较大影响; 2. 工作底图次要权籍要素错漏 3 处及以上或普遍错漏 10%; 3. 其他较重的错漏	1. 个别内容错误; 2. 其他一般的错漏	其他较轻的错漏
调查草图	1. 未绘制测量草图; 2. 测量草图绘制与实地严重不符; 3. 未进行实地测量或无原始记录; 4. 伪造草图数据或草图数据连环修改; 5. 重要权籍要素错漏 1 处; 6. 其他严重的错漏	1. 局部绘制与实地不符; 2. 绘制规范性较差; 3. 次要权籍要素注记或内容错漏 3 处; 4. 其他较重的错漏	1. 次要权籍要素注记或内容错漏 1 处; 2. 其他一般的错漏	其他较轻的错漏
权籍调查	1. 重要权源资料无效或缺失; 2. 权利人或不动产单元号等重要权籍要素错误 1 处及以上的; 3. 次要权籍要素错漏 5 处; 4. 其他严重的错漏	1. 次要权源资料无效或缺失; 2. 次要权籍要素错漏 3 处; 3. 相关要素错漏 5 处; 4. 其他较重的错漏	1. 次要权籍要素错漏 1 处; 2. 相关要素错漏 2 处; 3. 其他一般的错漏	其他较轻的错漏
界址设定	1. 指界人未签章 5 处; 2. 界址标志埋设不合格 5 个; 3. 其他严重的错漏	1. 界址标志埋设不合格 3 个; 2. 指界人未签章 3 处; 3. 其他较重的错漏	1. 界址标志埋设不合格 1 个; 2. 指界人未签章 1 处; 3. 其他一般的错漏	其他较轻的错漏
界址测量	1. 测量方法不正确; 2. 界址点相对邻近控制点点位中误差超限; 3. 相邻界址点间距中误差超限; 4. 界址点相对邻近地物点间距中误差超限; 5. 不动产基本单元的界址错误或墙界判定错误	1. 测量原始记录内容不完整; 2. 测量位置不正确,但图形面积未超限; 3. 其他较重的错漏	1. 测量原始记录规范性较差; 2. 其他一般的错漏	其他较轻的错漏

续表 9-2

质量元素	A 类	B 类	C 类	D 类
地形测量	1. 界线所依附要素错漏； 2. 地貌表示严重失真； 3. 地物错漏严重,不能判读； 4. 重要地理名称错漏超过图上 10%； 5. 其他严重的错漏	1. 重要地形要素错漏； 2. 地形要素局部错漏； 3. 重要地理名称错漏超过图上 5%； 4. 其他较严重的错漏	1. 次要地形要素错漏； 2. 次要地理名称错漏； 3. 其他一般的错漏	其他轻微的错漏
图件编制	1. 权利人或不动产单元号等重要房产要素错漏 1 处； 2. 次要房产要素错漏 5 处； 3. 重要地形要素错漏； 4. 其他严重的错漏	1. 次要房产要素错漏 3 处； 2. 少数次要地形要素符号注记错漏； 3. 其他较重的错漏	1. 次要房产要素错漏 1 处； 2. 其他一般的错漏	其他较轻的错漏
面积计算	1. 未如实反映房屋客体； 2. 房屋幢总建筑面积测算精度超限； 3. 房屋层面积、功能区面积测算精度超限； 4. 房屋不动产单元的专有建筑面积、房屋建筑面积测算精度超限； 5. 房产面积测算依据不正确,导致面积精度超限； 6. 共有建筑面积分摊错误,导致面积精度超限； 7. 各类面积统计严重错误； 8. 伪造成果或检查记录； 9. 其他严重的错漏	1. 尺寸数据不正确,但未导致精度超限； 2. 计算方法不正确或计算过程不规范,但未导致精度超限； 3. 共有共用面积的分摊不合理,但未导致精度超限； 4. 缺少计算校核； 5. 缺少面积计算说明； 6. 对结果影响较大的计算误差； 7. 其他较重的错漏	1. 面积和分摊系数未按修约规则进行取舍； 2. 重要数据计算或取位不规范； 3. 其他一般的错漏	其他较轻的错漏
入库数据	1. 空间参考系不正确； 2. 必选图层或属性表错漏； 3. 提交成果范围错误或不完整； 4. 数据结构普遍不正确； 5. 其他严重的错漏	1. 数据结构不正确； 2. 个别图层名称错误； 3. 属性值错漏较重； 4. 拓扑错误较重； 5. 其他较严重的错漏	1. 个别属性值不正确； 2. 其他一般的错漏	其他轻微错漏

续表 9-2

质量元素	A 类	B 类	C 类	D 类
数据文件	1. 文件命名、数据格式错误； 2. 数据无法读取或数据不齐全； 3. 电子数据成果与纸质成果重要房产要素不一致 1 处； 4. 电子数据成果与纸质成果普遍不一致； 5. 其他严重的错漏	1. 电子数据成果与纸质成果中少数次要房产要素不一致； 2. 其他较严重的错漏	1. 电子数据成果与纸质成果中个别次要房产要素不一致； 2. 其他一般的错漏	其他轻微的错漏
文档资料	1. 主要成果资料缺失； 2. 成果资料重要数据错误； 3. 技术设计、检查报告、技术总结均缺失； 4. 其他严重的错漏	1. 检查报告、技术总结不全； 2. 其他较严重的错漏	1. 成果资料清单缺失； 2. 技术文档资料一般内容错漏； 3. 其他一般的错漏	其他轻微的错漏

(二)宗海测绘

宗海测绘描述宗海界址界定、海籍测量和宗海图编绘，主要包括宗海位置图、宗海界址图和宗海平面布置图等图籍成果。成果质量元素、权、错漏分类按表 9-3、表 9-4 的规定执行。

表 9-3　宗海测绘成果质量元素及权重表　　单位：宗海单元

质量元素	权	质量子元素	权	检查项
海籍调查	0.40	权籍调查	0.30	1. 宗海权源资料的齐全性、有效性； 2. 宗海权属调查的完整性、正确性
海籍测量	0.40	宗海界址界定	0.70	1. 用海类型与方式确定的正确性、完整性； 2. 宗海平面界址界定的正确性、完整性； 3. 宗海内部单元划分的正确性、完整性
		界址测量	0.30	1. 现场测量示意图图幅规整性； 2. 现场测量示意图内容的正确性、完整性； 3. 现场测量示意图记录的规范性； 4. 测量方法正确性、规范性； 5. 位置精度符合性
		海籍调查表编制	0.20	1. 现场测量记录表的正确性、完整性； 2. 界址点坐标记录表的正确性、完整性； 3. 宗海及内部单元记录表的正确性、完整性
		面积计算	0.20	1. 计算方法正确性； 2. 面积精度符合性
		宗海图编绘	0.30	1. 成图要素完整性和成图清晰度； 2. 成图图斑、线划、注记、坐标格式、图面整饰的规范性

续表 9-3

质量元素	权	质量子元素	权	检查项
资料质量	0.20	数据文件	0.50	1. 文件名、数据格式正确性； 2. 电子数据成果与纸质成果一致性
		文档资料	0.50	1. 提交资料的齐全性； 2. 资料内容的完整性； 3. 资料内容的正确性； 4. 资料装帧的规范性

表 9-4　宗海测绘成果质量错漏分类

质量元素	A 类	B 类	C 类	D 类
权籍调查	1. 重要权源资料无效或缺失； 2. 申请人或使用人等重要权籍要素错误 1 处及以上的； 3. 相邻宗海未指界或权属调查不完整、错误； 4. 其他严重的错漏	1. 次要权源资料无效或缺失； 2. 其他较重的错漏	1. 相关要素错漏 2 处； 2. 其他一般的错漏	其他较轻的错漏
宗海界址界定	1. 宗海类型与方式确定不正确； 2. 界址界定错误 5 个； 3. 其他严重的错漏	1. 宗海内部单元划分不正确； 2. 界址界定错误 3 个； 3. 其他较重的错漏	1. 界址界定错误 1 个； 2. 其他一般的错漏	其他较轻的错漏
界址测量	1. 无现场测量示意图； 2. 现场测量示意图与现状严重不符； 3. 现场测量示意图重要内容错漏严重； 4. 测量方法不正确； 5. 界址点相对邻近控制点点位中误差超限； 6. 相邻界址点间距中误差超限； 7. 界址点相对邻近地物点间距中误差超限； 8. 其他严重的错漏	1. 测量原始记录内容不完整； 2. 测量位置不正确，但图形面积未超限； 3. 图幅规整性差； 4. 现场测量示意图少数内容错漏； 5. 现场测量示意图记录规范性差； 6. 其他较重的错漏	1. 测量原始记录规范性较差； 2. 现场测量示意图图幅整饰错漏 1 处； 3. 现场测量示意图个别次要内容错漏； 4. 现场测量示意图个别记录不规范； 5. 其他一般的错漏	其他较轻的错漏
海籍调查表编制	1. 界址点坐标错误 5 个； 2. 内部单元界址线错误 5 个； 3. 其他严重的错漏	1. 界址点坐标错误 3 个； 2. 内部单元界址线错误 3 个； 3. 其他较重的错漏	1. 界址点坐标错误 1 个； 2. 内部单元界址线错误 1 个； 3. 其他一般的错漏	其他较轻的错漏

续表 9-4

质量元素	A 类	B 类	C 类	D 类
面积计算	1. 宗海单元面积精度超限； 2. 各类面积统计严重错误； 3. 其他严重的错漏	1. 计算方法不正确或计算过程不规范，但未导致精度超限； 2. 缺少计算校核； 3. 缺少面积计算说明； 4. 对结果影响较大的计算误差； 5. 其他较重的错漏	1. 面积未按修约规则进行取舍； 2. 重要数据计算或取位不规范； 3. 其他一般的错漏	其他较轻的错漏
宗海图编绘	1. 宗海位置图位置标注等重要要素错漏 1 处； 2. 次要权籍要素错漏 5 处； 3. 其他严重的错漏；	1. 次要权籍要素错漏 3 处； 2. 其他较重的错漏	1. 次要权籍要素错漏 1 处； 2. 其他一般的错漏	其他较轻的错漏
数据文件	1. 文件命名、数据格式错误； 2. 数据无法读取或数据不齐全； 3. 电子数据成果与纸质成果重要权籍要素不一致 1 处； 4. 电子数据成果与纸质成果普遍不一致； 5. 其他严重的错漏	1. 电子数据成果与纸质成果中少数次要权籍要素不一致； 2. 其他较严重的错漏	1. 电子数据成果与纸质成果中个别次要权籍要素不一致； 2. 其他一般的错漏	其他轻微的错漏
文档资料	1. 主要成果资料缺失； 2. 成果资料重要数据错误； 3. 技术设计、检查报告、技术总结均缺失； 4. 其他严重的错漏	1. 检查报告、技术总结不全； 2. 其他较严重的错漏	1. 成果资料清单缺失； 2. 技术文档资料一般内容错漏； 3. 其他一般的错漏	其他轻微的错漏

(三) 林权测绘

成果质量元素、权、错漏分类按表 9-5、表 9-6 的规定执行。

表 9-5 林权测绘成果质量元素及权重表 单位：宗地

质量元素	权	质量子元素	权	检查项
林权调查	0.4	林权基本信息	0.3	1. 宗地代码、不动产单元号正确性
		权籍信息	0.4	1. 林地权利人信息、林权权利人信息正确性
		其他信息	0.3	1. 四至界线、坐落、地类、林种、共有情况、林班、小班正确性

续表 9-5

质量元素	权	质量子元素	权	检查项
林权测量	0.4	界线测定	0.3	1. 界线位置测定方法正确性； 2. 精度符合性
		面积计算	0.4	1. 面积分类、计算方法、面积计算结果正确性； 2. 精度符合性
		图件编制	0.3	1. 宗地图、基本图、林相图完整性； 2. 图式符号和注记正确性
成果资料	0.2	文字资料	0.4	1. 技术设计书（或委托书）、测绘报告（或技术总结、质检报告》齐全性、格式正确性
		数据文件	0.3	1. 文件名、数据格式和元数据正确性； 2. 电子数据成果与纸质成果一致性
		资料完整性	0.2	1. 调查、测量、图件和表格等需提交的资料齐全性
		整理归档	0.1	1. 成果编目、整理、装订和归档符合性

表 9-6　林权测绘成果质量错漏分类

质量元素	A类	B类	C类	D类
林权基本信息	1. 宗地代码错漏； 2. 不动产单元号错漏			
权籍信息	1. 林地权利人信息错误； 2. 林权权利人信息错漏			
其他信息	1. 错漏5处以上	1. 错漏3处以上	1. 错漏1处	其他轻微的错漏
界线测定	1. 起算点错误； 2. 平面绝对位置中误差或相对位置中误差超限； 3. 界址点错漏5个	1. 界址点错漏3个	1. 界址点错漏1个； 2. 起算点未检核	其他轻微的错漏
面积计算	1. 统计面积错误或精度超限	1. 对结果影响较大的计算误差		
图件编制	1. 图名和图号同时错漏； 2. 要素内容未覆盖规定的要求； 3. 符号及注记等错漏5个	1. 符号及注记错漏3个以上； 2. 邻宗地号及邻宗界址表示错误	1. 符号及注记错漏1个； 2. 符号注记不符合图式规定	其他轻微的错漏

续表 9-6

质量元素	A类	B类	C类	D类
文字资料	1.测绘报告、技术设计书、技术总结、质量检查报告缺少应有的内容； 2.各级质检不是独立完成,检查数据相互套用	1.技术资料未按规定的章节编写； 2.技术资料缺少应有的内容5处以上； 3.质量检查内容或比例不符合规定的要求； 4.签章错漏3处以上	1.技术资料缺少应有的内容2处以上； 2.质量检查记录缺漏3处以上； 3.签章错漏1处	其他轻微的错漏
数据文件	1.数据格式、文件名、元数据完全不符合规定的要求； 2.电子数据成果与纸质成果不一致5处	1.数据格式不符合规定5处以上； 2.与纸质成果不一致3处以上	1.数据格式不符合规定1处； 2.与纸质成果不一致1处	其他轻微的错漏
资料完整性	1.缺少任一项规定需上交归档的资料	1.归档资料有错漏4处以上	1.归档资料有错漏2处以上	其他轻微的错漏
整饰归档	1.未组卷装订	1.组卷或装订不符合要求3处以上	1.组卷或装订不符合要求1处	其他轻微的错漏

(四)草原测绘

成果质量元素及权、质量错漏分类划分按表9-7、表9-8的规定执行。

表9-7 草原测绘成果质量元素及权重表　　单位:宗地

质量元素	权	质量子元素	权	检查项
草原调查	0.4	宗地基本信息	0.3	1.权证内容完整性、正确性； 2.权源文件齐全性
		界线确定	0.3	1.界线位置测定方法正确性； 2.精度符合性
		界址签章	0.2	1.界址认定手续齐全性； 2.四至界址签章齐全性
		宗地草图	0.2	1.图幅规整性； 2.与实地符合性； 3.注记和内容完整性； 4.四邻关系正确性
草原测量	0.4	界线测定	0.3	1.测绘基准、测定方法、界址点(线)位置测量精度符合性
		宗地图编制	0.7	1.准确性、完整性
		面积计算	0.2	1.面积分类、计算方法、面积计算结果正确性； 2.精度符合性
		其他要素测量	0.1	1.地物、地貌注记和其他要素测量完整性、正确性

续表 9-7

质量元素	权	质量子元素	权	检查项
成果资料	0.2	数据文件	0.4	1. 文件名、数据格式和元数据正确性； 2. 电子数据成果与纸质成果一致性
		文字资料	0.3	1. 技术设计书(或委托书)、测绘报告(或技术总结、质检报告)齐全性； 2. 格式正确性
		资料完整性	0.2	1. 提交的成果资料齐全性
		整饰质量	0.1	1. 成果资料编目、整理、装订和归档符合性、规范性

表 9-8　草原测绘成果质量错漏分类

质量元素	A 类	B 类	C 类	D 类
宗地基本信息	1. 权利人姓名信息错误； 2. 不动产单元号信息错误； 3. 其他错漏 4 处以上	1. 错漏 2 处以上	1. 错漏 1 处； 2. 权源文件不全	其他轻微的错漏
界线确定	1. 界址点错漏超过 5 个； 2. 界址标志埋设不合格 5 个	1. 界址点错漏超过 3 个； 2. 界址标志埋设不合格 3 个； 3. 相邻权利人未签章	1. 界址点错漏超过 1 个	其他轻微的错漏
界址签章	1. 指界人未签章 4 处	1. 指界人未签章 2 处	1. 表格内容不全	其他轻微的错漏
宗地草图	1. 要素内容未覆盖规定的要求； 2. 与实地完全不一致	1. 注记或内容错漏 3 处以上	1. 注记或内容错漏 1 处	其他轻微的错漏
界线测定	1. 起算点错误或测绘基准错误； 2. 测量精度超限； 3. 平面绝对位置中误差或相对位置中误差超限	1. 界址点平面绝对位置误差或相对位置误差超限 10%以上； 2. 对结果影响较大的计算错误	1. 界址点平面绝对位置误差或相对位置误差超限 5%以上； 2. 起算点未检核其他轻微的错漏； 3. 标石规格和埋设质量较差	其他轻微的错漏
宗地图编制	1. 图式符号、注记等错漏 5 处以上	1. 错漏 2 处以上； 2. 图号错漏	1. 错漏 1 处	其他轻微的错漏
面积计算	1. 面积错误或误差超限			
其他要素测量	1. 重要地物及注记要素错漏 5 处以上	1. 重要地物及注记要素错漏 3 处以上	1. 重要地物及注记要素错漏 1 个	其他轻微的错漏

续表 9-8

质量元素	A类	B类	C类	D类
数据文件	1. 数据格式、文件名、元数据完全不符合规定的要求； 2. 电子数据成果与纸质成果不一致 5 处	1. 数据格式不符合规定 3 处以上	1. 数据格式不符合规定 1 处	其他轻微的错漏
文字资料	1. 技术资料未按规定的章节编写； 2. 各级质检不是独立完成，检查数据相互套用； 3. 证书等成果格式不符合要求	1. 技术资料缺少应有的内容 5%以上； 2. 质量检查内容或比例不符合规定的要求	1. 技术资料缺少应有的内容 2%以上； 2. 质量检查记录缺漏 3 处以上	其他轻微的错漏
资料完整性	1. 缺少任一项规定需上交归档的资料	1. 归档资料有错漏 3 处以上	1. 归档资料有错漏 1 处以上	其他轻微的错漏
整饰质量	1. 未组卷装订或完全不符合归档要求	1. 组卷或装订不符合要求 3 处以上	1. 组卷或装订不符合要求 1 处	其他轻微的错漏

(五)自然资源统一确权测绘

自然资源统一确权登记主要是利用多源遥感影像、基础地形图和不动产登记成果形成调查工作底图，通过内外业综合调查确定自然资源资产的所有权主体，以及将调查成果汇总并导入数据库。

自然资源统一确权测绘成果包括工作底图编制、调查成果、面积计算和数据库建库，成果质量元素、权、错漏分类按表 9-9、表 9-10 的规定执行。

表 9-9　自然资源统一确权测绘成果质量元素及权重表　　单位：登记单元

质量元素	权	检查项
工作底图编制	0.10	1. 现势性； 2. 正确性、完整性
调查成果	0.30	1. 图斑采集准确性、完整性； 2. 自然资源分类正确性； 3. 相关属性正确性
面积计算	0.20	1. 计算方法正确性； 2. 面积分类正确性、齐全性； 3. 面积精度符合性
数据库建库	0.30	1. 空间参考系正确性； 2. 要素分层的正确性、完整性； 3. 数据结构的正确性、逻辑一致性； 4. 数据要素的完整性； 5. 要素属性的完整性、正确性； 6. 属性接边的正确性、逻辑一致性

续表 9-9

质量元素	权	检查项
数据文件	0.05	1. 文件名、数据格式正确性； 2. 电子数据成果与纸质成果一致性
资料质量	0.05	1. 提交资料的齐全性； 2. 资料内容的完整性； 3. 资料内容的正确性； 4. 资料装帧的规范性

表 9-10　自然资源统一确权测绘成果质量错漏分类

质量元素	A 类	B 类	C 类	D 类
工作底图编制	1. 整体现势性较差，导致无法开展权籍调查； 2. 工作底图内容不正确、不完整，严重影响权籍调查； 3. 其他严重的错漏	1. 局部现势性较差，对开展权籍调查有较大影响； 2. 工作底图局部内容不正确、不完整，权籍调查影响较大； 3. 其他较重的错漏	1. 个别内容错误； 2. 其他一般的错漏	其他较轻的错漏
调查成果	1. 图斑分类或相关属性错误的图斑超过图斑总数的 10%； 2. 采集精度超限的图斑超过图斑总数的 10%； 3. 其他严重的错漏	1. 图斑分类或相关属性错误的图斑超过图斑总数的 3%； 2. 采集精度超限的图斑超过图斑总数的 3%； 3. 其他较重的错漏	1. 图斑分类或相关属性错误的图斑超过图斑总数的 1%； 2. 采集精度超限的图斑超过图斑总数的 1%； 3. 其他一般的错漏	其他较轻的错漏
面积计算	1. 确权登记单元面积精度超限； 2. 各类面积统计严重错误； 3. 其他严重的错漏	1. 计算方法不正确或计算过程不规范，但未导致精度超限； 2. 缺少计算校核； 3. 缺少面积计算说明； 4. 对结果影响较大的计算误差； 5. 其他较重的错漏	1. 面积和分摊系数未按修约规则进行取舍； 2. 重要数据计算或取位不规范； 3. 其他一般的错漏	其他较轻的错漏
入库数据	1. 空间参考系不正确； 2. 缺必选图层或属性表； 3. 提交成果范围错误或不完整； 4. 数据结构普通不正确； 5. 其他严重的错漏	1. 少量数据结构不正确； 2. 个别图层名称错误； 3. 属性值错漏较多； 4. 拓扑错误较多； 5. 其他较严重的错漏	1. 个别属性值不正确； 2. 其他一般的错漏	其他轻微错漏

续表 9-10

质量元素	A类	B类	C类	D类
数据文件	1. 文件命名、数据格式错误； 2. 数据无法读取或数据不齐全； 3. 电子数据成果与纸质成果重要权籍要素不一致1处； 4. 电子数据成果与纸质成果普遍不一致； 5. 其他严重的错漏	1. 电子数据成果与纸质成果中少数次要权籍要素不一致； 2. 其他较严重的错漏	1. 电子数据成果与纸质成果中个别次要权籍要素不一致； 2. 其他一般的错漏	其他轻微的错漏
资料质量	1. 主要成果资料缺失； 2. 成果资料重要数据错误； 3. 技术设计、技术总结、检查报告均缺失； 4. 其他严重的错漏	1. 检查报告、技术总结、检查报告任一文件缺失或重要内容错漏； 2. 其他重要技术文档缺失； 3. 其他较严重的错漏	1. 成果资料清单缺失； 2. 检查报告、技术总结、检查报告或其他技术文档资料有一般内容错漏； 3. 其他一般的错漏	其他轻微的错漏

(六)农村土地承包经营权测绘

农村土地承包经营权测绘成果质量元素及权、质量错漏分类划分按表 9-11、表 9-12 的规定执行。

表 9-11 农村土地承包经营权测绘成果质量元素及权重表 单位:行政村

质量元素	权	质量子元素	权	检查项
调查质量	0.30	工作底图	0.20	1. 比例尺、坐标系正确性； 2. 现势性、精度符合性
		调查草图	0.20	1. 地块编码、承包方(代表)姓名、界址点、界址线等地块信息正确性、完整性； 2. 地块四至相关地物名称的正确性； 3. 经济组织名称、制图员、制图日期和审核信息的正确性、完整性
		权籍调查	0.30	1. 土地承包合同、台账等权源资料的齐全性、有效性； 2. 承包方、发包方及相关信息的正确性、完整性； 3. 承包地块土地用途、地力等级、利用类型和基本农田情况等信息的正确性
		界址设定	0.30	1. 指界人正确性、齐全性； 2. 指界程序的规范性； 3. 界址点、线设置的正确性、完整性

续表 9-11

质量元素	权	质量子元素	权	检查项
测量质量	0. 30	界址测量	0. 40	1. 测量方法正确性、规范性； 2. 位置精度符合性
		地块分布图	0. 20	1. 地块权籍要素完整性、正确性； 2. 符号、注记的正确性、完整性； 3. 图廓整饰规范性、正确性
		面积计算	0. 20	1. 计算方法正确性； 2. 面积分类正确性、齐全性； 3. 面积精度符合性
入库数据	0. 20	1. 空间参考系的正确性； 2. 数据要素的完整性； 3. 要素分层的正确性、完整性； 4. 数据结构的正确性、逻辑一致性； 5. 要素属性的正确性； 6. 属性接边的正确性、逻辑一致性		
资料质量	0. 20	数据文件	0. 50	1. 文件名、数据格式正确性； 2. 电子数据成果与纸质成果一致性
		文档资料	0. 50	1. 提交资料的齐全性； 2. 资料内容的完整性； 3. 资料内容的正确性； 4. 资料装帧的规范性

表 9-12　农村土地承包经营权测绘成果质量错漏分类

质量元素	A 类	B 类	C 类	D 类
工作底图	1. 坐标系统错误； 2. 成图精度不满足要求； 3. 现势性差无法开展调查； 4. 其他严重的错漏	1. 局部现势性较差； 2. 其他较重的错漏	1. 个别整饰注记错漏； 2. 其他一般的错漏	其他较轻的错漏
调查草图	1. 未绘制调查草图； 2. 与成果严重不符； 3. 地块编码、承包方(代表)姓名错漏 1 处； 4. 界址点、界址线错漏 3 处及以上； 5. 其他严重的错漏	1. 局部绘制与实地不符； 2. 绘制规范性较差； 3. 地块四至相关地物名称错漏 3 处； 4. 其他较重的错漏	1. 经济组织名称、制图员、制图日期和审核信息错漏 1 处； 2. 地块四至相关地物名称错漏 1 处； 3. 其他一般的错漏	其他较轻的错漏

续表 9-12

质量元素	A类	B类	C类	D类
权籍调查	1. 土地承包合同、台账等权源资料重要权源资料无效或缺失； 2. 承包方、发包方及相关重要信息等错漏1处及以上； 3. 承包地块土地用途、地力等级、利用类型和基本农田情况错漏5处及以上； 4. 其他严重的错漏	1. 次要权限资料无效或缺失； 2. 承包方、发包方次要信息错漏3处； 3. 承包地块土地用途、地力等级、利用类型和基本农田情况错漏3处； 4. 其他较重的错漏	1. 承包方、发包方次要信息错漏1处； 2. 承包地块土地用途、地力等级，利用类型和基本农田情况错漏1处； 3. 其他一般的错漏	其他较轻的错漏
界址设定	1. 指界人错误； 2. 指界人未签章5处； 3. 界址埋设错漏5个； 4. 其他严重的错漏	1. 指界程序不规范； 2. 界址埋设错漏3个； 3. 指界人未签章3处； 4. 其他较重的错漏	1. 界址埋设错漏1个； 2. 指界人未签章1处； 3. 其他一般的错漏	其他较轻的错漏
界址测量	1. 测量方法不正确； 2. 界址点相对邻近控制点点位中误差超限； 3. 相邻界址点间距中误差超限； 4. 界址点相对邻近地物点间距中误差超限； 5. 粗差率超过5%	1. 测量位置错漏3处以上，但图形面积未超限； 2. 其他较重的错漏	1. 界址点粗差1处； 2. 其他一般的错漏	其他较轻的错漏
地块分布图	1. 行政区划要素错漏1处； 2. 承包方、地块编码错漏1处； 3. 面积错漏1处； 4. 地块四至普遍错漏； 5. 其他严重的错漏	1. 图廓整饰不规范； 2. 少数界址点、线符号错漏； 3. 少数地块四至相关地物名称或位置错漏； 4. 其他较重的错漏	1. 图廓整饰错漏1处； 2. 界址点、线符号错漏1处； 3. 地块四至相关地物名称或位置错漏1处； 4. 其他一般的错漏	其他较轻的错漏
面积计算	1. 面积相对误差在5%以上地块数大于抽检总地块数的15%，或面积相对误差在15%以上的地块数大于抽检总地块数的5%		1. 面积相对误差在5%以上	
入库数据	1. 空间参考系不正确； 2. 必选图层或属性表漏； 3. 提交成果范围错误或不完整； 4. 数据结构普遍不正确； 5. 其他严重的错漏	1. 数据结构不正确； 2. 个别图层名称错误； 3. 属性值错漏较重； 4. 拓扑错误较重； 5. 其他较严重的错漏	1. 个别属性值不正确； 2. 其他一般的错漏	其他轻微的错漏

续表 9-12

质量元素	A类	B类	C类	D类
数据文件	1. 文件命名、数据格式错误; 2. 数据无法读取或数据不齐全; 3. 电子数据成果与纸质成果重要权籍要素不一致1处; 4. 电子数据成果与纸质成果普遍不一致; 5. 其他严重的错漏	1. 电子数据成果与纸质成果中少数次要权籍要素不一致; 2. 其他较严重的错漏	1. 电子数据成果与纸质成果中个别次要权籍要素不一致; 2. 其他一般的错漏	其他轻微的错漏
文档资料	1. 主要成果资料缺失; 2. 成果资料重要数据错误; 3. 技术设计、检查报告、技术总结均缺失; 4. 其他严重的错漏	1. 检查报告、技术总结不全; 2. 其他较严重的错漏	1. 成果资料清单缺失; 2. 技术文档资料一般内容错漏; 3. 其他一般的错漏	其他轻微的错漏

五、质量检验与评价

(一) 质量检验

(1)首先对样本成果进行概查,对影响成果质量的主要项目和带倾向性的问题(见表9-13)进行一般性检查,一般只记录A类、B类错漏和普遍性问题。当未检查出A类错漏且一个单位成果同一质量子元素(没有质量子元素,按质量元素统计)B类错漏小于3个时,判成果概查合格;否则判概查为不合格。

表 9-13　重点概查内容及方法

主要检查项	检查内容	检查方法
数学基础	坐标系统、高程基准的符合性	核查分析
	比例尺的符合性	
仪器设备	仪器精度的符合性	
	仪器检定的符合性	
	仪器检定资料的合法性	
成果范围	成果范围的符合性	
成果资料	成果资料的齐全性	
	成果资料的规范性	
	成果资料内容的完整性	

(2)详查。根据各单位成果的质量元素及检查项,按相关生产技术要求逐个检验单位成果并统计存在的各类错漏数量,按照要求评定单位成果质量。

(二)单位成果质量评定

1. 评定原则

成果质量以百分制表征。当单位成果中检出 A 类错漏,则不对单位成果质量进行评分,直接评定单位成果质量不合格。

2. 质量元素与错漏分类

单位成果质量元素及权、错漏分类按“四、单位成果质量元素、权重及错漏分类”执行。

3. 权的调整原则

质量元素、质量子元素的权一般不做调整。当检验对象为测绘工序成果,或仅包含某几项质量元素的测绘相关成果时,按本书所列相应权的比例调整质量元素的权,调整后的各质量元素权之和应为 1.0。

4. 质量评分方法

(1)数学精度评分方法。

数学精度检查和评分方法按 GB/T 24356—2009 执行。

(2)成果质量错漏扣分标准。

成果质量错漏扣分标准见表 9-14。

表 9-14 成果质量错漏扣分标准

错漏类型	扣分值(分)
B 类	$12/t$
C 类	$4/t$
D 类	$1/t$

注:一般情况下取 $t=1$。需要进行调整时,可根据困难类别、要素数量等为原则进行调整(平均困难类别 $t=1$)。调整后的 t 值应经过生产委托方批准。

(3)质量子元素评分方法。

①数学精度:根据成果数学精度值的大小,按要求评定数学精度的质量分数,即得到 S_2。

②其他质量子元素:首先将质量子元素得分预置为 100 分,根据“四、单位成果质量元素、权重及错漏分类”要求对相应质量子元素中出现的错漏逐个扣分。S_2 的值按式(9-1)计算。

$$S_2 = 100 - [a_1 \times (12/t) + a_2 \times (4/t) + a_3 \times (1/t)] \tag{9-1}$$

式中 S_2——质量子元素得分;

a_1、a_2、a_3——质量子元素中相应的 B 类错漏、C 类错漏、D 类错漏个数;

t——扣分值调整系数。

(4)质量元素评分方法。

采用加权平均法计算质量元素得分,S_1 值按式(9-2)计算。

$$S_1 = \sum_{i=1}^{n} (S_{2i} \times p_i) \tag{9-2}$$

式中 S_1、S_{2i}——质量元素、相应质量子元素得分;

p_i——相应质量子元素的权;

n——质量元素中包含的质量子元素个数。

(5)单位成果质量评分。

采用加权平均法计算单位成果质量得分。S 的值按式(9-3)计算。

$$S = \sum_{i=1}^{n} (S_{1i} \times P_i) \tag{9-3}$$

式中　S、S_{1i}——单位成果质量、质量元素得分；

P_i——相应质量元素的权；

n——单位成果中包含的质量元素个数。

5. 单位成果质量等级评定

单位成果根据质量得分划分质量等级，评定标准见表 9-15。

表 9-15　质量等级评定标准

质量等级	质量得分
优	$S \geq 90$ 分
良	75 分 $\leq S < 90$ 分
合格	60 分 $\leq S < 75$ 分
不合格	$S < 60$ 分或存在 A 类错漏

(三)样本质量评定

样本中检出不合格单位成果时，评定样本质量等级为不合格；样本中全部单位成果合格后，根据单位成果质量得分，按算数平均方式计算样本质量得分 S，按表 9-16 评定样本质量等级。

表 9-16　样本质量等级评定标准

质量等级	样本质量得分
优	$S \geq 90$ 分
良	75 分 $\leq S < 90$ 分
合格	60 分 $\leq S < 75$ 分

(四)批成果质量评定

批成果质量采用合格、不合格两级判定。

当样本中不合格的单位产品数小于或等于抽样方案规定的接受数，判为批合格；否则，判为批不合格。批成果质量判定条件和结果处理按表 9-17 要求执行。

表 9-17　批成果质量判定

质量等级	判定条件	后续处理
批合格	样本中不合格的单位产品数小于或等于抽样方案规定的接受数	对验收中发现的各类问题均应修改
批不合格	样本中发现的不合格单位产品数大于抽样方案规定的接受数，或不能提交批成果的技术性文档(如设计书、技术总结、检查报告等)和资料性文档(如接合表、图幅清单等)	对批成果逐一查改合格后，重新提交验收

(五)编制报告

检验报告或检查报告格式符合国家现行有关规定。

六、外业成果检测方法与要求

测绘成果必须按一定比例进行内外业检查，针对有关内容的检查方法和要求如下。

(一)解析界址点点位误差检查与精度评定

解析界址点点位误差检查必须野外进行，尽量以原测站不同的已知点为依据，利用高精度或精度方法重新施测 25 个以上解析界址点的坐标进行比较，填写表 9-18 并计算中误差。

表 9-18　解析界址点点位精度检查记录表(外业检查)

地籍分区号	宗地号	界址点号	原测坐标		检测坐标		坐标较差		$\Delta^2=\Delta X^2+\Delta Y^2$
			X	Y	X'	Y'	ΔX	ΔY	
检查结果		$[\Delta\Delta]=\sum\Delta^2$				解析点位中误差 $m=\pm$			

检查者：　　　　　　　　　　　　　　　　年　月　日

注：1. 界址点地籍分区坊编号时，宗地号可不填。

2. 高精度方法检测时，$[\Delta\Delta]$ 为 Δ^2 之和，中误差计算公式为：$m=\pm\sqrt{\frac{[\Delta\Delta]}{n}}$，$m\leqslant\pm5$ cm(±7.5 cm)。同精度方法检测时 $[dd]$ 为 d^2 之和，中误差计算公式为：$m=\pm\sqrt{\frac{[dd]}{2n}}$，$m\leqslant\pm5$ cm(±7.5 cm)。

3. 允许误差为 2 倍中误差。

4. 允许误差的 $\sqrt{3}$ 倍视为粗差，粗差率不得大于检查数量的 5%。

5. 括号内的数据适用于街坊内部隐蔽的界址点。

(二)宗地草图精度检查

1. 界址边长间距误差检查

宗地草图上的界址点间距误差检查通常采用原勘丈距离或解析反算边长与实地检测距离相比较，填写表 9-19，并计算中误差。

表 9-19　界址边长间距误差记录表(外业检查)

地籍分区号	宗地号	界址点号		原测距离/m	比较距离/m	较差 d/cm	d^2
检查结果		$[dd]=\sum d^2$				间距中误差 $m=\pm$	

检查者：　　　　　　　　　　　　　　　　年　月　日

注：1. $m=\pm\sqrt{\frac{[dd]}{2n}}$，要求 $m\leqslant5$ cm (±7.5 cm)。

2. 允许误差 $\Delta_{允}\leqslant\pm10\sqrt{2}$ cm($\pm15\sqrt{2}$ cm)。

3. 允许误差的 $\sqrt{3}$ 倍视为粗差，粗差率不得大于检查数量的 5%。

2. 界址点与邻近地物点关系距离检查

界址点与邻近地物点关系距离检查记录表(外业检查)如表 9-20 所示。

表 9-20 界址点与邻近地物点关系距离检查记录表(外业检查)

地籍分区号	宗地号	界址点(地物点)号		原测距离/m	比较距离/m	较差 d/cm	d^2
检查结果		$[dd]=\sum d^2$				距离中误差 $m=\pm$	

检查者: 年 月 日

注:1. $m=\pm\sqrt{\frac{[dd]}{2n}}$,要求 $m\leqslant 5$ cm(±7.5 cm)。

2. 允许误差 $\Delta_{允}\leqslant\pm10\sqrt{2}$ cm($\pm15\sqrt{2}$ cm)。

3. 允许中误差的 $\sqrt{3}$ 倍视为粗差,粗差率不得大于检查数量的 5%。

(三)不动产图精度检查

1. 图上界址点间距、界址点与邻近地物点关系距离、邻近地物点间距误差检查

将图上距离与相应的检测距离、宗地勘丈数据进行比较。用表 9-21 进行记录,用相应公式计算中误差,并与规定允许误差进行比较。

表 9-21 不动产图精度检查记录表(室内检查)

地籍分区号	宗地号	界址点(地物点)号		图上距离/m	比较距离/m	较差 Δ/cm	Δ^2
检查结果		$[\Delta\Delta]=\sum\Delta^2$				间距中误差 $m=\pm$	

检 查 者: 年 月 日

注:1. 间距中误差 m 为:$m=\pm\sqrt{\frac{[\Delta\Delta]}{n}}$,要求 $m\leqslant\pm0.3$ mm。

2. 表 9-21 也可用于界址点与邻近地物点关系距离误差、邻近地物点间距误差检查。

3. 图上界址点间距允许误差 $\Delta_{允}\leqslant\pm0.6$ mm;图上界址点与邻近地物点关系距离 $\Delta_{允}\leqslant\pm0.6$ mm;图上邻近地物点距离中误差 $m_t\leqslant\pm0.4$ mm,$\Delta_{允}\leqslant\pm0.8$ mm。

4. 允许误差的 $\sqrt{3}$ 倍视为粗差,粗差率不得大于检查数量的 5%。

2. 图上地物点点位精度检查

利用野外检测坐标与图上坐标进行比较，填写表 9-22。

表 9-22　地物点点位精度检查记录表（室内检查）

地籍分区号	宗地号	界址点（地物点）号	图上坐标		检测坐标		坐标较差		Δ^2
			X	Y	X	Y	X	Y	
检查结果		$[\Delta\Delta]=\sum\Delta^2$					点位中误差 $m=\pm$		

检查者：　　　　　　　　　　　　　　　　　　　　　年　月　日

注：1. 点位中误差 $m=\pm\sqrt{\frac{[\Delta\Delta]}{n}}$，要求 $m\leqslant\pm0.5$ mm；允许误差 $\Delta_{允}\leqslant\pm1.0$ mm。

2. 允许误差的 $\sqrt{3}$ 倍视为粗差，粗差率不得大于检查数量的 5%。

任务二　不动产测绘成果审核及归档

【任务目标】

1. 掌握房屋不动产测绘成果审核的法律依据和文献依据。
2. 掌握房屋不动产测绘成果审核的成果类型。
3. 掌握房屋不动产测绘成果审核的要求。
4. 掌握房屋不动产测绘成果审核的内容。
5. 掌握房屋不动产测绘成果审核的程序。
6. 掌握房屋不动产测绘成果审核提交资料及异议处理。
7. 掌握房屋不动产测绘成果的整理与归档。
8. 掌握房屋不动产测绘成果审核的各项能力。
9. 掌握房屋不动产测绘成果的整理与归档能力。

【学习过程】

1. 教师讲授。
2. 课件展示。
3. 分组讨论。

【学习成果】

1. 河南省某县农村房屋不动产登记项目核查报告。

【知识导航】

进行不动产测绘成果审核的目的就是房屋权属登记的利用,不动产测绘成果未经审核不得用于权属登记。因此,相关主管部门应加强不动产测绘成果审核工作,对用于房屋权属登记等不动产管理的不动产测绘成果进行规范管理,对成果的提供形式、成果的构成、成果的审核内容等方面进行统一。

一、不动产测绘成果审核

下面以房产测绘成果审核为例介绍一下不动产测绘成果审核。

(一)法律及文献依据

《中华人民共和国测绘法》第四条规定:县级以上地方政府负责管理测绘工作的行政部门负责本行政区域测绘工作的统一监督管理。《房产测绘管理办法》第18条规定"用于房屋权属登记等不动产管理的房产测绘成果,房地产行政主管部门应当对施测单位的资格、测绘成果的适用性、界址点准确性、面积测算依据与方法等内容进行审核。审核后的房产测绘成果纳入不动产档案统一管理"。

(二)不动产测绘审核的成果类型

根据客体的状态及产权登记类型,日常涉及房屋登记的测绘审核主要可分为三种类型:商品房预售许可的面积预测成果、房屋权属登记的面积实测成果、房屋变更(改建、扩建、分割等)测绘成果。

(三)不动产测绘成果审核要求

不动产测绘成果是房屋产权产籍的重要基础数据,只有经过审核的不动产测绘成果方可作为房屋登记的依据。申请不动产测绘成果审核需要满足以下要求:

(1)不动产测绘成果须由房管局许可、备案的测绘企业出具。

(2)不动产测绘成果须由不动产测绘委托方验收合格并出具验收确认单。

(3)不动产测绘成果应附不动产测绘技术报告说明书及委托方确认的分摊协议书。

(4)不动产测绘成果应由房管局指定的专用不动产测绘软件生成。

(四)不动产测绘成果审核内容

用于房屋权属登记等不动产管理的不动产测绘成果是相关主管部门审核的对象。相关主管部门作为测绘审核部门,依法对测绘单位提供的测绘成果进行审核。根据《房产测绘管理办法》第18条规定,房地产行政主管部门的具体审核内容有以下四项。

1. 施测单位的资格

施测单位的资格审核是对测绘中介机构从业资格进行审核。主要应从测绘单位是否具有房产测绘资质和从业人员的执业资格两方面进行审核。

2. 测绘成果的适用性

测绘成果的适用性审核主要从测绘成果资料的完整性、提供形式的规范性、对客体描述的准确性三方面进行审核。

测绘成果资料的完整性是对测绘单位提供的测绘成果资料、内容是否完整进行审查。《房产测量规范》要求测绘单位提供的测绘成果资料包含有房产测绘技术设计书、成果资料索引及说明、控制测量成果资料、房屋调查表、不动产权籍调查表、界址点坐标成果表、图形数据成果、技术总结、检查验收报告等。

提供形式的规范性是对测绘单位提供测绘成果的形式是否符合当地房屋登记机构的要求进行审核。

对客体描述的准确性主要是依相关的批准资料,核实测绘成果报告中的描述是否准确。房屋登记中需要记载体现客体信息的要素,如规划用途、建筑面积、房屋坐落、基本单元等。《房产测量规范》中要求分户平面图应体现的内容,如建造年代、层数、所在层次、结构、墙界等,登记机构应对以上客体要素在房屋测绘成果中是否体现,体现的内容是否与相关批准资料一致等进行审核。

3. 界址点准确性

从房屋登记的角度来说,测绘成果界址点准确性的审核可以分为以下几个内容:

(1)自然资源部等部门批准的建设坐落与房屋所在是否一致。

(2)房屋四至是否建设在土地使用权证记载批准建设所占用土地的可建用地的范围内。

(3)房屋建设是否在规划批准的建设层数、控制高度、控制规模等控制指标范围内。

(4)成果中对客体的描述与实地查看的实物是否一致。

(5)分割的结果是否符合基本单元的要求,是否在规划批准范围内等内容。

审核人员应对四至尺寸进行现场测量以核实界址点的准确性,有条件的可以进行局部关键点数据抽检。

4. 面积测算依据与方法

面积测算依据与方法的审核主要是对测绘成果中的测算过程是否符合《房产测量规范》等相关测绘规范性文件规定的审查。幢及功能区的划分是否合理,共有共用部分的计算与分摊是否正确,面积测算的依据和方法是否适用技术标准等。

(五)不动产测绘成果审核程序

不动产测绘成果审核程序包括受理申请、审核、审核后加盖“××局房产测绘成果审核专用章”、归档。审核后的成果应公示。因实地查看对房产测绘成果的审核十分重要,房屋所有权初始登记、在建工程抵押权登记、因房屋灭失导致的房屋所有权注销登记必须要实地查看、房产分割登记、房屋登记中发现与原产权档案记载不一致的,须到实地查看。房屋实地查看的人员要求及相关规定包括:

(1)房屋实地查看的人员应当两人以上。

(2)在建工程抵押权登记实地查看的人员建议由产权审核人员和测绘审核人员组成。

(3)应对房屋的自然状况进行拍照,并填写房屋实地勘查情况表。

(六)不动产测绘成果审核提交资料

1. 预测绘审核(商品房预售许可、在建工程抵押)需要提交的资料

(1)申报房产测绘审核申请书(原件)。

(2)建设工程规划许可证、规划骑缝章总平面图(审原件交复印件)。

(3)建设施工许可证。

(4)施工平面图。

(5)房产测绘成果报告书和房产测绘技术报告书(原件及电子档)。

(6)房产测绘项目委托合同书。

(7)房产测绘项目验收合格书。

(8)其他相关资料。

2. 竣工实测需要提交的资料

(1)申报房产测绘审核申请书(原件)。

(2)建设工程规划许可证、规划骑缝章总平面图(审原件交复印件)。

(3)建设施工许可证。

(4)施工平面图(竣工图章)。

(5)房产测绘成果报告书和房产测绘技术报告书(原件及电子档)。

(6)房产项目测绘委托合同书。

(7)房产测绘项目验收合格书。

(8)其他相关资料。

3. 变更测绘需要提交的资料

(1)申报房产测绘审核申请书(原件)。

(2)变更申请(原因、变更内容)。

(3)已审核的测绘报告(原件)。

(4)房产测绘成果变更报告书和房产测绘技术变更报告书(原件及电子档)。

(5)变更报告的测绘成果验收合格书。

(6)变更资料原件(规划变更的公函、设计变更图纸等)。

(7)其他相关资料。

(七)成果异议处理

《房产测绘管理办法》第十七条:当事人对房产测绘成果有异议的,可以委托国家认定的房产测绘成果鉴定机构鉴定。

二、不动产测绘成果的上交、整理与归档

(一)不动产测绘成果的上交

上交成果资料包括文字、图件、簿册和数据等。

(1)文字资料包括工作方案、技术方案、工作报告、技术报告、不动产权籍调查授权委托书、权源资料等。

(2)图件资料包括地籍工作底图、地籍图、宗地图、自然幢图、房产分户图等。

(3)簿册资料包括地籍调查外业记录手簿、地籍控制测量原始记录与平差资料、地籍测量原始记录、不动产权籍调查表、各级质量控制检查记录资料等。

(4)电子数据包括地籍数据库、数字地籍图、数字宗地图、影像数据、电子表格数据、文本数据、界址点坐标数据、土地分类面积统计汇总数据等。

(二)不动产测绘成果的整理与归档

不动产调查工作结束后,应该对成果进行整理和归档。

(1)不动产调查成果经相关部门审查确认后,调查机构应以宗地为单位,按照统一的房屋调查表和不动产权籍调查表、房产测量报告和房屋分层分户图等成果样式,形成不动产测绘调查成果,提交纸质成果和相应的电子数据。

(2)不动产调查成果应按照统一的规格、要求进行整理、立卷、组卷、编目和归档。

小 结

本项目主要介绍了不动产测绘成果资料管理相关内容,分为任务一不动产测绘成果检查验收和任务二不动产测绘成果审核及归档。不动产测绘成果检查验收主要包括不动产成果检查验收术语和定义、检查验收的基本规定、检查验收的组织和分工、检查验收程序、单位成果质量元素权重及错漏分类、质量检验与评价和成果检测方法与要求7项内容;不动产测绘成果审核及归档主要包括不动产测绘成果审核和不动产测绘成果的整理与归档2项内容。通过本项目的学习,让学生掌握不动产成果检查验收的程序、规定、要求,以及不动产测绘成果审核及归档等理论知识,同时具有组织和实施不动产测绘成果检查验收及审核归档的相关技能。

案 例

河南省农村房屋不动产登记省级核查案例

河南省农村房屋不动产登记省级核查

河南省农村房屋不动产登记是2016年河南省委省人民政府部署的工作,2017年河南省人民政府将此项工作列入当年《河南省政府工作报告》的重点工作,2019年河南省委1号文件要求"力争2020年底基本完成"。河南省将用3年时间全面完成农村房屋不动产登记工作。按照工作计划,2017年,各级、各相关单位要做好调研、筹备以及工作方案制订,并开始实施。2018年、2019年两年省级加强工作督导,市县全面开展并完成任务。2020年,农村不动产登记进入日常管理,实现不动产登记全覆盖。

河南全省农村宅基地的确权登记发证工作已经完成,这也为给农村住房颁发"房地信息合一"的不动产权证书工作的开展创造了条件,农村房屋不动产登记工作则主要包含两方面的工作:绝大部分的工作是对业已完成的宅基地确权工作进行核实,并对宅基地上的建筑物、构筑物进行权籍调查,并对其中合法的进行登簿发证。另一部分工作,则是对新增的宅基地及所坐落的新增农村住房直接进行"房地合一"的权籍调查,并对其中合法的进行登簿发证。

农村房屋不动产登记是一项基础性很强的工作。通过确权登记发证,可以明确农村住房、宅基地的产权归属,更好地保护农民的权益。为满足全省农村房屋不动产登记工作的需要,规范工作程序,保证成果质量,根据《河南省农村房屋不动产登记实施方案》(豫不动产登记联办发〔2017〕1号)、《河南省农村房屋不动产登记权籍调查技术细则(试行)》(豫不动产登记联办发〔2018〕1号)、《河南省农村房屋不动产登记信息叠加整合技术细则》(豫国土资发〔2018〕133号)等相关规定,结合河南省实际,河南省自然资源厅制定了《河南省农村房屋不动产登记省级核查实施方案》《河南省农村房屋不动产登记省级核查办法(试行)》。各不动产登记机构对农村房屋不动产登记工作成果进行内、外业核查,以保证权籍调查程序、方法、标准、资料、成果等符合《河南省农村房屋不动产登记权籍调查技术细则(试行)》

的要求,权籍调查结果与实地一致;保证叠加整合的权籍信息数据成果符合《河南省农村房屋不动产登记信息叠加整合技术细则》要求和不动产登记数据库建设标准。通过内、外业核查,保证成果的完整性、全面性、一致性,确保农村房屋不动产登记工作成果质量。

为保证全省农村房屋不动产登记工作的顺利实施,确保本次农村房屋不动产登记工作的质量,2019年5月,河南省国土资源调查规划院2019年度和2020年度农村房屋不动产登记工作省级核查项目,以公开招标的形式全省共选取7个中标单位对全省农村房屋不动产登记工作进行省级核查,在规定时间内保质保量地完成工作。核查具体内容包括不动产权籍调查成果、宗地代码和不动产单元号、权籍信息叠加整合成果、图件和文字成果等。2020年11月6日,省自然资源确权登记局、省国土资源调查规划院(省厅不动产登记中心)组织专家对河南省的农村房屋不动产登记省级核查项目进行验收。核查单位按照统一技术标准对农村房屋不动产登记成果采用内、外业相结合的方式对成果的完整性和规范性进行核查、复核并监督整改,确保了农村房屋不动产登记成果真实、准确、可靠,项目顺利通过验收,代表着河南省农村房屋不动产省级核查工作圆满结束。

假设你是省级核查的项目的负责人,对河南省某县农村房屋不动产登记工作进行核查,请简述核查的主要内容、核查方法及核查要求。

案例小结:本次核查以该县不动产登记机构为单位,对农村房屋不动产登记工作成果进行内、外业核查,以保证权籍调查程序、方法、标准、资料、成果等符合《河南省农村房屋不动产登记权籍调查技术细则(试行)》的要求,权籍调查结果与实地一致;保证叠加整合的权籍信息数据成果符合《河南省农村房屋不动产登记信息叠加整合技术细则》要求和不动产登记数据库建设标准。通过内、外业核查,保证成果的完整性、全面性、一致性,确保农村房屋不动产登记工作成果质量。

农村房屋不动产登记成果进行内、外业核查,确保农村房屋不动产登记成果真实、准确、可靠。核查具体内容包括不动产权籍调查成果、宗地代码和不动产单元号、权籍信息叠加整合成果、图件和文字成果等。

1. 不动产权籍调查成果核查

依据《河南省农村房屋不动产登记权籍调查技术细则(试行)》关于土地权属调查、房屋权属调查、宗地测量、房屋测量的有关要求,组织技术人员,对该县(市、区)农村房屋不动产登记权籍调查工作进行实地核查,包括权籍调查技术路线与方法、权属调查成果、不动产测量精度等内容;通过外业实地核查,确保调查成果资料与实地一致。

2. 宗地代码和不动产单元号核查

按照《不动产单元设定与代码编制规则》和《河南省农村房屋不动产登记权籍调查技术细则(试行)》的有关要求,对宗地代码和不动产单元号进行检查。检查宗地划分、不动产单元设定是否合理,宗地编码、不动产单元编码是否正确,是否符合代码编制规则要求。

3. 权籍信息叠加整合成果核查

根据《河南省农村房屋不动产登记信息叠加整合技术细则》有关要求,对农村房屋不动产权籍信息叠加整合成果进行全面核查,包括权籍信息叠加整合过程、叠加整合方法、数学基础、数据结构、属性信息、拓扑关系等内容,确保权籍信息叠加整合成果结构严谨、内容完整，符合建设要求，数据成果真实可靠。

4. 图件和文字成果核查

对该县农村房屋不动产登记工作形成的图件成果、文字成果等内容，依据有关技术要求进行内业核查，保证图件成果完整并与实地一致、表格及文字成果齐全，内容符合《河南省农村房屋不动产登记权籍调查技术细则(试行)》《河南省农村房屋不动产登记信息叠加整合技术细则》要求。

思政小课堂

自然资源部：公开通报53个国土调查不实典型案例

自然资源部2020年1月14日公开通报了在第三次全国国土调查工作期间，督察发现的53个调查不实典型案例。这53个典型案例包括天津市将其他林地错误调查为内陆滩涂，福州市罗源县将建设用地调查为耕地等其他农用地，山西省忻州市将工业用地调查为设施农用地等。这次公布的53个典型案例，主要就是市县包括省一级在核查当中没有发现，但是确实是调查错误的一些问题。涉及一些把耕地写成林地、草地，发现一些县一级，还有省一级的三调部门，在核查工作当中存在一些不到位、不全面的问题。

按照国家自然资源总督察统一部署，国家自然资源督察机构于2019年10月底至11月在全国组织开展了第三次国土调查核查工作督察，重点督察128个县级调查单元，核查图斑170.2万个，发现问题图斑1.2万个，占核查图斑总数的0.7%。将督察发现的53个调查不实典型案例予以公开，目的是进一步强化警示提醒作用，督促各地抓紧整改纠正问题。

全国三调办将确保数据真实、准确、可靠作为国土调查工作的生命线。据不完全统计，每个县级调查成果从首轮上报直至省级检查合格上报国家，平均经历6轮检查—反馈整改—再检查的反复，有137个县级调查成果反复检查修改超过10轮。经过国家和省级检查指导，县级初始调查成果平均差错率从首轮省级全面检查时的11.58%，降低到国家级首轮核查时的0.32%。

第三次全国国土调查的主要任务是全面查清全国土地资源和利用状况，系统细化和完善全国国土基础数据。要查清耕地和永久基本农田状况、城乡各类用地状况、各类土地的所有权和使用权状况。要加快推进自然资源统一调查、统一调查分类和调查标准，全面查清各类自然资源在国土空间上的水平分布，形成一张底版、一个平台、一套数据的调查成果。要健全国土数据库和管理系统，把调查成果应用于各相关部门的管理和经济社会发展的各个领域。

第三次全国国土调查是中国特色社会主义进入新时代后的一次重大国情国力调查。要坚持以习近平新时代中国特色社会主义思想为指导，严格按照国务院有关通知要求，统一部署、精心实施，创新方法、完善机制，摸清我国自然资源基础家底，全面掌握真实、准确、可靠的基础数据。数据真实是调查的生命线。各工作人员要增强大局意识，坚持实事求是的原则，各司其职、各负其责、密切协作。要依法开展国土调查，对依法获取的数据和资料，任何单位和个人均不得擅自调整和修改。要科学进行国土调查，尽可能采用先进技术手段，减少可能出现的人为干扰，千方百计提高数据质量。

习题演练

单选题

判断题

试 卷

上学期试卷(一)

上学期试卷(二)

上学期试卷(三)

下学期试卷(一)

下学期试卷(二)

下学期试卷(三)

期末试卷(一)

期末试卷(二)

期末试卷(三)

期末试卷(四)

附 录

附录一 房屋附属结构名称

1. 房屋——具有承重支柱,有顶盖(层面)及围护墙(柱)体的建筑物。

2. 房屋产权——房屋所有权、共有权以及由此权利所产生的房产抵押、设典等他项权利。

3. 套内建筑面积——套(单元)与公用建筑空间之间的分隔墙以及外墙(包括山墙)投影中线以内所围面积+阳台建筑面积。

4. 架空房屋—— 一般为底层架空,以柱子作为承重支撑物的房屋。架空部位一般为通道、水域或斜坡,也有在房屋中间层架空的。

5. 假层—— 一种非正式、位于自然层上的楼层。在建造房屋时,同时建造的同一结构、比较低矮的楼层,其前后檐口高度较低,人不能直立;在一般情况下,层内高度在 1.70 m 以上的部分建筑面积不足底层的 1/2。

6. 夹层——位于两自然层之间的楼层,指房屋内部空间的局部层次,如一幢房屋从外部看是两层楼房,从内部看局部是三层,这三层中间的一层称为夹层。

7. 技术层——用作水、电、暖、卫生等设备安装的局部层次。经规划部门批准,且建在自然层之间的技术层,其层高 2.20 m 以上的计算层数。

8. 结构转换层——建筑物某楼层的上部与下部因平面使用功能不同,该楼层上部与下部采用不同结构类型,并通过该楼层进行结构转换,则该楼层称为结构转换层。

9. 跃层式住宅——一套住宅占两个楼层,由户内楼梯联系上下层,上下两层完全分隔,跃层式住宅为完整的两层。占有若干层自然层层面的跃层建筑,以实际占有层数计算。

10. 阁楼——利用房屋内的上部空间加建的楼层,通常比较低矮、阴暗,又称暗楼。

11. 地下室——房间地面低于室外地平面的高度超过该房间净高的 1/2 的建筑物称为地下室。

12. 半地下室——房间地面低于室外地平面的高度超过该房间净高的 1/3 且不超过 1/2 者,采光窗在地坪以上的建筑物称为半地下室。半地下室计入地上层数。

依坡地建造的房屋,在该幢房屋的室外地坪最高处和最低处之间的楼层计入半地下室。

13. 地上层数——房屋的自然层数,指室内地坪±0.00 以上的按楼板结构分层的层高在 2.20 m 以上的楼层数。地上层数用自然数表示。

14. 地下层数——采光窗在室外地坪以下的,其室内层高在 2.20 m 以上的地下室的层数。地下的层数用负数表示。

15. 房屋总层数——房屋的地上层数与地下层数之和。假层、夹层、阁楼、装饰性塔楼,以及突出屋面的楼梯间、水箱间不计层数。

16. 柱廊——有顶盖和支柱,供人通行的建筑物,称为有柱走廊,简称柱廊。

17. 骑楼——底层为有柱廊房,廊道上方建为楼房的一部分。一般建于道、路、街、巷两侧。

18. 挑廊——指二层以上挑出房屋墙体外,有围护结构,无支柱有顶盖的外走廊。

19. 门廊、门斗——建筑物门前有顶盖,有支柱或围护结构的进出通道。门廊、门斗必须具备与房屋相连通,有永久性的、结构牢固的顶盖,支撑顶盖的是柱称为门廊,支撑顶盖的是实体墙称为门斗。

20. 檐廊——房屋檐下方两端有支撑墙体无柱的通道。

21. 天棚——即天篷,指商场或办公楼内有透明顶棚覆盖的屋面。

22. 层高——通常指下层地板面或楼板面到上层楼板面之间的垂直高度,但上下楼层的层面应一致。

23. 晒台——又称露台,指供人室外活动的上人屋面或底层地面伸出室外的有维护无顶盖的台面。

24. 阳台——有永久性上盖、有围护结构、有台面、与房屋相连、可以供人活动或利用的房屋附属设施,根据其围护情况分为封闭阳台和非封闭阳台。

25. 封闭阳台——在围护栏墙上部用铝合金玻璃窗等围闭的阳台。

26. 楼梯——指房屋层之间供垂直交通用的通道。

27. 室外楼梯——依靠房屋外墙体搭建的永久性楼梯。

28. 屋顶水箱间——指突出房屋屋面水箱或水池周围有围护结构,有顶盖的房屋。

29. 屋顶楼梯间——指突出房屋屋面有顶盖,四周有围护结构,层高在 2. 20 m 以上供上屋顶顶层维修或安全出口用的梯间。

30. 屋顶电梯间——突出房屋顶层供停放、检修、升降电梯用房。

31. 设备间——一幢大楼内放置各种应用设备以及进行综合布线交接的房屋。原则上以设计图纸所标定的用途认定,但设备间都应有具体明确的用途。

32. 功能区——根据各共有建筑部位的用途而划分的服务范围称为功能区。上一级功能区下可再分为几个下一级功能区,各功能区之间可能相互包含、交叉、并列。

33. 连廊——连接两幢房屋的走廊。

34. 连楼——连接两幢房屋的楼房。

35. 过街楼——底层局部为通道的楼房(或两座上层贯通、底层局部为通道的相连楼房)。

36. 架空通廊——以两端房屋为支撑,有围护结构,有顶盖无支柱的架空通道。

37. 柱——结构柱,指为满足建筑物构造要求或结构需要而设置的柱,在具有该柱支撑的建筑构件存在的情况下,去掉该柱,则会危及该建筑物性能的使用或结构的安全。装饰柱、非承重柱以及柱的装饰性部分应除外,其认定以设计及规划批准的图纸为准。

38. 围护结构——将空间竖向分割成相对独立、不易通行的两个或多个部分的实体,如墙、栏杆等。

附录二　不动产测绘员国家职业技能标准

国家职业技能标准

职业编码:4-08-03-05

不动产测绘员

(2019年版)

中华人民共和国人力资源社会保障部
中华人民共和国自然资源部
制定

说 明

为规范从业者的从业行为,引导职业教育培训的方向,为职业技能鉴定提供依据,依据《中华人民共和国劳动法》,适应经济社会发展和科技进步的客观需要,立足培育工匠精神和精益求精的敬业风气,人力资源社会保障部、自然资源部组织有关专家,制定了《不动产测绘员国家职业技能标准》(以下简称《标准》)。

一、本《标准》以《中华人民共和国职业分类大典(2015 版)》为依据,严格按照《国家职业技能标准编制技术规程(2018 年版)》有关要求,以"职业活动为导向、职业技能为核心"为指导思想,对不动产测绘员从业人员的职业活动内容进行规范细致描述,对各等级从业者的技能水平和理论知识水平进行了明确规定。

二、本《标准》依据有关规定将本职业分为五级/初级工、四级/中级工、三级/高级工、二级/技师和一级/高级技师五个等级,包括职业概况、基本要求、工作要求、权重表和附录五个方面的内容。本次修订内容主要有以下变化:

——整体删除"培训要求"全部内容,对"申报条件"进行规范描述。

——对"工作要求"的内容做出整体规范调整,对"职业功能"和"工作内容"进行重新划分,每个等级的职业功能不少于 3 项,每项职业功能包含 2 项或 2 项以上的工作内容。

——对权重表进行修订,调整各等级"职业功能"对应的理论知识权重和技能要求权重。

三、本《标准》是在自然资源部职业技能鉴定指导中心的具体组织和各有关专家与技术管理工作者的共同努力下完成的,参加本《标准》研究编写的主要人员有:郭夏臣、朱风云、曾晨曦、付璇、董玛力、王琦、苏晓庆。

四、本《标准》技术审定的主要人员有:师云杰、葛中华、谭理、汤清伟、曹泉根、谭建冬、李冲、朱志军。

五、本《标准》在制定过程中,得到北京新兴华安智慧科技有限公司、江苏省测绘地理信息局职业技能鉴定指导中心、河北省地理信息局、浙江省测绘质量监督检验站、四川省测绘产品质量监督检验站、湖南省测绘产品质量监督检验授权站、江苏省测绘产品质量监督检验站、广东省国土资源测绘院、河南省测绘产品质量监督站等单位的大力支持,并提出了宝贵意见,在此一并致谢。

六、本《标准》业经人力资源社会保障部、自然资源部批准,自公布之日起施行。

不动产测绘员
国家职业技能标准

1 职业概况

1.1 职业名称

不动产测绘员

1.2 职业编码

4-08-03-05

1.3 职业定义

使用手持测距仪、全站仪、卫星定位仪、钢尺等仪器和工具,测绘土地、房屋、行政区域界线等不动产,并进行权属调查的人员。

1.4 职业技能等级

本职业共设五个等级,分别为:五级/初级工、四级/中级工、三级/高级工、二级/技师、一级/高级技师。

1.5 职业环境条件

室内、外,常温。

1.6 职业能力特征

具备一般智力,一定的表达能力和计算能力;形体知觉、色觉、空间感正常;手指、手臂灵活,动作协调。

1.7 普通受教育程度

高中毕业(或同等学力)。

1.8 职业技能鉴定要求

1.8.1 申报条件

具备以下条件之一者,可申报五级/初级工:

(1)累计从事本职业或相关职业❶工作1年(含)以上。

(2)本职业或相关职业学徒期满。

具备以下条件之一者,可申报四级/中级工:

(1)取得本职业或相关职业五级/初级工职业资格证书(技能等级证书)后,累计从事本职业或相关职业工作4年(含)以上。

(2)累计从事本职业或相关职业工作6年(含)以上。

(3)取得技工学校本专业❷或相关专业❸毕业证书(含尚未取得毕业证书的在校应届毕

---

❶ 相关职业:大地测量员、摄影测量员、地图绘制员、工程测量员、海洋测绘员、无人机测绘操控员、地理信息采集员、地理信息处理员、地理信息应用作业员等,下同。

❷ 本专业:测绘工程、地理信息、地图制图、摄影测量、遥感、大地测量、工程测量、地籍测绘、土地管理、矿山测量、导航工程、地理国情监测等专业,下同。

❸ 相关专业:地理、地质、工程勘察、资源勘查、土木、建筑、规划、市政、水利、电力、道桥、工民建、海洋等专业,或者能够提供其在校期间所学专业开设测绘专业必修课程证明的专业,下同。

业生)；或取得经评估论证、以中级技能为培养目标的中等及以上职业学校本专业或相关专业毕业证书(含尚未取得毕业证书的在校应届毕业生)。

具备以下条件之一者，可申报三级/高级工：

(1)取得本职业或相关职业四级/中级工职业资格证书(技能等级证书)后，累计从事本职业或相关职业工作5年(含)以上。

(2)取得本职业或相关职业四级/中级工职业资格证书(技能等级证书)，并具有高级技工学校、技师学院毕业证书(含尚未取得毕业证书的在校应届毕业生)；或取得本职业或相关职业四级/中级工职业资格证书(技能等级证书)，并具有经评估论证、以高级技能为培养目标的高等职业学校本专业或相关专业毕业证书(含尚未取得毕业证书的在校应届毕业生)。

(3)具有大专及以上本专业或相关专业毕业证书，并取得本职业或相关职业四级/中级工职业资格证书(技能等级证书)后，累计从事本职业或相关职业工作2年(含)以上。

具备以下条件之一者，可申报二级/技师：

(1)取得本职业或相关职业三级/高级工职业资格证书(技能等级证书)后，累计从事本职业或相关职业工作4年(含)以上。

(2)取得本职业或相关职业三级/高级工职业资格证书(技能等级证书)的高级技工学校、技师学院毕业生，累计从事本职业或相关职业工作3年(含)以上；或取得本职业或相关职业预备技师证书的技师学院毕业生，累计从事本职业或相关职业工作2年(含)以上。

具备以下条件者，可申报一级/高级技师：

取得本职业或相关职业二级/技师职业资格证书(技能等级证书)后，累计从事本职业或相关职业工作4年(含)以上。

1.8.2 鉴定方式

分为理论知识考试、技能考核以及综合评审。理论知识考试以闭卷笔试、机考等方式为主，主要考核从业人员从事本职业应掌握的基本要求和相关知识要求；技能考核主要采用现场操作、模拟操作等方式进行，主要考核从业人员从事本职业应具备的技能水平；综合评审主要针对技师和高级技师，通常采取审阅申报材料、答辩等方式进行全面评议和审查。

理论知识考试、技能考核和综合评审均实行百分制，成绩皆达60分(含)以上者为合格。

1.8.3 监考人员、考评人员与考生配比

理论知识考试中的监考人员与考生配比不低于1∶15，且每个考场不少于2名监考人员；技能考核中的考评人员与考生配比不低于1∶5，且考评人员为3人(含)以上单数；综合评审委员为3人(含)以上单数。

1.8.4 鉴定时间

各等级理论知识考试时间不少于120 min；技能考核时间不少于60 min；综合评审时间不少于30 min。

1.8.5 鉴定场所设备

理论知识考试在标准教室内进行，技能考核在具有被测实体、配备测量仪器并有安全保障的技能考核场地进行。

2 基本要求

2.1 职业道德

2.1.1 职业道德基本知识

2.1.2 职业守则

(1)遵守法律、法规和有关规定。

(2)爱岗敬业,忠于职守,忠诚奉献,弘扬劳模精神和工匠精神。

(3)认真负责,精益求精,严于律己,吃苦耐劳。

(4)刻苦学习,勤奋钻研,努力提高思想和科学文化素质。

(5)谦虚谨慎,团结协作,主动配合。

(6)严格执行规范,保证成果质量,爱护仪器设备。

(7)重视安全环保,坚持文明生产。

2.2 基础知识

2.2.1 测量基础知识

(1)地面点定位知识。

(2)平面、高程测量知识。

(3)测量数据处理知识。

(4)测量仪器设备知识。

(5)测量误差知识。

(6)地形图及其测绘知识。

2.2.2 不动产基本知识

(1)不动产权籍的基本概念。

(2)房产产权、产籍概念及建筑学基本知识。

(3)房产、地籍、行政界线测绘的基本知识。

2.2.3 计算机知识

(1)计算机操作基础知识。

(2)数据处理软件的基本操作知识。

2.2.4 安全生产与环境保护知识

(1)劳动保护知识。

(2)仪器设备的使用知识。

(3)野外安全生产知识。

(4)资料保管保密的知识。

2.2.5 相关法律、法规知识

(1)《中华人民共和国劳动法》相关知识。

(2)《中华人民共和国土地管理法》相关知识。

(3)《中华人民共和国测绘法》相关知识。

(4)《中华人民共和国城市房地产管理法》相关知识。

(5)其他有关法律、法规及技术标准的基本知识。

3 工作要求

本《标准》对五级/初级工、四级/中级工、三级/高级工、二级/技师、一级/高级技师的技能要求和相关知识要求依次递进,高级别涵盖低级别的要求。

3.1 五级/初级工

职业功能	工作内容	技能要求	相关知识要求
1. 准备	1.1 资料准备	1.1.1 能收集控制资料等测量相关资料 1.1.2 能准备房产、地籍等相关图件资料	1.1.1 地形图的知识 1.1.2 测绘资料保密的知识
	1.2 仪器准备	1.2.1 能识别仪器性能参数和技术指标 1.2.2 能根据项目需求,准备卫星定位仪、全站仪、手持测距仪等仪器设备 1.2.3 能对仪器设备进行日常保养	1.2.1 测绘仪器使用、保养的知识 1.2.2 有关测绘仪器的用途
2. 调查	2.1 宗地(海)调查	2.1.1 能辅助调查宗地(海)的权属状况 2.1.2 能辅助调查宗地(海)的四至 2.1.3 能实地标定界址点的位置 2.1.4 能确定宗地(海)的土地利用类别	2.1.1 宗地(海)、界址点、界址线的基本知识 2.1.2 土地利用现状分类的知识
	2.2 地上构(建)筑物调查	2.2.1 能调查地上构(建)筑物的权属状况 2.2.2 能调查地上构(建)筑物的建筑结构、层数、建筑年份、用途等属性	2.2.1 地上构(建)筑物权属调查的基本知识 2.2.2 建筑平面图的基本知识
3. 测绘	3.1 控制测量	3.1.1 能进行各级不动产权籍控制点的埋石 3.1.2 能记录观测数据	3.1.1 控制点埋石的技术要求 3.1.2 观测、记录的技术要求
	3.2 不动产要素采集	3.2.1 能识别界址点、房角点等不动产要素并立镜 3.2.2 能进行房屋边长丈量	3.2.1 界址点、地物点的知识 3.2.2 距离丈量的知识
	3.3 草图绘制	3.3.1 能绘制宗地(海)草图 3.3.2 能绘制单一房屋草图	3.3.1 地物、地貌的知识 3.3.2 草图绘制的知识

3.2 四级/中级工

职业功能	工作内容	技能要求	相关知识要求
1. 准备	1.1 资料准备	1.1.1 能收集项目所需的数据资料 1.1.2 能对收集的数据资料进行分析	1.1.1 数据资料的用途 1.1.2 数据可靠性分析
	1.2 仪器使用	1.2.1 能进行仪器设备的常规检查 1.2.2 能够根据仪器计量检定证书设定仪器参数	1.2.1 测绘仪器的原理、构造及使用要求
	1.3 踏勘	1.3.1 能查明测区自然、人文、社会经济、规划、交通等状况 1.3.2 能根据点之记查明已知点的情况 1.3.3 能根据实地情况对控制网的设计方案提出建议	1.3.1 地理常识 1.3.2 控制测量相关知识
2. 调查	2.1 宗地(海)调查	2.1.1 能完成宗地(海)设置 2.1.2 能进行宗地(海)编号 2.1.3 能填写不动产权籍调查表	2.1.1 地籍要素的知识 2.1.2 宗地(海)的编号方法 2.1.3 不动产权籍调查表的内容与填写要求
	2.2 构(建)筑物、地上附着物调查	2.2.1 能进行房屋及附着物的划分与编号,填写房屋调查表 2.2.2 能完成地上附着物调查	2.2.1 房产调查的内容 2.2.2 不动产单元设定与代码编制的规则
	2.3 界线调查	2.3.1 能确定界线测绘要素调查的主要内容 2.3.2 能埋设界桩并编号 2.3.3 能绘制界桩位置略图	2.3.1 界线测绘的种类和作用 2.3.2 界桩点编号的要求 2.3.3 界桩的类别及设置的要求 2.3.4 界桩位置略图绘制的要求
3. 测绘	3.1 控制测量	3.1.1 能根据控制网设计方案进行选点 3.1.2 能绘制点之记 3.1.3 能使用全站仪、GNSS接收机进行控制测量	3.1.1 控制点的选点要求 3.1.2 点之记的绘制知识 3.1.3 全站仪、GNSS测量的原理与方法

续表

职业功能	工作内容	技能要求	相关知识要求
3. 测绘	3.2　不动产要素采集	3.2.1　能使用全站仪、RTK 等仪器进行房产、地籍、界桩点等要素的坐标测量 3.2.2　能根据实地情况对不动产要素进行综合取舍 3.2.3　能绘制单一功能房屋平面图	3.2.1　RTK 测量的方法和要求 3.2.2　地籍要素测量 3.2.3　行政界线测绘
4. 数据处理	4.1　导线计算	4.1.1　能进行单一导线的平差计算 4.1.2　能对计算成果资料进行整理	4.1.1　导线测量的知识
	4.2　图表绘制	4.2.1　能绘制地籍图 4.2.2　能绘制房产图 4.2.3　能填绘界桩登记表 4.2.4　能绘制边界协议书附图	4.2.1　地籍图绘制的知识 4.2.2　房产图绘制的知识 4.2.3　边界协议书附图绘制的知识
	4.3　面积计算	4.3.1　能计算宗地面积 4.3.2　能计算独立产权房屋的建筑面积 4.3.3　能计算单一功能的房屋建筑面积，分摊计算共有面积	4.3.1　宗地面积的计算方法 4.3.2　房屋建筑面积的计算方法 4.3.3　单一功能的房屋共有建筑面积的分摊方法
	4.4　数据录入	4.4.1　能利用计算机录入调查的数据 4.4.2　能进行数据的导入	4.4.1　计算机操作基础知识 4.4.2　文字录入的知识

3.3　三级/高级工

职业功能	工作内容	技能要求	相关知识要求
1. 测绘	1.1　控制测量	1.1.1　能进行控制网的布设 1.1.2　能确定控制网观测指标	1.1.1　控制网布设的技术要求与精度指标
	1.2　界线测绘	1.2.1　能根据调查情况在地形图上标绘界线、界桩及边界点 1.2.2　能在地形图上量取边界点的坐标和高程 1.2.3　能根据地形图上界线编写边界线走向说明、边界协议书	1.2.1　地形图应用的知识 1.2.2　边界协议书编写的要求

续表

职业功能	工作内容	技能要求	相关知识要求
2. 数据处理	2.1 控制网平差计算	2.1.1 能进行控制网的平差计算 2.1.2 能进行控制网精度评定	2.1.1 平差软件的应用技术 2.1.2 精度统计知识
	2.2 面积计算	2.2.1 能计算多功能房屋的套内建筑面积 2.2.2 能分摊计算多功能房屋共有建筑面积	2.2.1 房屋共有建筑面积分摊的知识 2.2.2 建筑设计的基本知识
	2.3 数据入库	2.3.1 能将不动产权籍控制点成果录入到不动产权籍库 2.3.2 能将不动产权籍调查成果数据录入到不动产权籍库 2.3.3 能将不动产权籍库中数据导入、导出	2.3.1 数据库的基础知识
	2.4 面积统计	2.4.1 能对土地面积进行分类统计 2.4.2 能对构(建)筑物建筑面积计算结果进行分类统计	2.4.1 异产毗连房屋管理知识 2.4.2 房地产权籍资料整理要求
3. 成果整理	3.1 调查成果整理	3.1.1 能进行不动产权籍调查成果的整理 3.1.2 能进行要素调查成果的整理 3.1.3 能进行行政界线调查成果的整理	3.1.1 调查成果整理要求
	3.2 测绘成果整理	3.2.1 能进行测量原始数据的整理 3.2.2 能进行测量计算成果的整理 3.2.3 能进行图表的分类整理	3.2.1 测绘成果整理的要求
4. 质量检查	4.1 调查成果质量检查	4.1.1 能对界址点设置的合理性、规范性进行检查 4.1.2 能对不动产权籍调查成果的完整性、正确性进行检查	4.1.1 不动产权籍测量成果的要求
	4.2 测量成果质量检查	4.2.1 能对原始数据测算方法的正确性进行检查 4.2.2 能对界址点、地物点精度进行检查 4.2.3 能对面积测量和计算的结果进行检查 4.2.4 能对成果图(册)的合理性进行检查	4.2.1 测量误差的知识 4.2.2 控制测量的精度指标 4.2.3 成果图(册)表示的内容 4.2.4 成果图(册)的精度指标 4.2.5 房屋共有面积分摊计算的精度要求

3.4　二级/技师

职业功能	工作内容	技能要求	相关知识要求
1. 方案设计	1.1　调查方案制订	1.1.1　能制订不动产权籍调查工作方案 1.1.2　能编制生产工艺流程和编写作业指导书	1.1.1　不动产权籍调查的知识
	1.2　测绘方案制订	1.2.1　能制订基础控制网的施测方案 1.2.2　能制订不动产权籍测绘方案 1.2.3　能制订界线测绘技术设计与实施方案	1.2.1　控制测量的技术指标与要求 1.2.2　不动产权籍测绘的知识 1.2.3　界线测绘的相关知识
2. 项目管理	2.1　项目组织	2.1.1　能组织开展控制网施测 2.1.2　能组织开展不动产权籍调查工作 2.1.3　能组织开展不动产权籍图测绘工作	2.1.1　平差计算的相关知识 2.1.2　不动产权籍调查的技术要求 2.1.3　不动产权籍图测绘的知识
	2.2　项目指导	2.2.1　能指导解决控制、数据采集、调查实施中的技术难点 2.2.2　能对项目关键工序、重要环节进行监督控制	2.2.1　不动产权籍测绘的知识 2.2.2　项目管理的相关知识
3. 质量检查	3.1　质量检查	3.1.1　能对控制测量成果进行检查 3.1.2　能对不动产权籍测绘成果进行检查 3.1.3　能对数据库进行质量检查	3.1.1　质量检查技术的要求
	3.2　成果审验	3.2.1　能编制质量管理和验收方案,能设立关键质量检查点 3.2.2　能对不动产权籍测绘各类汇总成果进行质量检查	3.2.1　质量管理的知识 3.2.2　技术管理的知识 3.2.3　检查验收的要求
4. 文件编写	4.1　工作报告编写	4.1.1　能编写项目日常工作汇报 4.1.2　能编写项目实施工作报告	4.1.1　工作汇报编写的要求
	4.2　技术文档编写	4.2.1　能编写控制网成果技术总结 4.2.2　能编写不动产权籍项目的技术总结 4.2.3　能编制不动产权籍项目检查报告	4.2.1　技术总结编写的要求 4.2.2　检查报告编写的要求

3.5　一级/高级技师

职业功能	工作内容	技能要求	相关知识要求
1. 方案设计	1.1　调查方案的审核	1.1.1　能对调查方案提出优化建议 1.1.2　能对测绘方案提出优化建议	1.1.1　方案设计的技术要求
	1.2　不动产权籍调查、测绘审核	1.2.1　能对不动产权籍调查方案进行审核 1.2.2　能对不动产权籍测绘方案进行审核	1.2.1　方案编写的技术要求 1.2.2　不动产权籍调查测绘的技术要求
2. 项目管理	2.1　质量管理	2.1.1　能监督质量体系在项目中的实施 2.1.2　能把控项目质量关键点	2.1.1　质量体系的知识 2.1.2　质检要求的知识
	2.2　项目协调	2.2.1　能指导项目生产,调整生产计划 2.2.2　能结合项目生产,调控生产成本 2.2.3　能与甲方进行技术、进度、质量等方面的沟通,协调生产实施	2.2.1　项目管理的知识
3. 成果审定	3.1　审定文字成果	3.1.1　能对工作报告等文档进行审核 3.1.2　能对技术总结、质检报告等技术文件进行审核	3.1.1　技术总结编写的技术要求
	3.2　审定图件成果	3.2.1　能对不动产权籍调查成果进行审核 3.2.2　能对权籍调查、测绘成果图件进行审核	3.2.1　不动产权籍调查测绘成果的技术要求
	3.3　审定数据库成果	3.3.1　能对数据库成果的完整性进行审核 3.3.2　能对数据库成果的逻辑一致性进行审核 3.3.3　能对数据库成果的空间定位准确度进行审核 3.3.4　能对数据库成果的属性数据准确性进行审核 3.3.5　能对数据库成果的图面整饰规范性进行审核	3.3.1　数据建库的基础知识 3.3.2　数据库成果的有关技术要求 3.3.3　数据库质量检查验收规范

续表

职业功能	工作内容	技能要求	相关知识要求
4. 技术指导与新技术应用	4.1 技术指导	4.1.1 能指导解决不动产权籍调查、测绘外业中存在的问题 4.1.2 能指导解决不动产权籍调查、测绘内业整理、入库中存在的问题	4.1.1 技术指导方法的基本要求 4.1.2 数据建库的技术标准
	4.2 技术培训	4.2.1 能编写不动产权籍调查培训材料并讲解 4.2.2 能编写不动产权籍测绘培训材料并讲解 4.2.3 能编写新技术培训材料并讲解	4.2.1 界线调查测绘的技术要求 4.2.2 技术培训的基本知识
	4.3 新技术应用	4.3.1 能组织新技术、新标准在项目中的应用 4.3.2 能对新技术、新标准的应用进行评估 4.3.3 能对新技术应用效果进行总结并撰写论文	4.3.1 评估报告编制的基本要求 4.3.2 总结、论文编写的基本要求

4 权重表

4.1 理论知识权重表

项目	技能等级	五级/初级工(%)	四级/中级工(%)	三级/高级工(%)	二级/技师(%)	一级/高级技师(%)
基本要求	职业道德	5	5	5	5	5
	基础知识	40	20	10	5	5
相关知识要求	准备	15	10	—	—	—
	方案设计	—	—	—	20	20
	项目管理	—	—	—	20	20
	调查	20	15	—	—	—
	测绘	20	20	10	—	—
	数据处理	—	30	20	—	—
	质量检查	—	—	25	20	—
	成果整理	—	—	30	—	—
	文件编写	—	—	—	30	—
	成果审核	—	—	—	—	20
	技术指导与新技术应用	—	—	—	—	30
合计		100	100	100	100	100

4.2 技能要求权重表

项目	技能等级	五级/初级工(%)	四级/中级工(%)	三级/高级工(%)	二级/技师(%)	一级/高级技师(%)
技能要求	准备	20	20	—	—	—
	方案设计	—	—	—	20	20
	项目管理	—	—	—	30	20
	调查	40	20	—	—	—
	测绘	40	30	20	—	—
	数据处理	—	30	30	—	—
	质量检查	—	—	30	20	—
	成果整理	—	—	20	—	—
	文件编写	—	—	—	30	—
	成果审核	—	—	—	—	30
	技术指导与新技术应用	—	—	—	—	30
合计		100	100	100	100	100

5 附录

名称(英文缩写)	英文全称	中文全称
GNSS	Global Navigation Satellite System	全球导航卫星系统
RTK	Real Time Kinematic	实时动态载波相位差分技术

参考文献

[1] 中华人民共和国国土资源部. 地籍调查规程:TD/T 1001—2012[S]. 北京:中国标准出版社,2014.
[2] 国家质量技术监督局. 房产测量规范:GB/T 17986.1—2000[S]. 北京:中国质检出版社,2014.
[3] 中华人民共和国住房和城乡建设部. 城市测量规范:CJJ/T 8—2011[S]. 北京:中国建筑工业出版社,2012.
[4] 中国国家标准化管理委员会. 土地利用现状分类:GB/T 21010—2017[S]. 北京:中国标准出版社,2017.
[5] 中华人民共和国国务院令第656,不动产登记暂行条例[S]. 北京:法律出版社,2016.
[6] 中华人民共和国国土资源部. 不动产登记暂行条例实施细则[S]. 北京:法律出版社,2016.
[7] 中华人民共和国自然资源部. 第三次全国国土调查技术规程:TD/T 1055—2019[S]. 北京:中国标准出版社,2019.
[8] 中华人民共和国自然资源部. 国土调查数据库标准:TD/T 1057—2020[S]. 北京:中国标准出版社,2020.
[9] 中华人民共和国自然资源部. 第三次全国国土调查县级数据库建设技术规范:TD/T 1058—2020[S]. 北京:中国标准出版社,2020.
[10] 中华人民共和国国土资源部. 不动产权籍调查技术方案[S]. 2015.
[11] 中华人民共和国自然资源部. 不动产数据库标准(试行)[S]. 2016.
[12] 中华人民共和国住房和城乡建设部. 卫星定位城市测量技术规范:CJJ/T 73—2010[S]. 北京:光明日报出版社,2010.
[13] 中国国家标准化管理委员会. 全球定位系统(GPS)测量规范:GB/T 18314—2009[S]. 北京:中国质检出版社,2009.
[14] 中国国家标准化管理委员会. 测绘成果质量检查与验收:GB/T 24356—2009[S]. 北京:中国标准出版社,2009.
[15] 中国国家标准化管理委员会. 数字测绘成果质量检查与验收:GB/T 18316—2008[S]. 北京:中国标准出版社,2008.
[16] 中华人民共和国住房和城乡建设部. 城市基础地理信息系统技术标准:CJJ/T100—2017[S]. 北京:中国建筑工业出版社,2018.
[17] 中国国家标准化管理委员会. 行政区域界线测绘规范:GB/T 17796—2009[S]. 北京:中国标准出版社,2009.
[18] 中国地理信息产业协会. 不动产权籍测绘成果质量检验与评价:T/CAGIS 8—2022[S]. 北京:中国标准出版社,2022.
[19] 自然资源部职业技能鉴定指导中心. 测量基础[M]. 郑州:黄河水利出版社,2019.
[20] 自然资源部职业技能鉴定指导中心. 不动产测绘[M]. 郑州:黄河水利出版社,2019.
[21] 侯方国. 地籍测绘[M]. 郑州:黄河水利出版社,2015.
[22] 吕永江. 房产测量规范与房地产测绘技术[M]. 北京:中国标准出版社,2001.
[23] 侯方国. 房产测绘[M]. 郑州:黄河水利出版社,2010.
[24] 杨木壮. 不动产测绘[M]. 武汉:中国地质大学出版社,2019.

[25] 蓝悦明. 不动产测量与管理[M]. 武汉:武汉大学出版社,2008.
[26] 邓军. 地籍测量[M]. 郑州:黄河水利出版社,2012.
[27] 梁玉保. 地籍调查与测量[M]. 郑州:黄河水利出版社,2010.
[28] 詹长根. 地籍测量学[M]. 武汉:武汉大学出版社,2011.
[29] 郭玉社. 房地产测绘[M]. 北京:机械工业出版社,2018.
[30] 吕永江. 房产测量规范与房地产测绘技术[M]. 北京:中国标准出版社,2001.
[31] 刘权. 房地产测量[M]. 武汉:武汉大学出版社,2009.
[32] 何霖. 地籍与房产测绘[M]. 成都:西南交通大学出版社,2014.
[33] 益鹏举. GNSS 测量技术[M]. 郑州:黄河水利出版社,2010.
[34] 冯红卫. 建筑施工图识读技巧与要诀[M]. 北京:化学工业出版社,2011.
[35] 何玉洁. 数据库原理与应用教程——SQL Server[M]. 北京:机械工业出版社,2016.
[36] 刘耀林. 土地信息系统[M]. 北京:中国农业出版社,2016.
[37] 田永中. 地理信息系统实验教程[M]. 北京:科学出版社,2019.
[38] 张新长. 地理信息系统数据库[M]. 2 版. 北京:科学出版社,2018.
[39] 张东明. GNSS 定位测量技术[M]. 武汉:武汉理工大学出版社,2016.